참 기독교인의 삶

엄두섭 著

은성

참 기독교인의 삶

초판 발행: 1993년 8월 15일
3쇄 발행: 1996년 11월 20일
저자: 엄두섭
발행처: 도서출판 은성
등록: 1974년 12월 9일 제9-66호
ⓒ 1993년 도서출판 은성
전화: (02) 821-9072
팩스: (02) 821-9071
주소: 서울시 동작구 상도5동 126-60

출판 및 판매에 관한 모든 권한은 본 출판사가 소유하고 있습니다.
출판사의 사전 서면 허락없이 상업적인 목적으로 번역, 재제작, 인용
촬영, 녹음 등을 할 수 없음을 알려 드립니다.

ISBN 89-7236-056-2 33230
Printed in Korea

목차

머리말   7

1. 참 기독교인의 삶
   (1) 인생관 ································· 9
   (2) 이탈(離脫) ···························· 18
   (3) 참회생활 ······························ 28
   (4) 열렬한 사랑 ························· 40
   (5) 얼의 사람 ···························· 52

2. 사랑의 삶
   (1) 사랑 ····································· 75
   (2) 하나님은 사랑이시다 ············ 85
   (3) 사랑은 강물같이 ·················· 96
   (4) 이 좋은 편 ·························· 119

3. 십자가의 삶
   (1) 십자가의 예수 ···················· 135
   (2) 현대 기독교 ······················· 144
   (3) 십자가의 복음 ···················· 150

4. 믿음의 삶
    (1) 진정한 회개 ································ 161
    (2) 참 믿음과 생활 ···························· 179
    (3) 자기 부인(自己否認) ······················ 200
    (4) 처세 태도 ··································· 212
    (5) 애신 애인(愛神愛人) ······················ 222

5. 참회의 삶
    (1) 참회생활 ···································· 239
    (2) 성화생활 ···································· 257

6. 고난에 참예하는 삶
    (1) 그리스도의 고난 ·························· 277
    (2) 고난 ··· 283
    (3) 고난에 참예 ································ 293

머리말

　세상이 달라져 가는 것같다.
　잘 되어 가는 건지 못 되어 가는 건지 文民시대가 왔다고 사방에서 고발하고 개혁을 부르짖고, 그러는 중에 학생들의 엉뚱한 시위는 더 심해지고 노사분규는 더욱 당돌해져만 간다. 나는 고요히 귀를 기울이고 한국 기독교의 동정을 살펴본다. 그동안 고무풍선에 바람 불어 넣은 듯한 교회 부흥도 이제는 더 부흥되지 않고 그 성장세가 둔화됐다. 교회 개혁의 소리, 영성 회복의 소리가 사방에서 들려 온다. 개혁하자는 내용에는 코 막히고 답답한 넋두리가 많다.
　이런 속에서 나는 隱修士의 부르짖음을 다시 한번 세상에 내놓는다. 반응이 어떻게 오는가는 기다리지 않는다. 오늘 내 할 소리마저 하고 내일 죽으면 된다.

1993년 8월
운악산에서

1. 참 기독교인의 삶

내일 일을
너희가 알지 못하는도다
너희 생명이 무엇이뇨
너희는 잠간 보이다가 없어지는
안개니라
—야고보 4:14—

(1) 인생관

> 이는 저가 우리의 체질을 아시며 우리가 진토임을 기억하심이로
> 다 인생은 그 날이 풀과 같으며 그 영화가 들의 꽃과 같도다 그
> 것은 바람이 지나면 없어지나니 그곳이 다시 알지 못하거니와
> ―시편 103:14-16―

기독교인의 인생관

내가 기독교인으로 어려서부터 기독교인들 세계 안에서만 살아 오면서 간혹 타종교인들의 생활이나 글을 읽으면서 언제나 절실히 느끼는 점은 기독교인들에게는 심각한 인생관이나 가치관이라는 것이 전혀 없든가, 있다고 해도 천박하다는 느낌이다.

철저한 인생관과 가치관에 따라 사는 기독교인들이 되어야 한다. 단지 기독교인이 되었다는 것으로만 인생관이 세워진 것이 아니다. 예배 반복이 인생관이 아니다. 성경 읽는 것도 인생관이 아니다.

기독교인마다 인생관이 살자고 먹느냐, 아니면 먹자고 사느냐 하는 등 천차 만별이다. 청교도적 인생관, 세속적 인생관, 낙천적 인생관, 비관적 인생관, 긍정적 인생관, 부정적 인생관 등이

있다. 뚜렷한 인생관을 세우고 그 인생관에 따라 예배를 보아야 한다. 인생관과 가치관이 있는 교회를 세워야 한다. 잘못된 인생관과 가치관은 자기를 망치고 남에게 피해를 끼친다.

　인생관과 가치관이 바로 서지 못하고 예수를 믿노라 하기 때문에 요즈음 한국 개신교 전체의 신앙의 목적이 단순히 예수 믿고 천당 간다는 기복 신앙, 이익 종교, 공리주의적 신앙으로 타락해 버렸다. 인생관, 가치관이 없는 오늘날의 기독교의 꼴이다.

　기름과 물은 절대로 섞이지 못하듯이, 기독교인은 일반 세상 사람들과는 인생관 자치관이 달라야 한다. 의식주, 풍속, 사상, 언어 모두가 전혀 다른 인생관, 다른 가치관, 다른 풍속 속에서 살아야 한다. 기독교 정신이 세상을 지배해야지 세속 정신이 교회를 지배해서는 안된다.

　기독교인이 되려면 일반 사회 풍속과 유행에 따라 살지 말고, 자기 인생관과 가치관에 따라야 한다. 옷 입는 것에도 음식에도 인생관과 가치관을 넣어야 하고, 예배에도 기도에도 인생관과 가치관을 넣어야 한다.

　기독교 목사 중에는 불경을 읽는 사람이 많지 않으나 불교 스님 중에는 기독교 성경 한두 번쯤 읽은 이가 많은 것같다. 기독교인 학자인 일본의 동경대학장 矢內原忠雄은 일련승(日蓮僧)을 연구했고, 하천풍언(賀川豊彦)은 유마경(維摩經)을 강의했다.

　월정사 주지로서 불경을 번역한 대학자인 탐허 스님은 말하기를 "불교를 학술적으로 연구하려면 수재는 30년이 걸리고 둔재는 300년이 걸린다. 도교는 20년, 유교는 10년이면 족하다. 그러나 기독교는 나같은 둔재도 3년이면 터득할 수 있다. 재주꾼

이라면 석달이면 신구약을 다 외울 수 있다"면서, "기독교는 신과 인간의 교섭이라 하는데, 동양 사상에는 맞지 않는 이야기다. 종교라는 것은 끝까지 자각하는 것이다. 스스로 깨닫는 것이요, 자각하면 모든 고통이 나가 버린다. 우주가 생기기 전의 자리에 앉아 우주를 내 마음대로 하는 것이요…"라고 했다.

기독교인인 나로서는 탐허 스님의 총명한 머리가 부럽다. 그러나 나는 둔재요, 세월이 시급한 사람이다. 불교를 3백년 연구하고서야 구원을 얻는다면, 그런 어려운 구원은 도저히 얻을 수 없다. 나는 둔재이므로 3년이면 되는 가장 쉬운 종교, 기독교만이 내가 갈 길이다.

너는 흙이니

하나님께서는 인간을 창조하시고 성경에는 거듭 경고하기를 인간은 흙이라 말한다.

"너는 흙이니 흙으로 돌아갈 것이니라"(창세기 3:19)

이것이 인생관이다. 우리는 자기가 굉장한 불사 불멸의 존재인 줄만 짐작하지만, 시편 103:14-16에서는 "이는 저가 우리의 체질을 아시며 우리가 진토임을 기억하심이로다 인생은 그 날이 풀과 같으며 그 영화가 들의 꽃과 같도다 그것은 바람이 지나면 없어지나니 그곳이 다시 알지 못하거니와…" 했다. 기독교적 인생관 무상을 말하는 것이다.

탐허는 "스스로 깨닫는 것이요 종교는 자각…"이라 했지만, 우리가 지금 "나"라고 생각하고 있는 자아는 진토요, 먼지요, 흙에 지나지 않는다. 잠시 후 흙으로 되돌아가고 마는 것이다.

"그 호흡이 끊어지면 흙으로 돌아가서 당일에 그 도모가 소멸하리로다" (시편 146:4)

불교에서는 육신적 인간은 오온(五蘊)의 가화합(假和合)이라 한다. 오온이란 색(色;물질), 수(受;감각 작용), 상(想;지각 작용), 행(行;의지 작용), 식(識;심리 작용)을 말하며, 육체는 지수화풍(地水火風)의 사대(四大)가 임시로 화합했다가 다시 원소로 분해되어 되돌아가는 것이라고 한다.

인간의 존재와 영화라는 것은 풀과 같고 꽃과 같은 것이다. 아침에 피어난 꽃이 저녁에는 시들어 낙화하는 것이다. 무상하고 허무한 인생일 뿐이다. 무엇을 깨달았다고 무엇을 장담하며 무엇으로 안심할 수 있으리요.

"모든 육체는 풀과 같고 그 모든 영광이 풀의 꽃과 같으니 풀은 마르고 꽃은 떨어지되 오직 주의 말씀은 세세토록 있도다" (베드로전서 1:24)

"내일 일을 너희가 알지 못하는도다 너희 생명이 무엇이뇨 너희는 잠간 보이다가 없어지는 안개니라" (야고보 4:14)

헛되고 헛되고 헛되니

육신적 인간 존재도, 우리가 세상에서 출세 성공한다고 날뛰는 일도, 인간들의 역사도, 문명 문화 건설이란 것도, 이 육신도, 이슬같이 사라지고 안개같이 날아가 버리고 마는 것이다. "나"라는 존재도 흙이 되고 무(無)가 되어 없어지고 만다. 그런 것이 인생인 줄 똑똑히 알고 살라는 것이다.

1. 참 기독교인의 삶

　나는 늘 자정에 기상해서 고요히 무릎 꿇고 앉아 "나"를 정관(靜觀)한다. 지금 앉아 있는 "나"는 진정한 "나"가 아니다. 가짜 "나"요, 헛개비 "나"요, 없어질 "나", 속이는 "나"이다.
　그러므로 전도서 1:2에 "헛되고 헛되며 헛되고 헛되니 모든 것이 헛되도다 사람이 해 아래서 수고하는 모든 수고가 자기에게 무엇이 유익한고…"라고 한 것이다.
　한번 떠나면 다시는 못 온다. 한번 흙에 묻히면 다시는 나오지 못한다.

> "내가 해 아래서 행하는 모든 일을 본즉 다 헛되어 바람을 잡으려는 것이로다" (전도서 1:14)

　현재 세계 인구는 53억이다. 2천년에는 62억 5천만 명이 될 것이다. 지구의 적정 인구는 17억이라 한다. 2005년이면 한국 인구도 1억이 된다. 매초 3명이 태어나고 매일 25만명씩 증가해 가고 매년 9천~1억씩 증가한다. 우리나라 현재 인구는 4280만 명인데 연간 41만명씩 늘어난다고 한다. 인간으로 태어나 인생관을 세우지 못하고 참 가치 있는 생활을 세우지 못하고 살다 죽는다면 고귀한 인생 삶이 무의미해진다. 구더기같은 삶이다.
　헛개비 흙덩어리들이 지구 표면에서 꿈틀꿈틀하다 흙이 되고 무(無)가 되고 만다. 아침에 결혼식 행렬이 지나간 길에 저녁에는 구슬픈 만가를 부르며 장례 행렬이 지나간다.

> 가네 가네 나는 가네
> 북망산천에 나는 가네
> 북망산천 멀다더니
> 문턱 밑이 아니던가
> 어허 허허노 어헌차 허허노

> 가네 가네 나 돌아가네
> 임을 두고서 나 돌아가네
> 피차 살아서 만나건만
> 오늘 가면 언제 다시 올까

 이 만가를 듣고 인생을 보라. 우리의 인생을 속이지 말고 살라는 것이 인생관이다. 인간에게는 영웅도, 미인도, 성인도, 누구나 피할 수 없는 절대적 한계 상황이 있다. 늙음과 죽음이라는 한계이다.
 이승살이도, 육신적 존재도, 그 모든 영광, 재능, 소유도 모조리 육체와 같이 허무한 것이요 무(無)인 것이다. 저 무덤 흙 속에 묻히면 다시 나오지 못한다. 우리는 눈만 뜨면 "나" "나"하며 "나"만을 찾는다. 자기, 자기애(愛), 자기추구일 뿐이다. 나 자신만은 천만 년 사는 불사불멸의 존재인 것같고, 세상에 나같이 사내다운 남자는 없는 것같고, 나같이 아름다운 여성은 없는 듯하지만, 그동안 우리가 "나"라고 불러온 자기는 진정한 "나"가 아니다. 거짓된 "나"요, 속은 "나"요, 파편적(破片的)인 "나"이며, 허수아비요, 흙으로 만든 그릇이요, 토우(土偶)이다.
 철학의 최고 논제는 목적론과 기계론이다. 인생에게는 목적이 있다는 것이 목적론이다. 그것이 종교적 인생관이요, 인생에게는 목적이 없다는 것이 기계론이다. 유물무신론이다.
 철학적인 내관을 하자. 잘못된 인생관, 육아(肉我)의 삶은 환상 인생(幻想人生)이다. 철저한 무상관(無常觀)을 가지고 살자.
 허망한 "나"는 한 줌의 흙이 될 "나"일 뿐이다. 육아(肉我), 그것은 흙으로서의 "나"이다. 그것은 허무인 "나"이며 바람일 뿐이다. 기만적 자아이다. 속은 "나"이다. 지금의 자아 의식도 잘못된 자아 의식이다. 파편적 의식이다.

그러므로 구도자는 "아니다, 아니다"라고 하며, 모든 것 일체를 부정해야 한다. "나"를 시급히 철저히 부정해야 한다. 세상만사 모든 것에 대한 호기심과 미련을 끊으라. 모든 것에 대한 탐심을 버리라. 애욕을 끊어라. 정(情)을 끊어라. 소유란 것은 모조리 헛된 것이다. "아니다"를 연습해야 한다.

가족이란 밤에 나무가지에 깃들었던 새떼들같아서 아침이 오면 제각기 뿔뿔이 날아가 버린다. 그렇게 따르고 아빠, 엄마하며 찾던 자녀들도 어렸을 때 뿐이다. 장가 가고 시집 가면 남이 되어 버린다.

정에 얽혀 살지 말고 종교적, 철학적으로 살자. 부부 사랑이란 것도 욕정이 맺어지는 동안의 본능의 정욕적 사랑일 뿐이다. 욕적 애정은 거짓이다. 그것은 정욕일 뿐이다. 정욕이 식으면 사랑도 식는다.

의인은 없나니

종교적 인생관에 투철해야 한다. 세속적 인생관 가치관을 단호히 청산해야 한다. 그것이 종교적 신생이다. 영(靈)이 같아야 진정한 내 부모, 내 자녀, 내 친구들이다. 지구는 커다란 정신병동이다.

> "의인은 없나니 하나도 없으며 깨닫는 자도 없고 그리스도를 찾는 자도 없고 다 치우쳐 한 가지로 무익하게 되고 선을 행하는 자는 없나니 하나도 없도다 저희 목구멍은 열린 무덤이요 그 혀로는 속임을 베풀며 그 입술에는 독사의 독이 있고"
> (로마서 3:10-18)

53억 인류 모두의 인생관이 바로 서지 못하고 있다. 가치관이 잘못되어 있다.

장가 가고, 시집 가고, 먹고 마시고, 집 짓고, 사고 팔고 하되 무목적, 무가치의 반복뿐이다. 전인류의 문명, 문화, 역사는 무의미하며, 무가치의 반복이고, 범죄의 역사이다. 모든 애국주의는 살인을 예찬하고, 모든 사랑은 창녀같이 썩어 버린 것이 아닌가. 모든 종교는 환상적 기만이다.

인생을 바로 보고, 가치관 바로 세우고, 자기를 똑바로 보라. 기독교인들은 일반 세속 사람과 같은 인생관과 처세술로 살지 말고, 이 악한 세상에서 구원 얻고 신앙으로 초연하게 살아야 한다.

오늘날은 말세이므로 대부분의 종교가도 거짓 그리스도, 거짓 선지자들이다. 99퍼센트는 가짜로 보아야 한다. 이 잘못된 종교계, 기독교도 구원을 얻고 참 종교를 믿어야 한다. 오늘날 극도로 타락한 세상 속에서 그들처럼 살지 말고, 한계를 긋고 구별되게 살아야 한다. 육체적 본능적 욕정에서도 구원 얻고 성결 생활을 해야 한다.

세속적 교회는 참 그리스도의 교회가 아니다. 물과 기름은 절대로 서로 섞이지 못한다. 참 그리스도인은 세속에 섞여서는 안 되는 동시 세속화된 교회와 세속 교인들과도 구별되게 살아야 한다. 완전히 구별되는 새 그리스도인, 참 그리스도인이 되어야 한다. 그리스도인은 신 안에 일치되어 신의 성품을 얻고 그리스도화 하고 신과 동질성을 이루어야 진아(眞我) 즉, 영아(靈我)를 이룬다.

새로운 인생관을 가지고 새로운 가치관으로 사는 기독교인이 되어야 한다. 새롭게 세운 인생관과 가치관에 따라 입고 먹고 살아야 한다. 사상도 언어도 새로와져야 한다.

　새 인생관에 따라 신(神)을 배워야 한다. 사상도, 언어도, 예배도 세속적 교인들과는 목적과 가치관이 다른 딴 인종으로 살아야 한다.

(ㄹ) 이탈(離脫)

그러나 무엇이든지 내게 유익하던 것을 내가 그리스도를 위하여 다 해로 여길 뿐더러 또한 모든 것을 해로 여김은 내 주 그리스도 예수를 아는 지식이 가장 고상함을 인함이니라 내가 그를 위하여 모든 것을 잃어버리고 배설물로 여김은 그리스도를 얻고 그 안에서 발견되려 함이니 내가 가진 의는 율법에서 난 것이 아니요 오직 그리스도를 믿음으로 말미암은 것이니 곧 믿음으로 하나님께로서 난 의라

―빌립보서 3:7-9―

거기서 나오라

인간을 구원하실 때 하나님이 발하시는 첫 음성은 "거기서 나오라"이다. 다시 말해 이탈하라는 것이다. 구원 얻으려면 먼저 이탈해야 한다. 그냥 그 자리에 머물러 있어서는 구원이 없다. 하나님께서 아브라함에게 고향을 떠나라고 명하셨다.

"여호와께서 아브람에게 이르시되 너는 너의 본토 친척 아비집을 떠나 내가 네게 지시할 땅으로 가라"(창세기 12:1)

소돔과 고모라 성에 사는 롯에게 "도망하여 생명을 보존하라

1. 참 기독교인의 삶

돌아 보거나 들에 머무르거나 하지 말고 산으로 도망하여 멸망함을 면하라" 하셨다(창 19:17).

예수님께서 제자를 부르실 때 "나를 따라 오너라" 하시니 저희가 곧 그물과 배와 부친을 버려두고 예수를 좇았다(마 4:19-22).

> "베드로가 가로되 보소서 우리가 모든 것을 버리고 주를 좇았나이다"(마태복음 19:27)

> "아무든지 나를 따라 오려거든 자기를 버리고 자기 십자가를 지고 나를 좇을 것이니라"(마태복음 16:24)

어떤 부자 청년이 예수님께 찾아와 어떻게 하면 영생을 얻을 수 있느냐고 물었을 때 주님은 "네가 온전하고자 할찐대 가서 네 소유를 팔아 가난한 자들을 주라 그리하면 하늘에서 보화가 네게 있으리라 그리고 와서 나를 좇으라" 하셨다(마 19:21).

예수께서는 자기를 따르려는 세 사람 중 첫째 사람에게 "여우도 굴이 있고 공중의 새도 집이 있으되 인자는 머리 둘 곳이 없도다" 하셨다, 둘째 사람은 먼저 가서 부친을 장사케 해 달라 했는데, "죽은 자들로 자기의 죽은 자들을 장사케 하고 너는 가서 하나님 나라를 전파하라" 하시고, 세번째 사람은 먼저 가서 가족을 작별케 해달라 했는데 예수님께서는 "손에 쟁기를 잡고 뒤를 돌아보는 자는 하나님의 나라에 합당치 않다" 하셨다(눅 9:57-62).

사도 바울은 "그러나 무엇이든지 내게 유익하던 것을 내가 그리스도를 위하여 다 해로 여길 뿐더러 또한 모든 것을 해로 여김은 내 주 그리스도 예수를 아는 지식이 가장 고상함을 인함이라 내가 그를 위하여 모든 것을 잃어버리고 배설물로 여김은 그리스도를 얻고 그 안에서 발견되려 함이니…" 했다(빌 3:7-9).

"이 세상이나 세상에 있는 것을 사랑치 말라 누구든지 세상을 사랑하면 아버지의 사랑이 그 속에 있지 아니하니…"
(요한1서 2:15)

"내 백성아 거기서(바벨론) 나와 그의 죄에 참예하지 말고 그의 받을 재앙들을 받지 말라"(요한계시록 18:4)

이 말씀은 긴급히 뛰쳐 나오라는 능동태의 명령이다. 그 속에서 나오라는 경고는 이스라엘 신앙의 표징이요, 그리스도인의 신앙에도 표징이 되는 것이다. 신민(神民)의 순결을 간직하기 위해 세속에서 이탈, 탈출, 격리, 구별되라는 엄숙한 명령이다.

이상에서 열거한 바와 같이 성경에는 "떠나라", "나오라", "버리라", "미워하라", "나를 따르라"는 말씀이 계속된다. 이것이 이탈 정신이다.

이탈은 곧 우리 영혼의 해방이요 동시에 하나님을 받아들이는 감격이다. 소아(小我)가 대아(大我)를 이루려면 무아(無我)를 거쳐야 한다. 무소유하는 곳에는 무한함이 있다. 나를 제로화하면 무한대가 된다. 옛 생활에 대한 미련과 세상과 소유에 대한 집착은 모든 번뇌와 고통을 가져오는 원인이다. 끊고 나오지 못하고 그대로 매여 있는 것을 미련, 집착, 아집(我執)이라 한다.

오늘의 기독교인이라는 사람들을 보면 예수를 믿노라면서 옛 생활과 앉은 자리에서 발 하나 손 하나 움직이지 않고 그냥 붙어 앉아 뭉기며 예수 믿노라는 무리들이다. 종이 한 장도 버리지 않으면서 예수 믿노라는 무리들, 버림이 없이 예수를 믿노라는 자들은 스스로 자기를 속이는 교인들이다. 이탈하는 것이 예

1. 참 기독교인의 삶

수를 바로 믿는 길이다.

『천로역정』에서 기독도는 장망성을 떠나면서 가족들이 말리는데도 "생명, 생명, 영원한 생명!" 하며 도망쳐 나왔다. 진정한 그리스도인이 되려면 우선 세상에서 떠나고, 육을 쳐서 극복해야 하고, 세상 풍속, 세속 유행, 소유에 대한 탐욕, 인간에 대한 애욕 등을 끊고 정치도 세상 교육도 사회 제도도, 세상 학문도, 출세 성공욕도, 세속인들의 의식주에서도, 그리고 세속적 타락한 기성 종교에서도 이탈해야 한다. 이탈해서 세상과는 전혀 딴 인종이 되어야 한다. 딴 인종으로 딴 풍속 속에서 살아야 한다.

오늘날 우리를 위한 예수님의 기도는 "내가 세상에 속하지 아니함같이 저희도 세상에 속하지 아니함을 인함이니이다…저희를 진리로 거룩하게 하옵소서"(요 16-17)이다.

"내 백성아 거기서 나오라", "롯의 처를 생각하라", "죽은 자들로 저희 죽은 자를 장사케 하라." 이러한 것이 예수님의 정신이다. 예수를 바로 믿으려면 예수님 정신을 바로 파악하고 따라야 한다.

옛날부터 모든 수도자들이 예수님 정신의 골자로 알고 찾아낸 것은 청빈, 순결, 순명의 세 가지 정신이다. 이것을 복음삼덕이라 한다. 그들은 그렇게 살기를 서원하면서 따랐다.

청빈은 "심령이 가난한 자가 복이 있다"는 정신이요, 순결은 "마음이 청결한 자는 복이 있다"는 정신이며, 순명은 "죽기까지 복종하신" 정신이다. 청빈은 물질적 소유에 대한 이탈 정신이다. 탐욕을 버리는 일이다.

순결은 불순한 애욕에서의 이탈 정신이다. 애욕을 끊는 일이다. 여인을 포옹하기보다 불 타고 있는 나무를 안는 것이 더 낫다고 했다.

　종교적 이탈 정신을 가장 투철하게 살린 인물은 프란치스코였다. 성 프란치스코는 예수님을 본받는 데 전심 전력을 다한 성인인데 특히 청빈과 순결과 순명의 예수처럼 살려고 애썼다. 프란치스코는 "가난(貧)" 정신을 예수처럼 사랑하여 세상 일절을 버리고 이탈하여 보배리오(가난뱅이)로 살았고, 자신은 청빈양과 결혼했다면서 자기 아내는 청빈이라 말했다. 프란치스코와 그를 따르는 제자들은 아무 것도 소유하지 않고 농부들이 입는 자루옷에 구멍을 뚫어 덮어 쓰고 허리에는 새끼띠를 띠고 맨발로 다니며 걸식 탁발했다. 세상 학문도 버렸다. 일생 독신으로 살며 마음도 육신도 순결하게 살고, 모든 사람에게 순명하며 자기를 지극히 낮추어 겸손하게 살았다. 그들은 청빈을 성빈(聖貧)이라 하고, 가난이 곧 신이라 하여 신빈(神貧)을 노래했다.

　물질에 얽힌 탐욕을 끊자. 정에 얽힌 애욕을 끊자. 세상에 정든 속정을 끊자. 지금 "내 백성아 거기서 나오라"고 부르신다.

　"거룩"이라는 헬라어의 근본이 되는 뜻은 놀랍다. 존경, 두려움을 일으킨다는 뜻이 있고, 숭엄, 고귀, 전율이라는 뜻 이외에 격리, 분리, 구별이라는 뜻이 있다. 기독교인들은 세속의 더러움에 섞이지 말고 이탈해 나와 구별된 삶을 살아야 한다는 것이 구원의 참 뜻이다.

> "너희는 믿지 않는 자와 멍에를 같이 하지 말라 의와 불법이 어찌 함께 하며 빛과 어두움이 어찌 사귀며 그리스도와 벨리알이 어찌 조화되며 믿는 자와 믿지 않는 자가 어찌 상관하며 하나님의 성전과 우상이 어찌 일치가 되리요 우리는 살아 계신 하나님의 성전이라…주께서 말씀하시기를 너희는 저희 중에서 나와서 따로 있고 부정한 것을 만지지 말라"(고린도후서 1:14-18)

천국의 신민

우리가 이후 천국에 갈 선택된 성민이 되려면 이 세상에서는 전혀 다른 인종으로 살아야 한다. 세속적 교회 속에서도 섞이지 말고 다른 종교인 다른 그리스도인으로 철저히 구별되게 살 수 있어야 한다.

> "그런즉 사랑하는 자들아 이 약속을 가진 우리가 하나님을 두려워하는 가운데서 거룩함을 온전히 이루어 육과 영의 온갖 더러운 것에서 자신을 깨끗케 하자"(고린도후서 7:1)

> "무릇 더러운 말은 너희 입 밖에도 내지 말고 오직 덕을 세우는 데 소용되는 대로 선한 말을 하여 듣는 자들에게 은혜를 끼치게 하라"(에베소서 4:29)

> "생명을 사랑하고 좋은 날 보기를 원하는 자는 혀를 금하여 악한 말을 그치며 그 입술로 궤휼을 말하지 말고 악에서 떠나 선을 행하고…"(베드로전서 3:10)

> "음행과 온갖 더러운 것과 탐욕은 너희 중에서 그 이름이라도 부르지 말라 이는 성도의 마땅한 바니라…"(에베소서 5:3)

> "또 어떤 자를 그 육체로 더럽힌 옷이라도 싫어하여 두려움으로 긍휼히 여기라"(유다서 23)

> "악은 모든 모양이라도 버리라"(데살로니가전서 5:22)

> "너희로 악을 조금도 행하지 않게 하시기를 구하노니"
> (고린도후서 13:7)

> "거룩함을 좇으라 이것이 없이는 아무도 주를 보지 못하리라 너희는 돌아보아 하나님 은혜에 이르지 못하는 자가 있는가 두려워하고 또 쓴 뿌리가 나서 괴롭게 하고 많은 사람이 이로 말미암아 더러움을 입을까 두려워하고…"(히브리서 12:14-15)

예수께서는 제자들을 파송하시면서 "갈지어다 내가 너희를 보냄이 어린 양을 이리 가운데로 보냄과 같도다 전대나 주머니나 신을 가지지 말며 길에서 아무에게도 문안하지 말며 어느 집에 들어가든지 먼저 말하되 이 집에 평안할지어다 하라…그 집에 유하며 주는 것을 먹고 마시라…"(눅 10:3-7)고 하셨다.

전도자는 길에서 누구에게도 안부 인사도 말라고 하셨다. 이 정신이 그리스도의 제자의 정신이다. 이 정신을 오늘날도 살려야 한다.

이리떼 속의 어린 양처럼, 그렇게 세상과는 전혀 다른 인종으로 살아야 그리스도인이다. 구별되게 살아야 그리스도인이다. 구별되게 사는 것이 경건 생활이다. 세상 사람들이 기뻐하는 일에 그리스도인은 눈물 흘려야 하고, 세상 사람들이 호강 사치하여도 우리는 거지옷 입고 살아야 하고, 세상 사람들이 장발이면 우리는 삭발해야 하고, 세상 사람들이 문화주택에 살면 우리는 오두막에 만족해야 한다. 웃을 때 울고, 배부를 때 배고프고, 넓은 문으로 들어 갈 때 좁은 문을 찾아가고, 옷 입는 것, 먹는 문제, 풍속, 유행, 용어, 인사법, 취미, 오락 등이 세상 사람들과 완전히 달라야 그리스도인이다. 우리는 장차 하늘나라에 가서 천사들과 같이 살 성도, 신민(神民)이기 때문이다.

이세종 선생은 성경 외에 다른 책은 읽지 않았다. 옷은 거지옷을 입고, 음식은 쑥에 밀가루를 탄 범벅을 먹었다. 어린아이 보고도 존칭어를 썼다. 아내와는 남매로 살면서, "매씨"라 불렀다. 아내가 두 번이나 다른 남자에게 시집갔는데, 그때마다 세간살이를 날라다 주었다. 깊은 산중에 기어 들어갈만한 좁은 문을 단 토담집을 짓고 살면서 쥐도 독사도 죽이지 않고 개미도 밟지 않았다. 그는 자기에게 빚진 사람들의 빚문서를 모조리 불

살라 버렸는데, 그 때문에 세워준 송덕비를 못세우게 하려고 면사무소에 가서 진정하여 기어히 땅에 파묻게 했다. "예수 믿는 길은 좁은 문이다. 좁은 문도 맨몸으로 들어가는 좁은 문이 아니라 십자가지고 들어가는 좁은 문이다"라고 했다. "파라, 파라, 깊이 파라. 얕게 파면 죽는다. 깊이 파고 깊이 깨닫고 깊이 믿으라"고 가르쳤다.

참 그리스도인은 이탈해야 한다. 세상과는 구별되게 살아야 한다. 의식주를 개혁하라. 인사법 예절도 개혁하라. 쓰는 용어도 새롭게 하고. 예배의식도 개혁하라.

교회도 새로운 교회가 되자. 교파지상주의를 버리고 복음서로 돌아가 "적은 무리"가 되자. "적은 무리"는 "질"과 "얼" 사람이다.

> "두세 사람이 내 이름으로 모인 곳에는 나도 그들 중에 있느니라"(마태복음 18:20)

"두 세 사람이 내 이름으로 모인 곳에는…"이다. 소교인(小敎人)이 그리스도 안에 모일 때 그 집회는 천국 집회요, 그리스도께서 임재하시면 이것이 참 교회다.

내가 이런 주장, 신생활 혁신생활을 강조하니 어떤 목사는 믿음으로만 구원얻는 것이라 하고, 어떤 목사는 성신충만만 받으면 되지 그런 것은 기독교가 아니라고 반대하는 이들이 있었다. 성신 받았노라고 자기도취, 열광한다고 해도 생활이 새롭고 성결해지지 않으면 참 기독교인 아니다. 인간이 완전히 변해야 기독교인이다.

비성서적인 것, 세속적인 것은 본받지 말고, 예배도 다르게 보아야 하고, 노래도 찬송도 다르게 불러야 하고, 책도 다른 책을 읽어야 한다.

남해로 순회 전도 다니던 이현필 선생이 어느 시 교회에서 수녀들이 「갈보리 산에서」 노래를 남자들 앞에서 불렀다고 노발대발하면서 "수녀가 술 파는 작부냐? 남자들 앞에서 노래를 부르다니, 다시는 그 노래 내 앞에서 부르지 말라"고 했다.

이현필 선생은 예수를 잘 믿으려면 거지 오장치를 짊어지고 나서야 한다고 했다. 그는 이세종 선생의 사상에 따라 아내와 남매로 살려고 애썼다. 부인이 앞문으로 들어오면 뒷문으로 빠져나가 숨박꼭질했다. 하루 한끼 먹고 거지옷을 입고 삭발머리에 겨울에도 맨발로 다녔다. 그는 기성교회에는 안 나가고 산중으로만 다니고 엄격한 순결생활을 강조했다. 찬송가 가사도 고쳐 부르게 했다. 그의 기독교관은 기성교회와 달랐다. 예배는 앉아서 종일 성경 강해하고 성례는 없었고, 장로도 목사도 없었고, 연보도 없었다. 그는 "땅 파는 소리가 하나님의 응답이고, 시래기국이 기도이며, 손수 농사해 짚으로 짚신 삼아 신어야 하고 유채를 심어 기름을 짜서 그 불빛 밑에서 성경을 읽어야 하고, 비누를 쓰지 말고 잿물을 내서 빨래하자"고 했다. 이현필 선생은 친히 땅을 파고 나무하러 다녔다.

이탈 수행

세상 길 가는 자들의 생활 풍속과, 십자가 지고 그리스도의 발자취를 따르는 성도들의 사는 생활 풍속이 똑같을 수 없다.

지금 나 자신에게도 절대적으로 요청되는 것은 철저한 이탈 수행이다. 수도자의 생활은 이탈 수행, 자기 박탈, 절대 침묵,

고독한 생활, 계속적 참회 생활이다. 고독 속에 필요한 것은 오직 하나, 육적 생활 세속 생활에서 이탈하고 하나님과의 일치 생활에 들어가는 일이다.

세속화 부패 타락한 종교계에서도 이탈해야 한다. 변질되고 타락했다고 단정되었을 때에는 떠나야 한다. 세속화되고 변질된 현실 교회적 교인 훈련을 가지고, 그런 예배로는 구원이 어렵다. 단순한 예배 반복만으로 종교심을 땜질하려 하는 것은 자기 기만이다. 골고다의 님, 십자가를 지고 피 흘리며 가신 비아 돌로로사의 길은 아무나 갈 수 없는 길이다.

쟌느 드 샨달은 남편이 죽은 후 네 자녀를 거느리고 살다가 32세 때 프란치스코 살레지오 설교에 감동받아 수녀가 되려고 집을 가출할 때 14세 막내는 대문 턱에 누워 울며 만류했다. 주춤하고 서 있으려니 수도원에서 온 안내인이 "아드님 눈물에 당신 결심이 꺾였습니까?"고 하니, "아니요. 그러나 나도 모성입니다"라고 대답하면서 울고 있는 어린 아이를 기어이 넘어갔다.

(3) 참회생활

> 하나님의 뜻대로 하는 근심은 후회할 것이 없는 구원에 이르게 하는 회개를 이루는 것이요 세상 근심은 사망을 이루는 것이니라 보라 하나님의 뜻대로 하게 한 이 근심이 너희로 얼마나 간절하게 하며 얼마나 변명하게 하며 얼마나 분하게 하며 얼마나 두렵게 하며 얼마나 사모하게 하며 얼마나 열심있게 하며 얼마나 벌하게 하였는가 너희가 저 일에 대하여 일절 너희 자신의 깨끗함을 나타내었느니라
> ─고린도후서 7:10-11─

우리에게 가장 시급한 문제

오늘 개신교도들에게 염려스러운 큰 문제 중 하나는 회개 문제이다. 회개라는 것은 우리에게 오는 그리스도의 역사(役事)에 대한 우리의 필연적 응답이다. 예수 그리스도로 말미암은 하나님 나라의 역사가 우리에게 이르렀을 때, 죄에 빠진 우리에게는 회개가 가능하다. 그리스도의 역사가 오기 전에 진정한 회개를 한다는 것은 불가능하다.

반성, 후회, 자아 비판은 회개가 아니다. 그러므로 회개가 일어난다는 그 자체가 이미 성령의 역사요, 하나님의 은혜요, 구

원 얻을 징조이다.

"제자들이 나가서 회개하고 전파하고…" (마가복음 6:12)

사도들의 선교의 목표는 사람들을 회개시켜 하나님께 돌아오게 하는 데 있었다. 기독교의 본질은 회개의 복음이다. 현대 교회가 회개하지 않은 자를 교회에 데려다 놓고, 회개 못한 자에게 세례 주고, 직분 맡기고, 신학교에 보낸다. 회개 않는 자에게 성전을 맡겨서는 안 된다. 회개 없이 가만히 교회에 들어온 자들은 머지 않아 가롯 유다가 된다.

그리스도인이라는 존재, 그것은 곧 회개에서 시작되는 참회생활이어야 한다. 믿음으로 의롭다함을 얻었다는 사실은 곧 겸손한 참회생활자가 되었다는 말이다. 참회생활 속에서만이 믿음이 유지되고 계속 그리스도의 십자가만 쳐다보며, 그 속죄의 사랑에 흐느껴 우는 것이 기독교인의 신앙생활이다.

믿음으로 의롭다함을 얻는다는 것만 믿고 죄책감도 없고, 회개할 줄도 모르고 바리새인처럼 뻔뻔스럽게 믿는 것이 올바른 믿음이 아니다. 신앙이란 통회 속에서 시작하는 것이며, 일생이 참회와 감격의 눈물로 연속되는 생활이어야 한다.

바리새인의 기도와 세리의 기도의 비유에서 세리는 가장 복음적이고, 바리새인은 비복음적인 모델이다.

예수를 믿노라면서 끝까지 자기 죄를 모르고 죄책감도 없고, 회개도 모르는 일은 큰 문젯거리이다. 오늘 한국 개신교도들은 온통 바리새인이 되어버렸다. 회개와 참회생활을 모르고 무시하는 곳에서 신앙은 성립될 수 없다. 그리스도의 십자가에서 흘리신 보혈은 자기 죄 때문에 우는 어쩔 수 없는 심령에 지금 떨어지는 죄사함의 피이다. 어느 목사는 자기 교파에 소속되어 있는 목사들에게 매주일 산기도하라고 명령했다고 한다. 산기도인이나 성신 능력을 받는 것보다 계속적 회개하는 사람이 되는 것을 갈망하자.

구약성서에서는 죄 문제 처리를 백성들의 죄를 위해 제사장이 대신으로 소나 양으로 속죄제를 지내는 형식적 의식이었지만, 그런 방법으로 죄에 대한 의식적 행위, 제물(속죄제)로 개인적 인간의 죄가 마무리지어질 수는 없다.

예수 그리스도로 말미암아 회개라는 것은 전적으로 개인적인 것이고, 또는 내적인 깊이를 가진 것이다. 그러므로 회개는 개개인의 의지와 행위적인 것이 아니면 참 회개라 할 수 없다. 개개인이 솔직히 자기 죄를 인식하고 직접 하나님 앞에 엎드려 몸부림치며 통회하는 회개여야 한다.

탕자의 비유에서 보이신 대로 먼저 죄의 자각이 일어나야 한다. 죄의 자각, 그것이 곧 잃어버린 자기에게 돌아오는 일이요, 자기 죄를 자각하지 못하는 인간은 상실한 인간이다. 의지로 결심하고 아버지께 돌아오는 것이요. 죄의 고백과 자복이 있어야 한다. 그것이 상실한 자기를 찾는 순간이다.

> "아버지여 내가 하늘과 아버지께 죄를 얻었사오니 지금부터는 아버지의 아들이라 일컬음을 감당치 못하겠나이다"
> (누가복음 15:21)

누구나 예수 믿을 때에는 분명한 회개를 해야 한다. 세례 받을 때, 직분 맡을 때, 신학교 갈 때, 그리고 매일매일 정직하게 회개해야 한다. 회개는 근본적인 회심 한번만으로 다 된 것이 아니요, 반복적 회심이 필요하다. 그때 그때마다 지은 죄를 애통하며 회개하는 일이 요긴하다. 한번 목욕한 자라도 매일 세수하고 손발을 씻어야 한다. 육신을 쓰고 본능을 가지고 오염된 세상에 사는 날까지 내 마음에는 매일매일 죄가 내린다.

하나님은 회개하는 자를 기뻐하신다. 탕자의 비유에서 아버지의 기뻐하는 모양이나 잃은 양을 찾는 비유, 잃어버린 드라크마 찾은 비유에서 그것을 알 수 있다.

> "이와 같이 죄인 하나가 회개하면 하늘에서는 회개할 것 없는 의인 아흔 아홉을 인하여 기뻐하는 것보다 더하리라"
> (누가복음 15:7)

예수를 50년 믿어도 회개하지 않는 교인은 하나님이 기뻐하지 않는다. 회개는 인간의 필요이기 전에 하나님의 필요다. 그러므로 회개한다는 일 자체가 하나님의 은총이다.

이냐시오 로욜라는 40일 동안 175회 울었다. 프란치스코는 너무 울어 말년에 소경이 되었다. 회개가 곧 구원의 수단인 것은 아니지만 회개가 없는 사람은 멸망한다.

> "너희도 만일 회개치 아니하면 다 이와 같이 망하리라"
> (누가복음 13:3)

> "세리는 멀리 서서 감히 눈을 들어 하늘을 우러러 보지도 못하고 다만 가슴을 치며 가로되 하나님이여 불쌍히 여기옵소서 나는 죄인이로소이다 하였느니라 내가 너희에게 이르노니 이 사람이 저보다 외롭다 하심을 받고 집에 내려 갔느니라 무릇 자기를 높이는 자는 낮아지고 자기를 낮추는 자는 높아지리라 하시니라" (누가복음 18:13)

바리새인의 기도와 예배에는 교리도 있고, 성경 연구도 있고, 십일조도 있었으나, 개인적인 회개가 없었다. 세리는 죄를 통감하여 가슴을 치며 회개하고 주님의 사유하심을 받고 집으로 돌아갔다. 바리새인과는 달리 실질적 의가 되었다.

오늘날도 마찬가지이다. 세리는 가장 복음적 예배요, 회개가 없는 예배는 바리새인의 예배이다. 바리새인적 신앙은 하나님을 믿노라면서도 양심의 가책을 전혀 느끼지 못하는 종교인이다. 그들은 누구보다 자기가 장한 줄 알고 있다. 그들에게는 눈물이 없다. 그러나 세리는 통회 눈물로 기도할 뿐이다. 오늘의 기독교인들에게 있어서도 바리새적인 평화나, 자기 만족이나, 은혜 받은 간증이나, 기쁨이라는 것은 놀라운 자기 기만이다. 참으로 놀라운 자기 기만적 교리이며, 자기 기만적 신앙이며, 영혼을 망치는 소경들이다.

회개와 후회

그리스도 안에서 죄의 상태에 있는 옛 자기를 장사지내고 새 생명에서 다시 갱생하여 전적 전향하는 것이 그리스도인의 회개라는 것이다.

고린도후서 7:10-11에는 회개(repentence)와 후회(regret)의 차이를 말했다. 회개는 하나님을 따르는 근심이요, 후회는 세상 근심이다.

근심에는 두 가지가 있다. 하나는 하나님의 뜻대로 하는 근심이며, 또 하나는 세속적 상심. 즉, 하나님께 대해 죄송해 하는 근심이다. 하나님의 방법은 인간의 방법이나 악마의 방법과는 반대가 되는 것이다. 근심이 근심으로 끝나지 않고 태도에 변화를 가져오고 구원을 얻어 영생에 이르게 된다.

세속적 상심은 죄에 대한 비통함이 아니라 자기의 욕망, 성취, 실패에 대한 분통, 비통이다. 마태복음 27:3에 있는 가롯 유다의 상심은 이런 것이다. 이것은 영적 멸망을 초래한다. 우리의 상심은 어떠한가?

참 그리스도인의 생활은 계속적이고 적극적인 회개를 하는 생활이어야 한다. 계속적으로 매일 허물과 큰 죄와 작은 죄를 지으면서도 믿음으로만 구원얻는다는 구실로 회개하는 의식이 마음에서 떠나있다는 것은 그리스도인의 정신이 사단의 유혹으로 거짓된 생각으로 흩어진 징조이다. 형제의 눈에 박힌 티를 찾아보는 눈은 열리지 말고, 자기 눈속에 있는 들보를 보는 눈이 예민해져야 한다.

기도할 때마다 매일 회개하는 의식이 가슴에서 솟구쳐 올라야 한다. 회개하는 의식이 매번 우리 기도에 동반하고 예배를 지탱해주어야 한다. 그 때 우리 기도와 예배는 하나님께 올라가는 날개가 된다. 탕자의 비유나 잃은 양을 찾은 비유에서 언급한 바와 같이 하나님께서 타락한 인간의 영에게서 받으시는 유일한 제물은 회개이다. 하나님께서는 회개하는 마음이 빠진 예배는 받으시지 않으신다.

"주는 제사를 즐겨 아니하시나니…주는 번제를 기뻐 아니 하시나이다 하나님의 구하시는 제사는 상한 심령이라 하나님이여 상하고 통회하는 마음을 주께서 멸시치 아니 하시리이다"
(시편 51:16-17)

밖의 행위보다 마음의 불순 동기에 대한 회개가 중요하다. 천국은 빛의 세계, 참의 세계, 거룩의 세계이므로 지극히 적은 어둠도, 거짓도 섞일 수 없다. 내 마음에 조금이라도 누구를 미워하는 마음이 있으면 천국에 있는 이들과 못 섞이고, 신경질이나 거짓이 조금만 있어도 천국에 못 섞인다. 이성을 이성으로 느껴도 안 된다. 모든 이성을 누님으로 느껴야 한다. 그리고 완전하게 순화되기까지 계속 회개해야 한다.

죄책감과 회개심을 잊어버린 기독교인들이 되면 큰일난다. 눈물을 잃으면 안 된다. 회개는 기독교 복음의 명령이다. 회개는 기독교인의 소중한 보물이다. 우리가 그리스도와의 계속적 교제를 유지하는 것은 우리의 참회생활 때문이다. 회개는 항상 함께 하는 우리의 무기이다. 회개는 확실한 영적 재산이다. 우리의 죄로 말미암은 상처는 회개로 치료된다. 기독교인들은 최소한 매일 아침 저녁 회개해야 하고, 교회에서는 회개의 소리가 늘 들려야 한다.

윌리암 로우는 매일 아침 저녁 회개했다고 한다. 우리도 적어도 매일 아침 저녁마다 반성과 회개하는 기도 시간을 가져야 한다.

아르스의 성자 비안네 신부는 얼마나 자기 몸을 스스로 채찍질했던지 그의 거실 벽에는 핏방울이 튄 흔적이 있다고 한다. 그는 특히 자기도 회개하고 다른 사람 회개시키는 은혜를 받았는데, 그에게 회개하러 나오는 고해자가 일년에 2만 명에 달했고 말년에는 하루에 16-18시간을 교인들의 고해를 받느라고 고해소에서 온종일 보냈다고 한다.

우리는 매일 회개해야 한다. 일생 계속 참회생활을 해야 한다. 옛날에는 회개하는 자는 베옷을 입고 재속에 앉아 옷을 찢으며 금식했다. 말로만 회개하노라 말고, 눈물을 흘려야 하고 행동이 따르는 회개를 해야 한다. 자기 죄에 대해 고통을 감수하여 죄 갚음을 하는 심정으로 살아야 한다. 개심해서 새롭게 살기 위한 새 생활에 대한 구체적 방법과 목적을 새로 세워야 한다. 그리고 완전한 회개에서 일어나 주님께 대한 완전한 전적 헌신을 해야 한다.

회개의 의미

가톨릭 교회에서는 회개 개념을 세 가지로 전개시켰다. 통회(痛悔;contrition), 고명(告明;cofession), 보속(補贖;satisfaction)이다. 그 중에 보속이란 것은 윤리 신학에서 고백성사의 본질적 요건의 하나로 우리의 범죄에 대해 하나님으로부터 벌 받는 것을 의미한다.

보속에는 두 가지 의미가 있다. 하나는 과거에 지은 죄에 대한 징계하는 벌을 의미하는 동시에, 인간 영혼의 허약한 면을 치료하여 다시 범죄하지 않도록 하는 경계와 약이 되게 하는 의미가 있다. 우리가 세례 받기 전에 범한 죄는 세례 받을 때에 죄의 용서와 아울러 벌(罰)까지 다 사해지지만, 세례를 받고 나서도 범한 죄는 진실한 고백성사로 사하여진다. 그러나 그 죄의 벌까지 다 사하여지는 것이 아니라, 지옥의 벌만 사하여질 뿐이고 잠벌은 아직 남아 있다.

잠벌이란 가톨릭에서는 영원한 벌에 대하여 일시적인 벌(혹은 연옥벌)이라는 뜻이며, 이는 우리 자신이 죄 갚음해 갚아야 한다. 이것을 보속(補贖)이라 한다. 보속은 자신의 죄로 인한 정신적인 상처나 물질적인 손해를 진정으로 갚고자 하는 정신으로 실행되어야 하므로 응보적이며, 다시는 같은 실수를 되풀이하지 않도록 하는 예방적 의미가 있다.

죄 지은 자가 아무 벌도 받지 않고 편안히 잘 살고 있다는 것은 행운이 아니라 두려운 일이다. 죄의 용서를 받는 것과 죄과로 벌 받는 것은 같은 것이 아니다. 죽어 지옥에 떨어져 영원한 형벌을 받는 것보다 이승에 사는 동안 자기 죄에 대한 벌을 받는 일이 도리어 더 안심스러운 일이다.

참 믿는 자, 참 회개자는 세상에서 평안하려고 하지 않는다. 징계의 매와 고통을 더 받고자 한다. "아프게, 더 아프게 고통 주소서" 한다. 이론보다도 기독교인들 실제 경험에서 볼 때 아무리 예수를 잘 믿는 사람이라 할지라도, 성인 성녀들이라도 이 세상 사는 동안 어느 정도 벌 받고 있는 경우가 많다.

예수를 믿음으로 죄의 용서는 받았으면서도 그 육신으로는 어떤 고통과 징계와 벌을 받고 있는 경우를 우리는 많이 보고 있다. 그런 고통이 어떤 이에게는 징계의 뜻이며, 어떤 이는 연단의 뜻이며, 어떤 이는 벌 받는 뜻으로서 여러 가지가 있다. 또한 이는 성화의 방편도 된다. 프란치스코는 대성인이었지만 말년에는 소경이 되었다. 육신적으로는 비참했다.

예수 잘 믿는다고 누구나 무조건 행복하고 평안하고 행운이 찾아 오리라고 기대하는 것은 어리석은 일이다. 예수 잘 믿는데 고통과 벌 받는 것이 이상한 일이 아니다. 범죄자가 벌 받지 않고 행복하다는 것은 좋은 일이 아니다. 기독교인들은 아무리 예수를 잘 믿는다 해도 이 세상에서 고난을 겪고 번뇌도 겪어야 한다. 신의 징계의 벌을 맞아야 한다. 그것을 통해 행동하는 회개를 할 수 있다. 겸손해지고 성화된다.

보속의 개념을 우리 개신교에서 그대로 인정하기에는 문제가 있지만, 우리의 신앙생활의 경험을 미루어 보면 잘 믿는 이에게 환난과 고통이 더 많다. 우리가 믿음으로 의롭다함을 얻었다 할지라도, 잘 믿는 신자인데도 지옥의 벌은 면해도 이 세상 사는 동안 어느 정도의 자기 죄에 대한 고통을 겪고 있다는 사실, 그것은 일종의 죄 갚음을 하듯이 심각한 아픔을 겪는다는 사실을 나는 인정한다.

아담은 범죄 후 은총 상태로 회복은 되었으나 고통과 죽음은 면치 못했다(창 3:16). 모세는 하나님을 불신했던 사건은 용서 받았으나 약속의 땅에 못 들어갔다(민 20:12).

"회개에 합당한 열매를 맺으라"(마태복음 3:8)
"하나님께서 각 사람에게 그 행한대로 보응하신다"(로마서 2:6)
"그리스도 교회 위해 고난을 내 몸에 채운다"(골로새서 1:24)

우리가 자기 죄에 대해 자기 스스로가 충분한 죄갚음을 해내는 것은 아니지만 잘 믿는 신자에게도 격심한 벌이 오고, 적어도 죄 갚음하는 심정으로 고난을 겪으며 회개생활을 해야 한다. 죄의 용서와 벌 면제는 같은 문제가 아니다.

신자도 이 세상 사는 동안 어느 정도 육신의 고난을 겪는다. 타의로든지 자의로든지 이 세상에서도 벌을 겪는다. 저승에 가기 전 이승에서 미리 지옥불, 혹은 연옥불을 겪는 것이 저 세상 가서 겪는 것보다 낫다. 그것은 징계만 아니라 연단도 되고 성화도 된다.

이집트 사막의 수도자 마카리우스 교부에게 젊은 수사들이 찾아와 좋은 교훈을 청하니 그는 "웁시다, 형제들이여, 지옥에 가서 눈물이 우리 몸을 태워 버리기 전 이 세상에서 눈에서 눈물을 죄다 쏟아 냅시다"라고 말하니 모두 함께 땅에 엎드려 울기 시작했다고 한다.

보속을 자발적으로 실천할 때, 그것은 공로를 세우는 바가 되기도 한다고 한다. 하나님의 사랑을 강조하게 되면서 보속은 자선, 금식, 기도 등으로 대체해갔다. 편리주의, 재미있고 호강스럽게 믿는 것은 잘못 믿는 것이다. 예수를 쉽게 재미있게 믿는 것보다 어렵게 그리스도의 피와 고난에 참예함이 좋다.

이현필 선생은 이빨이 아파서 못 견디는 수녀가 기도해 달라니 "아프게 더 아프게 해달라"고 기도하라고 가르쳤다. 성녀 데레사는 하나님께 자기 고통을 감하지 말고 더해 달라고 기도했다.

다미안 신부

다미안 신부는 벨기에 사람으로 대학 졸업하고 예수와 마리아 성심회의 수사가 되었다. 그의 형이 하와이 선교사로 가려다가 병으로 입원하게 되자 자기가 대신 선교사로 지원하여 23세 총각으로 하와이 몰로카이 섬에 선교사로 갔다. 몰로카이 섬은 나병자들만 격리 수용된 섬으로서 인간의 생지옥이라 불리던 참혹한 섬이었다. 그곳은 인간의 존엄성도 없고 인격의 빛도 없는 죄와 암흑의 세계였다. 나병자들은 매일 삶의 소망을 잃고 술과 도박으로 생활했고, 그 세계에서도 여자들과 바람 피우는 것 밖에는 아무 것도 할 일이 없었다. 썩어가는 여자의 육체를 둘러싸고 서로 싸움과 살인이 저질러지고, 가는 곳마다 악취가 코를 찌르는 지옥이었다.

이런 섬에 들어간 다미안은 처음 나병자들이 건강한 자기를 소외시키는 것을 보고 하나님께 "이 섬 나병자들 영혼을 건지기 위해 필요하다면 저도 문둥이가 되게 해 주소서" 했다. 그는 실제로 나병자가 되었다. 그는 나환자들에게 냉대받기도 하고, 중상모략으로 곤경에 처한 적도 여러 번 있었다.

16년 동안 그는 1천 6백 명의 나환자를 장례해 주었다. 그가 친히 나환자의 관을 짠 것이 1천 개나 되었다. 다미안은 썩어 내리는 자기 육체를 보며 고향에 편지 쓰기를 "저는 이곳에서 시간만 있으면 관을 짜는 목수입니다. 나환자가 죽으면 무덤 파는 인부입니다"라고 했다. 그의 소문이 세계에 퍼지자 그는 말하기를 "나는 세계 사람들에게 알려지지 않은 채 이대로 있고 싶습니다"고 했다.

그리고 죽음이 점점 가까이 다가오는 것을 느끼며 "한 걸음 두 걸음 조용히 무덤을 향하여 걸어가는 저를 위해서 하나님 은혜로 나의 몸에 힘이 생겨서 인내할 수 있는 힘을 얻어 행복하게 최후를 보낼 수 있도록 아침 저녁 기도드립니다"라고 했다.

그는 1889년 4월 15일에 운명했다. 그의 성덕과 애덕으로 사람들 가슴에 영원히 살아 있다. 가장 거룩하고 사랑 많은 성인이었지만, 하나님께서는 가장 비참한 나병자로 고통을 겪게 하셨다.

(4) 열렬한 사랑

> 에베소 교회의 사자에게 편지하기를 오른손에 일곱 별을 붙잡고 일곱 금 촛대 사이에 다니시는 이가 가라사대 내가 네 행위와 수고와 네 인내를 알고 또 악한 자들을 용납지 아니한 것과 자칭 사도라 하되 아닌 자들을 시험하여 그 거짓된 것을 네가 드러낸 것과 또 네가 참고 내 이름을 위하여 견디고 게으르지 아니한 것을 아노라 그러나 너를 책망할 것이 있나니 너의 처음 사랑을 버렸느니라 그러므로 어디서 떨어진 것을 생각하고 회개하여 처음 행위를 가지라 만일 그리하지 아니하고 회개치 아니하면 내가 네게 임하여 네 촛대를 그 자리에서 옮기리라…
> ―요한계시록 2:1-5―

처음 사랑을 버렸노라

　에베소 교회는 소아시아 전도의 중심지요, 소아시아에서 제일의 교회이다. 에베소 교회는 "믿음의 역사와 사랑의 수고와 소망의 인내"를 가진 훌륭한 교회였고, 교회 안에 침투하는 불순분자와 악을 행하는 세속적 교인과 자칭 무슨 성신 받았노라며 남을 미혹하는 거짓 사도를 적발해서 제거한 교회였고, 핍박 속에서도 신앙을 잘 지킨 교회였다. 그러나 그리스도께서는 에베

1. 참 기독교인의 삶

소 교회를 크게 책망한 점이 하나 있는데 "처음 사랑을 버렸다"고 하셨다. 그들이 처음 믿을 때 주님을 마음으로 열렬히 사랑하던 사랑이 어느 사이에 식어버렸다.

예수님께 대한 처음 사랑을 잃으면 타락하고 생명 잃은 신앙이다. 그러므로 회개해야 한다. 처음 사랑을 잃은 교회는 세상에 등대로서의 자격, 지상의 빛의 자격을 상실한 기독교이다. 그것은 참교회가 아니다. 참교회의 능력과 자격이 소멸된 교회이다.

에베소 교회는 그들이 지킨 교리적 순수성에도 불구하고, 정통주의 신앙을 엄수하고 있으면서도, 그리스도를 열렬히 사랑하는 순수한 처음 사랑을 잃었다. 교리적 정통주의 보수 신앙이 곧 사랑은 아니란 것을 깨달을 수 있다. 예배 자체가 사랑은 아니다. 기도와 성경 읽는 것이 곧 사랑이 아니다. 하나님은 교리를 기뻐하지 않으신다. 형식적으로 드리는 예배를 기뻐하시지 않으신다.

그리스도인은 무엇보다 먼저 그리스도 십자가에서 희생의 죽음하신 뜨거운 피의 사랑을 영으로 받아 마음이 녹아지고, 이로써 우리도 순정을 바쳐 전심전령을 바쳐서 주님을 열망하며 불타는 사랑으로 사랑하여야 참 그리스도인이다.

우리 가슴에 님 향한 이러한 처음의 사랑이, 순정의 사랑이 뜨겁게 타오르지 않는 모든 종교적 형식과 교리와 예배와 제도와 조직은 무가치한 것이다.

오늘 한국의 기독교회는 아시아 여러 나라 중에서 기독교가 제일 부흥하는 교회이다. 신도 1천만 명, 교회수가 4만개이다. 한국교회는 정통 교리, 복음적 보수 신앙을 지키는 점에서도 세계 제일이다. 연보 잘 내고 주일 성수 잘 하고 성경공부 열심히 하고 큰 성전을 건축하고 동남아, 남미, 아프리카, 중국에까지 선교사를 파송하는 선교 국가이다.

그러나 한국 교회가 세계 모든 사람들에게 낯을 들 수 없는 부끄러운 수치는 바로 분열하는 일이다. 기독교인 형제끼리 화합하지 못하여 장로교만해도 114개 파로 분열했다. 기독교인끼리 싸우고 화합하지 못하고 분열하는 원인은 예수님을 참으로 사랑하지 않는다는 증거일 뿐이다. 한국 교회는 예수 그리스도를 잘 믿노라지만 조금도 사랑하지 못하는 교회이다.

신앙과 사랑은 꼭 같은 것이라 할 수는 없다. 한국 교회를 향한 예수 그리스도의 호소와 책망은 "너를 책망할 것이 있나니 너의 처음 사랑을 버렸느니라 네가 회개치 아니하면 내가 네게 임하여 네 촛대를 그 자리에서 옮기리라" 하신다.

종교개혁자들이 "믿음으로만"을 강조한 것은 좋았으나, 거기에 보충해서 "그런즉 믿음 소망 사랑 이 세 가지는 항상 있을 것인데 그 중에 제일은 사랑이라"(고린도전서 13:13) 하지 못한 것은 유감스럽다. 우리 개신교도들이 믿음이 좋은 줄 장담하나, 그러나 꼭 알아야 사실은 믿음보다 사랑이 더 중요하다는 것이다.

> "내가 사람의 방언과 천사의 말을 할지라도 사랑이 없으면 소리나는 구리와 울리는 꽹과리가 되고 내가 예언하는 능이 있어 모든 비밀과 모든 지식을 알고 또 산을 옮길만한 모든 믿음이 있을찌라도 사랑이 없으면 내가 아무것도 아니요"
> (고린도전서 13:1-2)

한국교회는 전 세계에서 유례를 볼 수 없는 카리스마적 은사

운동, 방언, 예언, 신유, 입신, 환상의 은사 받는 이들이 방방곡곡 모든 교회에 널리 퍼지고 어린 아이들까지 계시를 받는다. 한국교회는 기복신앙이 판을 치면서 세상의 축복을 강조하고 어지간한 교인은 쉽게 40일 금식도 척척 해낸다. 그러나 모든 방언과 천사의 말을 할찌라도 예수 사랑을 모르면 소리나는 구리요 울리는 꽹과리라고 했다.

우리는 예수 그리스도를 믿는 기독교인이 되기보다는 예수 그리스도를 열렬히 사랑하는 정열적 신자, 열광적 기독교인이 되어야 한다. 기독교를 철학이나 지식이나 교리나 예배로만 알려 하지 말고, 정통주의나 복음적 신앙이나 보수주의를 지키면 다 되는 줄 생각하지 말아야 한다. 바리새인은 교리적 정통과 습관적 예배와 성경 연구로만 안심하고, 그런 의식주의와 형식주의로 잘 믿는 줄 짐작하고, 하나님은 사랑하지 아니하였다.

종교적 신앙과 종교적 사랑과의 관계를 설명해 본다면, 믿음(이신득의)은 신(神)의 결혼식장에 우리가 앞세우고 들어가는 둘러리다. 우리는 믿음이란 것의 에스코트를 받으며 신랑이 기다리는 데까지 나가고, 거기서 신랑이신 우리 님을 직접 포옹하는 사귐이다.

믿음은 문지기요, 사랑은 기다리고 있는 내 님이다. 믿음은 서론이요, 사랑은 본론이다. 믿음은 "길"이요, 사랑은 "진리요 생명"이다. 믿음은 임시 놓은 가교(架橋)요, 사랑은 성취이며 완성이다. 대신삼덕(對神三德)인 믿음, 소망, 사랑, 그 중에 제일은 사랑이다. 베드로후서 1:5-7에 믿음은 기초요, 사랑은 최고 정상이라 했다.

기독교인의 신앙은 타종교의 신앙과 같이 싸늘한 것이 아니요 어떤 신심이나 신념같은 것이 아니다. 그것은 열망하는 것이요, 갈망하는 것이다. 동경하는 것이다. 정열이다.

"그리스도 예수 안에서는 할례나 무할례가 효력이 없되 사랑으로써 역사하는 믿음뿐이니라"(갈라디아서 5:6)

사랑으로 표현되는 믿음

사랑을 통한 믿음, 사랑에서 표현되는 믿음이다. 진정한 신앙은 마음의 갈망과 사모이며 열망이다. 이제 우리는 기독교의 본질에 대해 새로이 깨달아야 한다. 하나님과 예수 그리스도께서 전체 성경을 통하여, 전체 기독교사를 통해 계속 간청하시는 호소가 무엇임을 확실히 깨달아야 한다. 그것은 우리가 새로이 깨달아야할 사실로서, 시종 하나님을 사랑해 달라는 하나님의 "사랑의 호소"이다.

모세를 통해 주신 율법의 정신도 하나님을 사랑하라는 것이다.

"이스라엘아 들으라 우리 하나님 여호와는 오직 하나인 여호와시니 너는 마음을 다하고 성품을 다하고 힘을 다하여 네 하나님 여호와를 사랑하라"(신명기 6:4-5)

이스라엘 백성들이 하나님을 배반하여 우상을 숭배할 때 하나님께서는 선지자 호세아의 불행한 가정 문제를 통하여 그들을 교훈하셨다. 호세아는 딴 남자들을 따라 창녀같이 된 음란한 아내 고멜을 찾아가 거친 들로 데리고 가서 개유(開諭)하고 본 남편을 사랑하라고 하셨다(호세아 2:14-15).

누가복음 10:38-42을 보면, 베다니 가정에서 마르다는 손님

접대 준비에 분주한데 동생 마리아는 예수님 곁에서 꼼짝 않고 떠나지 않고 있을 때, 예수님은 "마리아는 이 좋은 편을 택하였으니 빼앗기지 아니하리라" 하셨다.

부활하신 예수님께서 디베랴 바닷가에 찾아가서 베드로를 앞에 놓고 세 번 거듭 엄숙히 물어 보신 것은 "요한의 아들 시몬아 네가 이 사람들보다 나를 더 사랑하느냐"는 것이었다. 베드로가 사랑하노라고 대답했을 때 예수님은 "내 양을 먹이라"고 하셨다.

> "우리가 만일 미쳤어도 하나님을 위한 것이요…그리스도의 사랑이 우리를 강권하시는도다"(고린도후서 5:13-14)

> "만일 누구든지 주를 사랑하지 아니하거든 저주를 받을지어다"
> (고린도전서 16:22)

> "사랑하지 아니하는 자는 하나님을 알지 못하나니 이는 하나님은 사랑이심이라 하나님의 사랑이 우리에게 이렇게 나타난 바 되었으니 하나님이 자기의 독생자를 세상에 보내심은 저로 말미암아 우리를 살리려 하심이니라"(요한1서 4:8-9)

모든 성인들에게 내리신 하나님의 계시는 "하나님은 사랑이시니라"는 것이었다. 여러 성인 성녀에게 예수님은 나타나셔서 "나는 목마르다" 하셨다. "사람들이 나를 믿노라고는 하지만 나를 사랑하지는 않는다. 나는 사랑에 목마르다" 하셨다.

이 모두가 사랑이다. 하나님께서 우리에게 요구하시고 호소하시는 것은 "마음을 다하고 성품을 다하고 힘을 다하여" 사랑해 달라는 것이다.

믿음으로만 의롭다함을 얻는다는 소리 하나만 듣고 하나님을 사랑해야 되는 줄 모르는 신앙은 잘못된 신앙이다. 그것은 성서와 기독교사에 줄곧 흐르는 참 기독교의 길이 아니다. 우리는 새로운 기독교 새로운 신앙인이 되어야 하며, 신을 사랑하는 정열적인 신도가 되어야 하며, 사랑으로 역사하는 사랑으로 열광하는 신앙인이 되어야 한다. 한국적 기독교가 아니고, 참 기독교가 되어야 한다.

"저가 모든 사람을 대신하여 죽으심은 산 자들로 하여금 다시는 저희 자신을 위하여 살지 않고 오직 저희들 대신하여 죽었다가 다시 사신 자를 위하여 살게 하려 함이니라"(고린도후서 5:15)

그리스도의 십자가의 희생적 사랑을 받은 자는 이기적인 목적으로 예수를 믿어서는 안 되고 자기 희생적인 사랑으로 주님만을 사랑하면서 살아야 한다.

바울이 강조한 기독교 핵심과, 루터나 칼빈 종교개혁자들이 강조한 기독교 핵심 사이에는 차이가 있다. 종교개혁자들은 믿음을 적극 강조했지만 사도 바울은 사랑을 강조했다. 사도 바울은 "주를 사랑하지 않는 자는 저주를 받으라"고 할 정도였다.

그리스도인은 그리스도 보혈의 사랑의 놀라운 감격을 맛보아야 한다. 조수같이 가슴에 밀려오는 십자가의 사랑에 압도되어 자아의 이기적 아성은 여지 없이 무너지고, 사랑에 침몰되고, 점령되고, 미치고, 그리하여 미칠듯이 불타는 사랑으로 님을 사랑하게 된다. 우리는 믿음으로만 안심하고 하나님 앞에 나갈 수 없다. 사랑으로만 담대히 나갈 수 있는 것이다. 이것이 바울 신앙의 핵심이다.

"우리가 만일 미쳤어도 하나님을 위한 것이요…그리스도의 사랑이 우리를 강권하시는도다"(고린도후서 5:13-14)

그리스도 십자가 보혈의 사랑의 강권을 모르는 사람은 진정한 그리스도인이 아니다. 그리스도를 대응적 사랑으로 뜨겁게 사랑할 줄 모르는 신자는 참 그리스도인이 아니다.

성 프란치스코

프란치스코는 아씨시 스바시오산 동굴 속에서 기도하다가 그리스도 십자가 사랑이 세찬 조수같이 가슴에 밀려오는 체험을 얻고 미친듯이 아씨시 거리로 울고 다녔다. 사람들이 왜 그러느냐 물으면 오른손으로 하늘을 가리키며 "그리스도의 사랑이 나를 못 견디게 합니다" 했다. 그의 일생의 신앙 표어는 "내 주여 나의 전부여"였다.

그의 신앙은 종교적 로맨티시즘이었다. 님의 놀라운 사랑에 울고 울어서 소경이 될만치 울었다. "예수" 이름 부를 때는 너무나도 그 이름이 감미로와서 입술을 쭐쭐 빨았다. 그는 음유시인을 닮아서 님의 사랑을 노래하였으며, 모든 자연을 통해 사랑으로 하나님을 찬양했다. "형님 해여, 누님 달이여" 하면서 찬양했다. 사랑의 진동력으로 새에게 설교하였다.

성 프란치스코가 라 베르나 산에서 40일 동안 금식 기도하면서 드린 두 가지의 제목은 "예수님의 모진 고난을 나도 내 몸에 체험하게 해달라"는 것과, "예수님의 가슴에 불타던 사랑을 나도 내 가슴에 불타는 사랑으로 주님을 사랑하게 해달라"는 것이었다.

성 버나드

성 버나드는 성자요 신비가이다. 그의 신비주의는 예수 그리스도와의 결혼적 일치를 이루는 사랑의 신비주의였다. "우리가 하나님을 인식할 수 있는 유일한 방법은 하나님을 사랑하는 일이며, 하나님을 사랑하면 할수록 더욱 하나님을 바로 인식해 낸다. 초보적인 신자들에게 믿음으로 의롭다함의 이신득의를 가르친 우리는 이제 신앙안에 안주하려는 신자들에게 다시 사랑으로 신과 일치된다는 이애일치(以愛一致)의 절정을 가르쳐야 한다"고 했다.

소화 데레사

소화 데레사의 서원은 누구보다도 예수를 더 사랑하게 해달라는 것이었고, 24세에 세상 떠나는 날 그의 마지막 임종어는 "하나님 나는 당신을 사랑합니다"였다.

곤솔라따

이탈리아 카프친회 수녀 곤솔라따는 금욕 고행하면서 목이 말라도 하루 종일 조금도 물을 마시지 않았다. 10세 때 주의 음성이 들려왔다. "너는 온전히 내것이 되어라." 곤솔라따는 "예. 예수님, 그렇게 하겠습니다"고 대답하였다.

어느날 예수님의 음성이 들려 왔는데 "곤솔라따, 그 희생보다는 생각과 말에 완전히 침묵할 것과 또 끊임없이 사랑을 마음에 일으키는 것이 더 좋았을 것이다"라는 것이었다.

그 후 예수님 음성은 매일 곤솔라따에게 들려왔다. 그것은 모두 주님을 사랑하는 마음을 품으라는 것이었다. "곤솔라따, 나를 사랑해줘. 사람이 목이 마를 때 싱싱한 물이 솟는 샘을 갈망하는 것같이 나는 네 사랑에 목말라 한다"는 것이었다.

"예수님이 우리를 위하여 하신 것과 우리에게 주신 모든 것은 구원만을 목표로 하신 것이 아니고 우리 성화를 목적으로 한 것이다. 그리스도의 십자가는 구원만이 목적이 아니다. 성화, 사랑 또한 목적인 것이다. 신자의 성화를 위해서 하나님의 특은이나 지나친 고신 극기를 너무 강조하는 것은 잘못이다. 그보다 사랑으로 주님과 일치할 것과 사랑으로 모든 선행과 신덕을 생기 있게 하고 성장시켜 완성케 강조해야 한다"고 곤솔라따는 강조했다.

이현필

한국의 프란치스코, 이현필도 지리산 서리내에 엎드려 기도에 침몰했다. 산에 사는 까마귀가 죽은 송장인 줄 알고 부리로 쿡쿡 머리를 찍었다고 한다. 새벽이 오면 잔등에는 서리가 하얗게 덮이고 수염에는 고드름이 매달린 채 가슴에는 그리스도 십자가 사랑이 물결같이 밀려와 압도되어 십자가의 찬송을 불렀다.

갈보리 산에서 십자가를 지시고
예수는 귀중하신 보배 피를 흘리사
구원 받을 참길을 열어 놓으셨느니라
갈보리 십자가는 저를 위함이요
아 십자가
아 십자가
갈보리 십자가는 저를 위함이요

이 노래를 통곡하며 부르면서 산을 내려올 때는 산 밑에서 기다리던 남녀 제자들은 완전히 녹아지고 말았다. 이현필은 "지금으로부터 2천년 전 먼 옛날 유대 골고다에서 예수 그리스도가 세계 만민을 위하여 십자가에 못 박혔다는 먼 옛날 이야기로는 아무 소용없다. 지금 이 순간 어쩔 수 없는 내 가슴에 지금 뚝뚝 떨어져 오는 뜨거운 피를 받아야만 한다"고 설교를 했다. 감격한 제자가 "선생님, 그 피를 어떻게 받을 수 있습니까?"라고 물으니 이현필 선생은 정색을 하면서 "내 피를 내 놓아야 한다"고 했다.

얼마나 아프셨나
못 박힌 그 손과 발
죄 없이 십자가에 매달리신 예수님
하늘도 모든 땅도 초목들도 다 울고
해조차 힘을 잃고 온누리 비치잖네
아 아 끝없어라
주의 사랑 언제나
아아 영원토록
구원의 강물 넘치네
나의 죄
너희의 죄
우리 모든 죄를
얼굴과 손과 발에 흐르는
그 귀한 피 골고다 언덕 위에
피로 붉게 적셨네

미지근한 사랑은 토하여 낸다

　교리 조문만 가지고 따지지 말고 그리스도 사랑의 폭포수를 받아 압도되어야 한다. 사랑의 강권을 받고 미쳐야 한다. 열광하는 신도들이 되어야 한다. 사랑에 미쳐야 한다. 여름 밤 모닥불을 보고 미칠듯 춤 추다 불 속에 뛰어 들어 타죽고 마는 부나비처럼 예수 사랑에 타 죽어야 한다.
　아빌라의 데레사가 가시관을 쓰고 피 흘리는 예수상을 안고 떨며 통곡하기를 "이 피! 이 피!" 했듯이, 진젠돌프가 가시관 쓴 예수 그림 앞에 서서 통곡 회개하듯이 해야 한다. 스바시오산 동굴속에서 프란치스코가 경험한 사랑의 압박같이, 서리내산 이현필의 보혈의 사랑에 압도된 것 같아야 한다.

  미지근한 신앙은 토하여 버림당한다. 처음 신앙을 버리면 촛대를 옮긴다. 만일 누구든지 주를 사랑하지 아니하면 저주를 받을찌어다.

어두운 그날 저녁 십자가 섰던 저녁
모두가 버리고 돌아간 그 자리
주 홀로 높이 달려 배신의 고독함을
한 몸에 받으시고 용서를 빌으신 주
오 주여
이 몸은 당신을 껴안습니다

상하신 그 얼굴은 용서가 가득하고
타버린 입술과 찌르는 가시관
잃은 양 찾으시는 주님의 안타까움
싸늘히 지고간 주님을 부여안고
오 주여
이 밤은 슬픔을 통곡합니다.

인간의 역경도 비난의 조소도
묵묵히 참으며 떠나간 나를 찾아
그윽한 눈망울은 사랑의 호소가
타락한 나를 안고 양볼에 입맞추니
오 주여
그 십자가 내 등에 지우소서

떨어진 핏방울은 얼룩진 이 심정
희생의 제물로 한생을 바치며
흐느껴 우는 마음 진정한 통회로
이제는 주님을 떠나지 않으리
오 주여
이몸은 당신을 지키리다.

(5) 얼의 사람

너희 안에 이 마음을 품으라 곧 그리스도 예수의 마음이니
―빌립보서 2:5―

얼간이들

바리새인들의 종교는 형식만 남고 종교 정신과 그 얼은 빠져 버렸다.

"박하와 회양근체의 십일조는 드리되 의와 공과 신은 버렸도다"
(마태복음 23:23)

우리는 오늘 한국의 많은 기독교인들을 대해볼 때 신학을 많이 알고, 교리가 똑 바르고, 성경을 많이 알고, 카리스마적 은사도 있고, 대단한 활동도 하는데, 나사렛 예수 그리스도의 "얼"이 박혀 있지 못한 사람들을 너무 많이 본다.

호랑이를 그리는데 눈을 그리지 않는 것과 같이, 시퍼런 기백과 투철한 정신과 예수님의 "얼"이 들어 있지 못한 기독교인들이란 "얼 빠진 교인" "얼뜨기"들일 뿐이다. "얼간이 예수쟁이들"

이다. 성경을 지식적으로 많이 안다고 해서 잘 믿는 기독교인은 아니다.

한국 기독교인들은 정통이니 복음주의니 보수 신앙이니 하는 교리적 문제를 많이 떠들어대는데, 교리가 "얼"이 아니다. 교리란 것은 신앙의 골격이다. 동물들의 뼈와 같은 것이다. 뼈에 살이 붙어 몸을 이루는 것같이, 교리가 있어야 신앙 생활의 바른 목표와 질서가 서는 것이다. 다시 말해서 교리는 생선 뼈와 같은 것이다. 뼈가 있어야 거기에 살과 근육이 오르는 것같이, 행동하고 사색할 수 있는 것이다. 그러나 생선을 먹을 때 뼈는 고르고 살을 먹는다. 뼈에는 감정이 없다. 그런데 한국교인은 뼈에 걸려 있다. 살을 먹지 않고 뼈에 걸린 것, 그것을 바리새주의라고 한다. 교리는 주지만 마음, 얼은 주지 못한다.

라마 크리슈나는 "종교적 교리나 교의에 집착하는 것은 배고픈 사람에게 돌을 주는 것이나 다름 없다"고 했다. 개인의 혼은 신의 창조가 아니라 신의 일 부분이다. 신은 모든 것 속에 숨어 있으며, 따라서 사람들을 사랑과 봉사의 정신으로 대하지 않으면 안 된다고 했다. 종교적 교리에 집착하지 말고 자기 종교의 "신"이 박히라는 말이며, "영"이 들고 "얼"이 박히라는 말이다.

"누구든지 그리스도의 영이 없으면 그리스도의 사람이 아니라"
(로마서 8:9)

"영"이 빠진 사람, 얼 빠진 기독교인은 김 빠진 사이다와 같다. 예수께서는 제자들에게 특별한 기대를 하였다. "너희 의가 서기관과 바리새인보다 낫지 못하면 결단코 나의 제자가 될 수 없다"고 하셨으며, "하늘에 계신 너희 아버지의 온전하심과 같이 너희도 온전하라"고 요청하셨다.
우리 기독교인은 종교인이라든가 예배교인이나 평범한 교회인이 되지 말자. "몸사람"이 되지 말고 예수 그리스도의 "얼"이 박힌 "얼사람"이 되자. 바라노니 "신"이 박힌 사람이 되자.

> "너희가 내 안에 거하고 내 말이 너희 안에 거하면 무엇이든지 원하는 대로 구하라 그리하면 이루리라" (요한복음 15:7)

하나님의 심정과 그리스도의 얼굴을 따르지 않고는 구하여도 아무것도 받지 못할 것이다. "너희 안에…"는 문자가 아니요 신의 정신이 박히라는 말이며, 얼, 기백, 넋이 기독교인으로서의 우리 가슴에 예수의 "얼"이 박혀 있어서 언행 모두에 있어서 예수 와 같이 되어야 한다. "얼이 찬" 사람이 되어야 한다. 예수가 가득찬 사람이 되어야 한다. "얼" 빠진 기독교인, "얼간이", "얼뜨기" 교인이 되어서는 안된다. 또 하나의 예수, 신인(神人), 예수의 화신(化身)이 되어야 참 기독교인이다.

오늘 기독교 각파는 쓰레기통이다. 오사리 잡사리 아무나 와도 좋다. 교인 배가 운동, 대중 전도에만 집착하지 말고 예수화 운동이 일어나야 된다.

예수의 얼이 찬 사람이 신이 박힌 신인이다. 참 그리스도인의 일생은 나사렛 예수의 일생을 재연한다고 한다. 참 그리스도인은 또 하나의 예수다.

썬다싱을 보는 사람마다 그가 예수인 줄 알고 깜짝 놀랐다고 한다. 우리는 이 땅에 기독교를 심으려 하지 말고, 교파 교회 배가 운동하려 하지 말고 "얼"을 심고, 젊은 예수의 얼을 심자. 한국교회는 기독교는 있는데 예수의 "얼"은 빠져 있지나 않은지

1. 참 기독교인의 삶 55

몹시 염려된다. 이렇게 되면 에스겔 골짜기 해골들일 뿐이다. 회칠한 무덤이다. 속에 "얼"이 없고 썩은 송장들이 들어 있다.

천만 기독교인으로 수량적인 교세를 펼치는 운동을 하지 말자. 이러한 천만 신도는 "몸"사람들이다. 단지 1백 명 신도만 남는다 해도 철저한 얼사람, 예수의 얼화된 사람을 길러 내야 한다. 시퍼런 기백이 사무친 기드온의 3백 명의 결사대가 지금 일어나야 한다. 기독교인의 수가 적어서 망하는 것은 아니다. 기독교인이 너무 많아서 망하고 있다.

"얼 사람"이 어떤 사람인가. 산상보훈은 모조리 예수의 얼이다. 마태복음 10:1-15은 예수의 얼 바로 그것이다.

청빈, 순결, 순명의 복음삼덕

오른편 뺨을 치거든 왼쪽 뺨도 돌려 대라―무저항 정신
속옷을 가지고자 하는 자에게 겉옷도 주어라―인욕(忍辱)의 정신
너희 원수를 사랑하라―애적(愛敵)의 정신
네 오른눈이 실족케 하거든 뽑아 버려라―절대 순결의 정신
구제할 때 오른손이 하는 것을 왼쪽이 모르게 하라―은밀한 정신
먼저 그의 나라와 그의 의(義)를 구하라―정의의 정신
먼저 네 눈속의 들보를 빼어라―참회의 정신
좁은 문으로 들어가라
한 알의 밀알이 되라―희생의 정신
높은 자리에 앉지 말라―하좌(下座)의 정신
서로 발을 씻어 주어라―세족의 정신

옷 두벌, 지팡이, 신 갖지 말라. 지갑에 금, 은, 동 넣어 다니지 말라.

길에서 안부 말고 탁발하라.

예수의 얼로 사는 자들

예수의 "얼"이 바로 박히면 작은 예수가 되는 것이다. 성경 읽고 공부하는 것만 가지고는 안된다. 성경을 암송하는 마귀도 있다.

프란치스코를 "나사렛 예수의 화신", 또는 "하나의 예수"라 부르는 것은 그의 마음과 삶 속에 예수의 마음이 얼로 들어가 박혔기 때문이다. 예수의 마음으로 사는 일이며 예수의 성심(聖心)이 되어 숨 쉬는 일이 예수를 닮아가는 일이다.

"너희 안에 이 마음을 품으라 곧 그리스도 예수의 마음이니"
(빌립보서 2:5)

단순한 기독교인은 가치가 없다. "얼" 사람이 가치가 있는 것이다.

하천풍언(賀川豊彥)은 폐병으로 사형선고 받은 몸으로 예수 정신의 한 알의 밀이 되고자 신호(神戶) 빈민굴에 들어가서 깡패, 전과자, 창녀들과 같은 인간 쓰레기들의 영혼을 건지려고 봉사하였다. 노동자들의 권익을 위해 항쟁하고, 소비조합과 산업 청년회의 일을 도와 영양식 배급소를 만들었다. "눈물의 이 등분"이라 하면서 노동자와 창녀들과 같이 울고 "뒤 닦아주는 정신"으로 가장 비천한 계급을 위해 봉사의 일생을 보냈다.

이현필 선생은 부부가 순결한 남매로 살려 하고 예수를 본받아 청빈, 순결, 생활에 전력해 거지 옷 입고 맨발로 다녔다 .

　방애인양은 전주에 있는 기전 여학교에서 교편생활을 하던 시절에 길 가다가 불쌍한 거지를 보면 저고리를 바꿔 입고, 고아를 보면 업어 오고. 나병자를 만나면 붙들고 기도하였다. 입을 옷이라고는 한벌밖에 없었다. 그녀는 절세 미녀였는데 일생동안 화장한번 하지 않고 깨끗한 순결 생활을 했다.

　부지런히 집을 짓지 말고, 교회 건물 건축하는 것이 하나님의 일인 줄 생각하지 말라. 그보다 나사렛 예수의 "얼"을 심어라. 교인 배가운동이나 거대화 운동으로 교세를 확산시키는 것이 하나님이 기뻐하시는 줄 오해하지 말라. 그보다 축소시켜라. 그리고 질을 다져라. 기독교가 "얼화" 되게 하라. "얼"덩어리가 되라. 그렇게 하는 것이 소금이요 빛으로 되는 것이다.

　교회에 다니는 것이 장하지 않다. 예배를 부지런히 잘 본다고 어떻게 되는 것이 아니다. 인간에게 가장 귀한 것은 "얼"을 살리는 일이다. 기독교인의 가치는 많은 성경 지식에 있는 아니요, 교회의 직분이 아니요, 예배를 부지런히 보는 데에 있는 것이 아니다. 예수의 "얼"이 얼마나 충실히 살고 있는가에 있는 것에 가치가 있는 것이다. 말로만 복음을 전하려 하지 말고 행동과 생활로 복음이 증거되게 하여야 참된 것이다.

　총회때마다 모이면 의례히 싸움질이나 하고, 기독교인 둘만 모이면 두개의 파가 생기고, 교회마다 교인마다 세속화되고 타락해 버렸다. 저질 교역자들과 쓰레기 교인들이 우글거린다. 얼 빠진 성직자에 얼간이 교인이다.

　새 기독교 운동을 새롭게 전개해야 한다. 예배당 건물만 높게 짓지 말고, 교인 숫자만 불리지 말고, 헌금만 교묘한 방법으로 짜내지 말라. 기독교인의 숫자에 앞서서 참 기독교인을 길러 내자. 물량적 거대, 팽창주의, 거대화 운동은 이제 집어 치우자. 그리스도교를 축소시켜라. 그대신 질(質)을 다져라.

기독교인의 "얼"을 박아 넣는 얼화 운동과 성화 운동을 펼치자. 새로운 기독교 새로운 신앙을 일으키자. 서울 거리, 지방 구석 구석에 생생한 예수가 뛰어 놀게 하자.

로란 그류니는 "교회는 성인으로 말미암아 움직여진다"고 했다.

가브리엘 마셀은 "오늘날의 세상은 성인들에게 의견을 들을 차례이다"고 했다.

시몬느 베이유는 "오늘의 세계는 성인, 새로운 성인, 천재적 성인이 필요하다"고 했다.

프랑스 국왕의 재상이며 대 수도원장이었던 스계는 죽기 전에 성인 버나드에게 편지하기를 "제가 하나님 앞에 돌아가기 전에 한 번만 당신의 얼굴을 봐도 이 비참한 세상에서 안심하고 떠나리다"라고 했다.

성인의 감화력

한 사람 성인의 감화력 영향력은 직업적 종교가 수십만 명보다 낫다. 유럽의 아버지라 불리우는 베네딕트 한 사람이 유럽 교회를 살리고 1천 3백년 동안 인류에 감화를 주었다. 프란치스코 한 사람 일어나 유럽의 기독교가 소생하고 8백년 동안 전세계에 감화주어 오고 있다.

18세기 영국 사회의 부패가 절정에 달하여 영국민의 영혼은 멸절하고 본능적 욕정만 살아 국왕으로부터 귀족 일반 남녀, 부녀자 모두가 음란할 때, 요한 웨슬레 한 사람의 등장은 영국이란 국가가 19세기 동안 바다와 육지에서 거둔 승리보다 더 큰 공을 세웠다고 평한다. 웨슬레는 그 음란한 세상 속에 경건의 그룹을 만들고 50세까지 독신으로 지냈다.

실생활이 뒷받침하지 못하는 설교는 아무런 권위도 없다. 내가 예수가 되어서 예수를 전해야 한다. 말로는 안된다. 예수가 예수를 전하게 되어야 한다. 신인(神人)이 일어나야 한다. 믿음이 믿음을 증거하는 것이요, 사랑이 사랑을 증거하고, 얼이 얼을, 성화가 성화를 증거할 수 있는 것이다.

막스밀리안 콜베

폴란드의 막시 밀리안 콜베 신부는 수도사들을 보고 "나는 여러분이 성인이 될 것을…그것도 대성인이 될 것을 요구합니다" 하면, 수사들은 반문하기를 "그렇지만 신부님, 그건 너무 지나친 요구가 아닙니까?"라고 했다. 콜베 신부는 이에 대답하기를 "그렇지 않습니다. 성성(聖性)은 사치품이 아니라 의무입니다. 그리스도께서는 '하늘 아버지의 온전하심같이 너희도 온전하라' (마태복음 5:48) 고 말씀하셨습니다"고 했다.

그러면서 콜베 신부는 칠판에 분필로 성성의 공식을 써서 보였다. 소문자 "v"(나의 의지), 대문자 "V"(하나님 의지), 이 두 개의 V자를 +자 형으로 교차시키면 십자가가 생긴다. 나의 의지를 하나님 의지와 일치시킴으로 우리는 거룩해진다고 했다. 또한 그는 "이 세상의 어느 누구도 진리를 뜯어 고칠 수는 없다. 우리가 할 수 있는 것, 우리가 해야 하는 것은 진리를 추구하고 발견하고 진리에 봉사하는 일뿐이다"라고 말했다.

제2차 세계대전쟁 때 폴란드를 점령한 독일 군대는 매일 수천 명이 폴란드인을 총살했다. 콜베 산부도 수도원에서 독일 게스타포 경관에게 붙잡혔다. 그것은 다시 돌아 오지 못할 길이었다. 그 무렵 독일군은 스탈린그라드를 공격하면서 후방의 치안을 염려하여 숙청하던 때였다. 나치스 헌병 대장은 콜베 신부의 수도복 허리에 십자가를 달아 내린 로사리오의 십자가를 잡아 당기면서 "더러운 놈! 너는 이걸 믿느냐?"고 말했다.
"예"
헌병 대장은 신부의 뺨을 쳤다. 신부는 땅에 쓰러져 입에서 피가 흘러 나왔다. 대장은 구두발길로 사정없이 찼다. 수용소에 있던 다른 봉사자들이 신부를 살리기 위해 그를 병원으로 옮겨갔다.
강제 수용소 안에서 신부는 목재를 운반하는 노동을 했다. 극도의 굶주림 속에서 신부는 짐을 진 채 쓰러지기도 했다. 수용소 안에서 탈주자가 생기면 연대 책임으로 10명을 지명해 불러 내어 사형시키기로 되어 있었다. 한번은 탈주자가 생겨서 사형자로 지명되어 불려 나간 남자 중 한 사람이 흐느껴 울고 있었다. 이 광경을 본 수용소 내 포로 중 한 사람이 뛰어 나갔다. 그는 거의 명령조로 소리를 지르기를 "저 사형수 대신 내가 죽겠습니다" 했다. 그는 다름아닌 콜베 신부였다. 그는 울던 사람 대신 행열 맨 끝에 따라가면서 고요히 기도했다. 그들의 사형은 특별 감방속에 가두어 놓고 굶겨 죽이는 것이었다. 그때 사형실 안에는 다른 때와는 달리 노래가 흘러 나왔다. 콜베 신부는 끝까지 서서 기도했다. 죽어가는 사람을 위해 기도해 주고 마지막으로 자기 혼자 남게 되었다. 간수가 들어와 콜베 신부에게 죽음의 주사를 놓으려 하자 조용히 팔을 내밀었다. 이리하여 그는 최후를 맞이하였다.

마더 데레사

마더 데레사는 유고슬라비아인으로 12세 때 벌써 자기는 가난한 사람들을 위한 성소를 받은 것을 깨달았다고 한다. 선교사가 되기를 지망하다가 인도로 갔다. 18세 때 집을 떠나 수녀가 된 후 인도에 가서 무려 40년동안 봉사했는데, 그 동안 한번도 이 길을 선택한 데 대한 의심을 품어 본 적이 없었다고 한다.

그녀의 소명은 하나님께서 선택해 주신 길이요, 하나님 뜻이라 깨달았다. 그 성소를 받은 동기는 피정으로 가는 열차 안에서 "모든 것을 버리고 가장 가난한 자 안에 계신 주님을 섬기라"는 강한 명령을 느꼈다고 한다.

그녀는 가난한 사람들 속에서 매일 24시간 그리스도를 만났다. 일하시는 분은 내가 아니요 주님이라는 확신을 가졌다. "수도 생활은 자제의 길이요 끊임없는 노력 정진만이 그리스도를 따르고 섬기는 생활에서 생기는 모든 어려움을 이겨낼 수 있다"고 하였다.

인도에서는 상류 계급이 가장 비참한 하류층 사람에게 손을 댄다는 일은 상상도 못하는 일이다. 데레사는 뼈만 남은 병든 노인의 손톱도 깎아주고, 쓰다듬어 주었고, 문들어진 나환자와 쓰레기 통에 버려진 고아를 품에 껴안고 길렀다.

이 세상에 그리스도교인은 많으나 과연 몇명이나 참된 그리스도인을 만날 수 있을 것인가. 데레사의 길은 주님을 너무나 가까이 느끼는 삶이기 때문에 주님과 너무나 일치된 생활이었다.

페스탈로치

고아원 사업과 교육가로 유명한 페스타로치는 어느날 고아들 위해 구걸하러 다니다가 어느 술집에 들어가 술 마시는 사람들에게 사정했다. 그들은 술병으로 페스탈로치를 때렸다. 페스탈로치는 얻어 맞고도 "제게는 매를 때리셨지만 고아들에게는 무얼 주시렵니까?" 했다.

그가 세상 떠난 뒤 묘비명은 "그는 자기 자신을 위해서는 아무것도 한 것이 없었다. 모든 것을 남을 위해서 했다"였다.

슈바이쳐

20세기의 성자 슈바이쳐 박사는 하나님과 인간 사이의 통역자라는 평을 받는 인물이다. 그는 21세 때 성령 강림주일 아침에 스스로 서원하기를 "나는 30세까지는 나 자신을 위해 학문과 예술에 전념할 것이다. 그리고 그 후에는 직접 인간에 봉사할 수 있는 삶을 살자" 했다.

결혼하고 나서 아내가 간호원의 자격을 얻자 아내를 데리고 즉시 아프리카로 떠났다.

성경에 부잣집 대문 밖에서 천대 받으며 빌어 먹던 거지 나사로같이 백인들의 멸시와 천대를 받는 흑인들을 위해 봉사하여 백인들의 죄를 속죄할 마음으로 백인의 무덤이라 불리던 적도하의 평균 기온이 30도나 되는 랍바레네로 갔다.

그는 신학자요 철학자요 음악가였다. 아프리카 여행에서 수많은 하마 떼들을 보면서 그는 생명 경외 사상을 얻었다. 흑인들과 함께 그의 뒤에는 사육하는 여러 종류의 짐승들과 새들이 따랐다. 병원 건물을 지으려고 땅을 개간하다가 숱한 개미떼들이 터져 나오니 그는 병원 건물 짓는 것을 중지시켰다. 노벨상을 타러 갈 때 일등표를 보내 왔지만 그는 이등으로 바꿔 타고 갔다.

슈바이쳐는 한 나라 국적에 한정된 인물이 아니다. 이런 인물은 전체 인류의 보배요 세계의 인물이다. 한 시대의 사람이 아니라 영원한 인물이며 피부 색갈의 차이나 빈부의 차이를 초월하여 누구의 가슴 속에도 큰 감동을 주는 얼 사람이다.

그룬트비히

그룬트비히는 덴마크의 샛별이라 불린다. 그는 그 불행한 나라 불모의 국토 속에서 기독교적 애국 청년들로 하여금 덴마크를 구원하게 하였다. "요행심을 버리라. 자기가 스스로 뿌리지 않는 땅에서 열매를 거두고자 하는 따위 근성을 버리라"고 부르짖었다.

그룬트비히는 영국과 기타 선진국을 시찰하고 나서 덴마크의 나아갈 길은 그런 길이 아니라는 것을 깨달았다. 덴마크 국민의 갱생의 힘찬 구호로 다음과 같았다.

"밖에서 잃은 것을 안에서 찾자
"하나님과 가정과 국토에 대한 뜨거운 사랑
"덴마아크의 건설은 광범한 지식 위에"

마하트마 간디

간디는 인도 빅시누(偉大)신의 화신이라고 여겨졌다. 마하트마란 말은 "위대한 혼(魂)"이라는 뜻이다. 그는 인간의 정신력이 물질 세계를 초월한다는 것을 강력히 확신하고 살았다. 그는 학자가 아니요 실천가였다. "나는 실천적인 현실주의자"라고 고백했다.

인도 사상에 신에게 도달하는 방법에 세 가지가 있다:진나(지식), 칼마(행동), 바크치(헌신). 진나와 칼마는 일반 대중과는 인연이 먼 방법이다.

대중과의 정신적 일치가 그의 길이었다. 그의 소원은 불쌍한 모든 사람들 눈에서 눈물을 닦아주는 일이었다.

간디는 말하기를 "어떤 그럴듯한 이론이나 논문도, 어떤 웅변도 우리에게 독립을 부여하지는 못한다. 오직 우리의 행동만이 이를 성취시킬 수 있다"고 했다. 그리하여 간디는 3백년 동안이나 영국에게 짓밟혀 피곤에 지친 인도인들 얼굴에 생기를 넣어 주었다. 그는 자기가 "얼 사람"이 되어 인도 민중에게 "얼"을 넣어 주었다.

간디가 지나갈 때면 인도 사람들은 땅에 무릎을 꿇고 앉아서 그의 발이나 옷에 손을 대며 그렇게 하면 정결해진다고 생각했다. 그를 거의 신인으로 존경했다. 인도 민중은 멀리서 그의 모습만 보아도 기뻐하고 자족해 했다. 간디를 보고 합장하고 머리 숙이면 그의 말이 곧 신의 명령으로 들린다고 했다. 간디가 기차 타고 여행하는 소문이 들리면 수십만 명이나 되는 군중이 정거장에 모여들었다.

간디는 37세 때 아내와의 성생활을 끊었다. 그의 독신 생활은 성에 대한 어떤 죄의식과 관련되어 있는 듯하다. 간디는 젊어서 영국에 유학 가서 신사 수행을 하려고 높은 모자를 쓰고 일등차 타고 다니고 해봤다. 그러나 타고난 피부색 때문에 짐차 속에 쫓기고 개같이 멸시 받았다. 친구의 권유로 백인들 교회에도 두어번 나가 보았으나 교회에서마저 심한 인종 차별을 느꼈다. 그는 "개는 개가 되어야 한다"고 깨닫고, 35세 때 자기는 백인 신사 흉내를 내려하지 않고 다시 인도인 되기로 결심했다.

　인도의 고전을 읽기 시작하고 그는 인도의 천민 속에서 비로소 진실을 발견했다. 그는 사랑의 힘을 가지고 무산 대중과 인도를 건지기로 결심했다. 그의 사상은 어떤 새로운 원리나 새 사상이 아니다. 옛부터 인도에 전해 내려오는 오랜 영원한 진리, 진실을 그는 현실적 생활과 문제에 맞춰 실행했다.

　간디 사상의 중심되는 것이 "싸티아 그라하"였다. 그 뜻은 "영혼의 힘"이다. 이 사상은 적에게 고통으로 보복해 주려는 정신이 아니다. 자기가 자신에게 고통을 줌으로써 진리를 옹호하는 운동이다. 나 자신의 고통, 인내력, 연민의 정으로 상대방으로 하여금 그들의 잘못을 버리게 하는 일이다. 이 정신은 두려움을 떠난 사람이 되게 한다.

　그는 싸티아 그라하 아시람(Ashram)을 설립했다. 그것이 곧 간디의 도장(道場)이었다. 숲속의 초막집 집단이다. 간디는 밤 2시에야 취침하고 오전 3시반에는 벌써 기상해서 기도하고 편지 쓰고 신문을 읽다가 오전 5시에서 6시 사이에 다시 취침했다. 그리고는 그때부터 다음날 새벽 1시-2시까지는 결코 휴식하지 않았다.

　간디는 서양 문명은 육적 행복을 인생의 목적으로 삼는 것이기 때문에 20세기는 악마의 문명으로 보았다. 그는 인도 겨레에게 서구식 의복을 벗으라고 외쳤다. 그런 의복을 입는 지도자가 어찌 농민들의 심정에 접근할 수 있겠는가. 영어를 말하는 지도자가 어찌 인도 농민의 가슴을 움직여 낼 수 있겠는가. 행복은 물질에 있는 것이 아니요 마음에 있다. 참문명은 어떤 권리를 찾는 문명이 아니라 의무를 찾는 문명이다. 남을 위해 자기를 희생시키고 바치는 문명이어야 한다. 누구나 자기 욕망과 심정 위에 통제가 되어야 한다.

간디는 감옥 속에서 성경, 특히 산상수훈을 읽었고, 인도 민중에게도 때때로 산상수훈을 낭독해 주었다. 아무것도 소유하지 말자는 철학에 따라 그의 몸에 걸친 옷이란 거의 없었다. 그는 감옥 속에 갇혀 있으면서도 물레질을 했다. 손수 실을 뽑아 가난한 대중에게 자립 정신을 가르치고 옷을 입히고저 했다. 그의 몸 전체는 얼 덩어리였다. 간디가 거처하는 집은 인도의 감옥 독방과 같았다. 토담집 벽에는 예수님의 화상을 걸어놓고 그 밑에 "그는 우리의 희망"이라고 써 붙였다. 거기서 그는 60년을 살았다.

얼을 박아 넣은 간디였다. 원자 폭탄이 인도에 떨어져도 인도인의 마음은 파괴하지는 못한다. 두뇌나 이성적 호소는 소용없다. 인간을 뒤집어 놓는 것은 마음이 움직이는 때이다. 그리고 사람의 마음을 움직이는 것은 고난이다.

무저항 비폭력 운동은 그리스도의 정신을 따라 원한을 원한으로, 폭력에 폭력으로, 악을 악으로 보복하기를 원하지 않는 운동이다. 그는 결사적 단식을 두 번 하면서 단식 후 내심의 소리를 들었다. 그가 대중을 지도할 때는 반드시 내심의 소리를 따랐다. 덕행을 지배하는 사람이 1천 명이라도 덕행자는 한 사람뿐이다.

포싸잇 선교사

포싸잇 선교사의 별명은 "작은 예수"였다. 나병자를 업고 안고 다녔다.

카이탄 박사

카이탄 박사는 인도에 귀화하여 인도인의 옷을 입고, 인도 음식, 인도 돗자리에서 자며 인도 독립 운동하다가 감옥에 갇히고 추방당했다. 인도 사람들은 그 보고 "당신은 우리에게 예수를 말하지 않았습니다. 그러나 우리는 당신 속에서 예수를 봅니다"고 했다.

미셀 파브로

보르도 노동자 선교회 운동하던 미셀 파브로 신부는 25세 나이에 극빈 노동자들과 고락을 함께 하며 그리스도를 증거했다. 어느날 한 노동자가 병들었는데 미셀은 그를 대신하여 위험한 부두 노동을 하다가 산더미같이 쌓아논 재목이 와르르 무너져 내리면서 미셀은 그 밑에 깔렸다. 사람들이 재목 더미를 헤치고 나니 거기 남은 것은 그의 다 깨진 몸과 붉게 물들인 피바다 뿐이었다. 거기 한 작은 예수의 죽음이 있었다. 예수의 "얼"이 한 알의 밀이 거기 심겨졌다.

유영모

유영모 선생은 "작대 철학자"로 알려져 있다. 신학교에 특강할 때 칠판에 백묵으로 선을 내려 그어 놓고 "이-" 하며 강의한다. 한국의 공자라고도 불려진다. 그는 민족의 "얼"을 심어 주었던 정주 오산학교에서 이승훈, 도산 안창호를 이어 3대째 교장으로 많은 영재를 길러낸 분이다.

한국의 평화주의자인 YMCA의 현동완 총무가 한국에도 성자가 나오기를 그리워했는데, 그를 중심으로한 한 시대의 명인들. 이세종, 이현필, 현동완, 함석헌 주기철 등 모두가 유영모의 영향을 받았고 그와 사귀었다. 학벌은 일본 물리학교를 다녔다고 알려지고 있다.

52세 때 마태복음 7장을 읽고 북한산 비봉 밑에 입산하였는데, 사람은 초목같이 땅을 딛고 서야 한다고 주장하며 농사를지었다. 간절한 향농심, 귀농심(歸農心)으로 농부를 농우(農牛)라 하면서 경애했다.

유영모 선생은 언제나 무명 두루마기에 털모자를 쓰고 헝겊 보자기에 책을 꾸려 헌 성경책 끼고 다녔다. 먹으로 쓴 백지에 무엇인가 자기 철학을 써 갖고 2주일에 물 한방울 안 마시고 금식한 적도 있었지만 금식은 찬성치 않았다. 그는 금욕주의의 장점도 알았다.

그가 존경한 인물은 톨스토이와 간디였는데 톨스토이의 생활 십계와 간디 생활을 많이 본 받았다. 특히 간디의 생활 신조였던 마음의 결심과 기도, 음식을 절제하며 실과와 생식을 하는 것, 부부간 분방(分房) 거처하는 것을 모방하여, 유영모 선생은 하나님께 복귀, 일일 일식, 널판자로 만든 침대 생활을 실천했다.

하루에 한 끼 식사를 하기를 40년을 계속했다. 한때는 생식도 했다. 그의 호가 다석(多夕)이었지만, 하루 세끼를 저녁에 합쳐서 일식(一食)했던 것이다. 그것도 밥 한 그릇에 배추국과 반찬은 한두 가지였고, 고기는 2년에 한두 번 정도 먹을 정도였다고 한다. 늘 식욕이 속에서 일어난다고 했다. 일식을 결정한 다음 날 가족을 불러 놓고 해혼 선언을 했다. 아주 이혼하는 것이 아니라 부부간의 성생활을 끊은 것이다. 이것은 간디가 37세 때 실행한 것을 본 받은 것이다. 유선생은 말끝마다 결혼을 반대했다. 어느 때 정인세 선생과 대화하면서 성생활은 짐승이 아니고 무엇이냐고 둘이 맞장구를 쳤다.

매일 냉수마찰을 하고 자기가 창안한 보건체조를 했다. 선생은 사람의 몸은 악기와 같은 것이어서 악기를 잘 조율해 사용하는 음악가와 같이 인체로 잘 조율해야 한다고 했다.

선생은 백년 묵은 잣나무를 관(棺) 재료로 파는 것을 사다가 좁은 방에 들여다 놓고 침대 삼아 누워 잤다. 목침을 베고 반듯이 누워 송장처럼 잠을 잤는데, 나중에는 그 목침도 집어 치우고 베개 없이 잤다. 그렇게 자는 이유는 등뼈를 곧게 만들 뿐만 아니라 칠성판 같은 관에서 잠을 자면서 죽음과 친하기 위해서였다.

남의 집에 가서 손님 노릇할 때는 딱딱한 온돌 방에 요 없이 맨바닥에서 잤다. 추운 겨울 머리맡의 물그릇이 얼어 붙는데도 불을 때지 않는 찬 방에서 거처했다. 그렇게 잠 자도 한 번 잠들면 칼로 찍어도 모를 정도로 깊이 잠들고 꿈을 꾸는 일이 거의 없었다. 철인의 철학적인 잠이었다.

보통 때나 강의할 때나 무릎을 꿇고 5-6시간 거뜬히 천연스럽게 앉아 지냈다. 하루 한끼만 잡수시면서도 여행할 때는 차를 타지 않고 걸어 다니셨고, 북한산 비봉 밑 자기 집에서 인천까지도 걸어 갔다 와서 다음날 또 산에 등산하면서 피로를 느끼지 않았다. 매주 금요일이면 종로에 있는 YMCA에 강의하러 다닐 때도 걸어서 다녔고, 그렇게 40년을 계속했다. 선생은 병든 제자 집에 문병 가는데 20리를 걸어서 찾아 갔다. 보통 바지 저고리 차림으로.

또 한 가지 유영모 선생의 괴벽스러운 것은 자기 나이를 햇수

(年數)로 계산하지 않고 산 날수(日數)로 계산한 일이다. 91세에 세상 떠난 그의 날수는 3만 3천 2백 일이었다.

한 번은 자기는 67세에 자기 생이 끝난다고 사망 예정일을 선언했다. 그대로 되지는 않았으나 그 다음부터는 덤으로 사는 것이라고 했다. 매일 새벽 지구를 자기 사타구니 밑에 깔고 유명한 산 소문난 강 등을 생각으로 일주하는 습관이 있었다고 한다.

세상에 대해서는 아무런 애착이 없었다. 세상은 식(食)과 색(色)이 전부요, 인생 일생이란 그것이라 보았고, 죽음은 하나님과 같이 사는 관문이라 했고, 지각할 수 없는 절대적 존재 신령 "나의 종지(宗旨)는 없이(貧) 계시는 아버지이신 "한아님 아바디"라 했다.

1977년 87세 때 유영모 선생은 톨스토이가 말년에 가출하듯 결사적으로 방랑길을 떠났는데, 3일만에 산 송장이 되어 있는 것을 경찰이 업어 집에 돌아왔다. 그리하여 3일 동안 혼수상태에 있다가 10일만에 일어났다. 그 후 총명이 흐려진 것 같다. 1981년 향년 91세로 세상을 떠나셨다.

성인이여 일어나라

방애인양은 24세 짧은 일생이었지만 백설같이 순결하게 살았고, 무명 치마 저고리에 두 벌 옷이 없었다. 기차 타고 전도하러 다녔으며, 학부형이 찾아와도 전도하였다. 밤마다 강당에서 학생명단을 펴놓고 일일이 학생 이름을 부르며 철야기도했다. 길가에 떨고 있는 거지를 보면 입고 있던 옷을 바꾸어 입었으며, 고아들을 업어다가 고아원을 세웠다.

최용신양은 수원 샘골에 들어가 일생동안 파묻혀 무산 아동을 위해 학원을 세우고, 농촌을 지도하고, 그리스도를 자기 몸으로 증거하다가 젊은 나이에 세상을 떠났다. 마지막 유언하기를 "내가 죽으면 내가 세운 학원이 내려다 보이고 학원의 종소리가 들리는 언덕 위에 묻어 주시오"라고 했다.

강순명 목사는 독신 전도단을 만들어 농촌 전도를 하고, 길가다 헐벗은 사람을 보면 양복 저고리를 벗어 입혀주고, 밤이면 다리 밑의 고아들을 품고 자고, 목사이면서 칼갈이와 똥통치기를 하면서 일생동안 구제 활동하다가 세상을 떠났다.

기독교가 점점 교회화하고 교회는 기업화 상업주의로 나가고 있다. 교회주의를 버리고 그리스도주의로 나가야 한다. 오늘의 기독교와 예수는 거의 딴 것처럼 낯설은 것이 되었다. 교회주의를 버리고 원 예수, 순수 예수에게로 돌아가자. 성경을 많이 안다고 예수의 얼이 박히는 것이 아니다. 말씀이 그의 인격에 화육해야 한다. 마음과 행동 속에 예수의 심장 심는 일이다. 예수의 얼이 박힌 사람이면 곧 예수다.

너무도 어려운 이야기지만 이것이 진정한 복음의 증인이다. 오늘 한국 기독교는 큰 교회 건물 헐어버려야 한다. 신학교들을 헐고, 새로운 기독교인들이 일어나게 해야 한다. 기복신앙, 이익종교 신앙은 물러가라.

성인이여, 오라!

얼 사람이여, 일어나라!

2. 사랑의 삶

아비나 어미를 나보다 더 사랑하는 자는
내게 합당치 아니하고
아들이나 딸을 나보다 더 사랑하는 자도
내게 합당치 아니하고
―마태복음 10:37―

(1) 사랑

사랑은 여기 있으니 우리가 하나님을 사랑한 것이 아니요 오직 하나님이 우리를 사랑하사 우리 죄를 위하여 화목제로 그 아들을 보내셨음이니라
―요한1서 4:10―

사랑의 종류

그리스어에 사랑($\alpha\gamma\alpha\pi\alpha\nu$)이라는 말에 세 가지 즉, 에란과 필레인, 그리고 아가판이라는 말이 있다.

"에로스"는 열정적이고 감각적이면서 자기 긍정적인 사랑이다. 에란은 자기 중심적인 것으로서 자기를 위해 자기를 욕구(欲求)하는 것이다. 그리스인은 에로스 속에서 황홀 상태를 구했다. 그것이 그들의 최고의 종교였다. 그들의 종교는 감성적, 성적인 황홀을 구했다. 플라톤의 에로스는 감각적 만족 속에서 가치 높은 정신적 생활을 구하려 했고, 그러면서도 자기의 황홀 상태를 구했다. 이것이 에로스적 특징이다. 신약성서에는 에로스 사랑은 없다. 에로스의 동사도 명사형도 전혀 없다.

"필레인"은 때때로 "아가페"와 병행해서 사용했다. 그럴 때 그

뜻은 아가페와 분간하기 어려운 경우도 있으나, 대체로는 인간의 자연적인 사랑, 부모와 자식 사이나 혈육과 친구 사이의 사랑으로 표현된다.

인간의 성정(性情)의 직접 긍정적인 애정인 점에서 "아가페"와 상위한 것이다. "아가페"는 다른 두 가지 종류의 사랑과는 정반대 방향에 선다. 일방적, 자발성, 무상성(無償性), 즉 전적으로 자기부정성의 특성을 가진 사랑이다. 세상이 말하는 사랑은 정욕적이고, 인간적이며, 혈육적이며, 낮은 사랑이지만, 아가페는 차원이 다른 전적 승화된 사랑이다. 참된 사랑은 이기적이고 자기 중심적인 것이 아니라, 인간이 자기를 죽임으로써 희생시켜서 남을 살리고, 이것으로서 자기도 또한 참되게 살게 되는 사귐의 원리를 의미한다. 자기 희생적이다. 그리스도의 십자가 죽음과 부활이 그런 원리이다. "아가페" 사랑은 지상의 인간의 것이 아니다.

> "사랑은 여기 있으니 우리가 하나님을 사랑한 것이 아니요 오직 하나님이 우리를 사랑하사 우리 죄를 위하여 화목제로 그 아들을 보내셨음이니라" (요한1서 4:10)

여기에 사랑의 본질이 설명되어 있다. 우리도 하나님을 사랑하지 않은 것은 아니나, 그것은 사랑이라 부르기에 아직 너무도 부족한 사랑이다.

참 사랑은 오직 하나님께만 있다.

참사랑은 오직 하나님께만 있는 것이다. 하나님을 적대하고 있던 우리 죄 때문에 인간을 위한 용서의 제물을 삼기 위해 하나님 편에서 가장 사랑하는 독생자를 보내사 십자가 위의 속죄의 죽음을 죽게 하신 사실이다. 하나님 자신이 자기를 희생시켜 인류를 사랑하신, 이 같은 최대의 비극에 의하여 인류는 하나님과 화해하기에 이르렀다. 하나님의 이같은 사랑의 깊이는 인간의 마음으로는 도저히 측량할 길이 없다. 인간의 마음으로서는 도저히 이해할 수 없는 하나님의 독생자를 통한 사랑이다. 왜 그처럼 나를 사랑하시는가. 왜냐하면 이러한 사랑이 없이는 죄도 죽음도 극복될 수 없는 것이요, 우리의 구체적인 관심사인 현실적 행위도, 자유도 있을 수 없기 때문이다.

복음서에는 "아가페"란 낱말이 적다. 그러나 예수님의 설교와 그 행위의 정신에서 우리는 "아가페" 사랑을 배우는 일이 긴요하다.

포도원 품군에 대한 비유에서 저녁 11시에 들어온 품군에게나 이른 아침에 들어온 품군과 똑같이 한 데나리온 주었다(눅 15:11-32)는 일은 하나님의 일방적이고 무상적(無償的)인 사랑을 말한다.

잃은 양 한 마리를 찾는 목자의 비유와, 열 드라크마 중 하나를 잃은 여자가 등불을 켜고 집을 쓸며 찾는 비유에서도 하나님의 아가페를 찾아 볼 수 있다(눅 15:3-10).

아버지를 저버린 탕자가 아버지의 재산을 탕진하고 멀리 떠나가 허랑 방탕하다가, 마지막에는 돼지치기가 되어 돼지밥을 먹는 신세가 된 아들이 돌아왔다. 그러나 아버지는 돌아온 아들에게 제일 좋은 옷을 입히고, 손에 가락지를 끼우고, 신을 신기고, 살찐 송아지를 잡아 잔치를 차리고 기뻐하는 탕자의 비유에서도 아가페의 사랑을 볼 수 있다(눅 15:11-32).

아가페 사랑은 자기의 상대의 가치 여부를 따지지 않는다. 사랑해 줄 만한 가치가 있는 자를 골라서 사랑하는 것이 아니다. 일방적 사랑, 무상적이며 자발성의 사랑이다. 사랑 받을 가치가 없는 자를 사랑의 대상으로 선택한다. "아가페"는 놀라운 사랑의 폭을 지니고 있다. 원수도 사랑하는 사랑이라는 날카로운 특징을 가졌다. 이런 사랑은 인간의 힘을 초월한 것이다. 아가페 사랑은 절대의 모순을 통해 실현된다.

사도 바울의 서신 중에서 하나님의 사랑의 중심을 형성하는 것은 그리스도이시다. 하나님의 독생자를 세상에 보내사 십자가에 희생당하게 하신 사실, 즉 예수 그리스도의 사실을 통해 성취되었다.

길가던 나그네가 깊은 우물에 빠져 "날 살려 주시오" 소리 소리 질렀다. 마침 그리로 공자가 지나가다가 우물 속을 들여다 보며 "이놈, 그러기에 내가 뭐라고 하던. 조심해 길 다니라고" 했다. 석가가 지나다가 그 소리를 듣고 내려다 보며 "가련한 중생, 아! 불쌍타" 하고 지나갔다. 예수는 그를 보시고 몸소 위험과 죽음을 무릅쓰고 우물 밑에 내려와 건져 냈다. 재미있는 예화라고 생각한다.

자신의 피를 흘리며, 하나님의 절대적 사랑을, 끌어 넘치는 지극한 사랑을 계시(啓示)한 유일한 길은 삼위일체 하나님 자신이 세상에 하강을 의미하는 그리스도의 십자가 희생이다. 그것이 보혈인 것이다.

인간의 부패와 죄는 너무 심각해서 도저히 자기 스스로 깨달을 수도, 건질 수도 없는 절망적일 때, 땅 위에 죄악이 들끓고 어두움이 자욱히 깔렸을 때, 하나님은 그 한 가운데 사랑으로 하강하셨다. 자기를 철저히 희생시키는 사랑으로 말이다.

> "우리가 아직 죄인 되었을 때에 그리스도께서 우리를 위하여 죽으심으로 하나님께서 우리에게 대한 자기의 사랑을 확증하셨느니라" (로마서 5:8)

여기서 그리스도의 사랑과 하나님의 사랑이 혼동되어 있는데, 이것이 바울 신앙의 모습이다. 바울에게 있어서 하나님과 그리스도는 분리할 수 없는 그의 신앙의 대상이었다. 하나님 믿는 것은 그리스도를 믿는 것이고, 그리스도께 기도 드리는 것은 하나님께 기도 드리는 일이요, 그리스도 사랑이 곧 하나님 사랑이다. 이것이야말로 전무후무한 사랑, 원수를 위해 죽는 참 사랑 바로 그것이다. 천지 우주의 주재이신 조물주께서 자기 피조물 살리려고 자기 희생을 행하셨다.

> "하나님의 사랑이 우리에게 이렇게 나타난 바 되었으니 하나님이 자기의 독생자를 세상에 보내심은 저로 말미암아 우리를 살리려 하심이니라" (요한1서 4:9)

최고의 사랑은 일방적인 사랑이다

유일한 최고의 사랑인 아가페는 일방적 사랑이요, 갚음을 기대하지 않는 무상적 사랑이다. 자기 인정이 아니요, 자기 부정적이며 자기 희생적인 사랑이다. 아무도 이와 같은 아가페 사랑을 인간의 능력으로 행해 낼 수 없다. 하나님의 사랑은 성령을 통해 우리 마음에 부어주사 우리 안의 마음의 소유가 되었다. 즉 아가페 사랑이야말로 성령이 첫째 열매이다.

인간이 하나님을 대해 가지는 중요한 세 가지 향주덕(向主德)은 믿음, 소망, 사랑(고전 13:13)이다. 사랑은 언제까지든지 떨어지지 않는 것, 가장 온전한 것, 우리는 믿음과 소망으로 하나님을 쳐다보다가 종말의 날에는 하나님이 부어주시는 사랑 속에서 인간은 황홀 속에 항상 복종하며 살게 된다.

요한 서신에서는 사랑은 가장 포괄적이고 절대적인 원리에 이른다고 했다. 사랑의 사귐이란 것은 하나님과 인간 사이의 문제만이 아니라 하나님의 속성은 사랑이기 때문에 하나님의 영원의 본질과 속성에 있어서 성부, 성자, 성령의 삼위일체 하나님은 그 자체가 사랑이다. 즉 사랑 안에서의 사귐의 의지이다.

하나님의 속성은 아가페 사랑이기 때문에 삼위일체 하나님 자체 안에서도 성부 하나님은 영원한 성자 예수님께 대해 성부 하나님의 사랑의 활동이다.

요단강에서 예수께서 세례 요한에게 세례를 받으실 때에 하늘이 열리고 하나님의 성령이 비둘기같이 내려 예수님위에 임하시며 하늘로부터 소리가 있어 "이는 내 사랑하는 아들이요 내 기뻐하는 자"라고 말씀하셨다.

> "…아버지께서 창세 전부터 나를 사랑하시므로 내게 주신 나의 영광을 저희로 보게 하소서"(요한복음 17:24)

기독교에서 말하는 공전절후(空前絶後)의 놀라운 진정한 이 사랑은 먼저 삼위일체 하나님 자체 안에서 성부, 성자, 성령 사이에 서로 사귀는 천적(天的) 사랑이 삼위일체 그대로 인간의 구원을 위하여 동원하여 지상에 하강한 사건이다.

하나님과 인간의 관계는 사랑이며, 그것이 바로 조물주와 피

2. 사랑의 삶

조물 사이의 영원한 본질이다. 하나님은 인간에게 대해 사랑을 요구하시며, 따라서 우리도 하나님의 사랑을 갈망한다. 서로 온전한 사랑을 원한다.

기독교를 믿는다는 일은 아가페 사랑의 원리를 깨달아 하나님과 그리스도의 사랑을 바로 느끼고 받아 나도 그리스도를 사랑하고 형제도 사랑하게 되는 일이다. 마음과 뜻과 정성을 다해 하나님을 사랑하자. 하나님을 뜨겁게 사랑하는 일이 곧 우리가 진정한 의미에서 자기를 사랑하는 일이다.

디베랴 바닷가에서 시몬 베드로를 앞에 놓고 "네가 나를 사랑하느냐?"고 물으신 예수 그리스도는 오늘도 우리에게 그 사랑을 물으신다.

마태복음 26:33을 보면 베드로는 예수님을 세 번이나 부인했다. 그의 죄는 그의 눈물의 참회로 사해졌다 해도 그가 다시 예수님 사도로 나서기 위해서는 주님의 새로운 소명이 필요했다. 그리스도의 사도가 되려는 자의 가장 큰 책임과 조건은 그리스도를 사랑하는 일이다.

"그리스도의 사랑이 우리를 강권하시는도다" (고린도후서 5:14)

주님의 무거운 책임을 짊어진 자라면 거기에 비례해서 그리스도를 많이 사랑하기를 요구한다.

디베랴 바닷가에서 시몬 베드로에게 "네가 나를 사랑하느냐" 물으신 사랑은 아가파오($\alpha\gamma\alpha\pi\alpha o$)였는데, 그것은 고상하고 헌신적 사랑이다. 거기 대한 베드로의 대답 "내가 주를 사랑하는 줄 주께서 아시나이다"는 필레오($\pi\iota\lambda\varepsilon o$)였다. 친구로서의 사랑을 나타내는 겸손한 용어다. 아가페 사랑은 거룩한 사랑이어서 너무 높고 깊은 사랑인데 예수님의 그런 물음에 대하여 베드로는 옛날같이 장담은 못하고 겸손하게 다만 인간으로서의 간절한 사랑 필레오 사랑을 갖고 있다고만 거듭 고백했다.

첫번째 물음과 두번째 물음에서 예수님은 아가페 사랑을 요구하시다가 베드로가 두 번 다 "필레오합니다"라고 대답하는 것을 보고, 세번째 물음에서는 아가파오 대신 필레오하느냐고 물으시고 주를 사랑하는 자에게 어린양을 먹이라 부탁하셨다. 어린양은 예수 그리스도의 양이지 교파의 양이나 어느 특정인의 목사의 양이 아니다. 예수를 사랑하지 않는 자는 주의 어린양을 먹일 자격이 없다.

"그런즉 믿음 소망 사랑 이 세 가지는 항상 있을 것인데 그 중에 제일은 사랑이라"(고린도전서 13:13)

세상에서 가장 위대한 것은 사랑이 제일이다. 신(信), 망(望), 애(愛)를 향주덕(向主德)이라 한다. 우리는 하나님께 대해 이 세 가지 덕으로 섬기는 것이다. 다른 은사들은 사라질 것이지만 신, 망, 애, 이 세 가지는 영원히 남는다. 이것은 바울 신학에 있어서 가장 귀한 3연어(連語)이다.

바울 신학은 이신득의로 마무리 짓고 끝나는 것이 아니다. 바울이 말하는 믿음은 그것이 대상에게 발산될 때 사랑으로 표현되는 믿음이다. 사랑은 믿음과 소망의 필수적인 요건이다. 그리고 사랑은 성장을 계속하는 것이다.

"하나님이 우리를 사랑하시는 사랑을 우리가 알고 믿었노니 하나님은 사랑이시라 사랑 안에 거하는 자는 하나님 안에 거하고 하나님도 그 안에 거하시느니라"(요한1서 4:16)

2. 사랑의 삶

　사랑이 제일인 이유는 그것이 하나님의 속성이기 때문이다. 하나님 자체가 바로 "사랑(아가페)"이시기에 하나님이 인간에게 요구하시는 것도 사랑을 기대하신다. 자석이 쇠붙이만을 끌어 당기듯, 하나님 자신은 사랑 자체이기 때문에 인간에게서 사랑만을 끌어 당긴다. 열렬한 좋은 믿음이 우리를 하나님께로 끄는 것이 아니라 뜨거운 사랑이 하나님께로 끈다. 사랑 이외의 다른 것은 요구하시지 않으신다.

　　"내가 사람의 방언과 천사의 말을 할찌라도 사랑이 없으면 소리
　　나는 구리와 울리는 꽹과리가 되고…"(고린도전서 13:1-3)

　열심으로 하나님 믿으면 다 되는 것이 아니요, 하나님을 열렬히 사랑하기에 이르러야 한다. "산을 옮길만한 모든 믿음이 있을찌라도 사랑이 없으면 내가 아무 것도 아니다." 여기 말한 이 사랑은 하나님께 대한 사랑이다. 방언 기도, 예언 기도를 다 한다고 해도, 그것들이 일견 매우 높은 영적 상태인 듯해도 이것들 움직이는 데는 하나님 사랑으로 하지 않으면 무익하고 무미한 것이다.

　　"사랑을 따라 구하라"(고린도전서 14:1)

　이 말씀은 어떤 대상을 실제 추적하듯이 사랑을 따르라는 말이다. 하나님의 사랑이 내게 임하여 뜨겁게 감동되고 나도 하나님을 뜨겁게 사랑하여 아가페 사랑 안에서 주님과 대응 관계로 주는 내 안에, 나도 주 안에 사귀면서 여기에서 내곁에 있는 형제를 또한 사랑한다.

　기독교는 이같은 신, 인간, 형제 사이에 세 개의 사랑의 고리

가 유기적으로 긴밀하게 연결되는 것을 이상으로 삼는다. 세 개의 사랑의 고리 중 어느 고리 하나만 떨어져도 불완전하다. 하나님 사랑하지 않고는 형제를 참 사랑하지 못하고, 형제를 사랑하지 않으면서 하나님을 바로 사랑할 수 없다.

신구약 성서를 새로이 보자. 하나님이 인간에게 요구하시는 것은 사랑이다.

"너는 마음을 다하고 성품을 다하고 힘을 다하여 네 하나님 여호와를 사랑하라" (신명기 6:5)

"네 마음을 다하고 목숨을 다하고 뜻을 다하여 주 너의 하나님을 사랑하라 하셨으니 이것이 크고 첫째되는 계명이요 둘째는 그와 같으니 네 이웃을 네 몸과 같이 사랑하라 하셨으니 이 두 계명이 온 율법과 선지자의 강령이니라" (마태복음 22:37-40)

"요한의 아들 시몬아 네가 이 사람들보다 나를 더 사랑하느냐"
(요한복음 21:15)

"만일 누구든지 주를 사랑하지 않으면 저주를 받으라"
(고린도전서 16:22)

"그러나 너를 책망할 것이 있나니 너의 처음 사랑을 버렸느니라 그러므로 어디서 떨어진 것을 생각하고 회개하여 처음 행위를 가지라 만일 그리하지 아니하고 회개치 아니하면 내가 네게 임하여 네 촛대를…옮기리라" (요한계시록 2:4-5)

(ㄹ) 하나님은 사랑이시다

하나님이 우리를 사랑하시는 사랑을 우리가 알고 믿었노니 하나님은 사랑이시라 사랑 안에 거하는 자는 하나님 안에 거하고 하나님도 그 안에 거하시느니라
—요한1서 4:16—

하나님은 구애의 하나님

신의 속성은 사랑이시고, 사랑만이 영원한 것이고, 사랑은 성장하는 것이고, 사랑이 가장 위대한 것이며, 하나님은 구애(求愛)의 신이시다. 우리가 믿는 신은 인간의 모든 재액을 막아 주시고 복 주는 복신이 아니라 나의 영적 애인이다.

예수를 믿든지 은사를 사모하든지 능력을 행하든지 목회하든지 하나님께 대한 집요한 사랑하는 마음으로 해야 한다. 하나님께 대한 우리의 태도가 사랑이 아닐 때, 그런 신을 믿는 신앙은 자기를 위한 이기적인 기복신앙이나 이익종교나 공리주의의 신앙이 되어버린다.

성 버나드의 신비주의는 감각적 신비주의이다. 신은 이지적으로만 인식될 것이 아니라, 경험되고 감수되고 감촉되지 않으면

안된다. 영적 결혼으로 그리스도와의 산 인격적 결혼적 일치, 그리고 신부의 뜨거운 사랑으로 그리스도를 섬기고 그와 합체(合體)되어야 한다. 그는 신과 가장 밀접한 생명적 교제를 가져야 한다고 주장했다.

믿음, 소망, 사랑중에 제일은 사랑이다. 사랑은 믿음과 소망의 필수적인 요건이다. 신(神)에 대한 신앙은 사랑으로 표현되고 발산되는 신앙이어야 바른 것이다. 우리는 버나드같이 아가서와 같은 사랑의 심정으로 나의 애인, 주님을 연연하면서 그리워하고 사랑해야 한다. 그것이 곧 기독교적 신앙이다.

하나님의 속성은 사랑이다. 그 사랑은 맹렬하게 영원히 타오르는 불이다. 자석이 쇠붙이만을 끌어 당기듯, 사랑이신 하나님과 사귀는 길은 우리도 타오르는 사랑이 되어야 한다. 싸늘한 이지로 하나님 사귀어 내지 못한다. 특히 그리스도인은 그리스도 십자가 죽음의 보혈, 사랑의 충격적 감격, 그 강권을 받아야 한다.

바울은 하나님을 향해 믿기만 하면 된다고 신앙을 강조한 것이 아니라 사랑을 강조했다.

"만일 누구든지 주를 사랑하지 아니하거든 저주를 받을찌어다!"
(고린도전서 16:22)

바울은 놀라운 그리스도 십자가 사랑에 압도되고 포로가 되었다. 바울의 고백과 감격의 절정이 다음 구절에서 볼 수 있다.

"우리가 만일 미쳤어도 하나님을 위한 것이요 그리스도의 사랑이 우리를 강권하시는도다…저가 모든 사람을 대신하여 죽으심은 산 자들로 하여금 다시는 저희 자신을 위하여 살지 않고 오직 저희

를 대신하여 죽었다가 다시 사신 자를 위하여 살게 하려함이니라" (고린도후서 5:13-15)

우리가 만일 미쳤어도

신과 인간 사이는 서로 사랑의 대응관계 속에 유지되어야 한다. 서로 서로 희생의 대응관계 속에 신의 절대 사랑이 내 가슴에 뜨겁게 떨어져와야 나도 불타는 사랑으로 마음과 성품과 힘을 다하여 주님을 사랑하기에 이른다.

예수님을 사랑해야겠는데 어떻게 하면 되는가. 십자가에 달려가시관 쓰신 얼굴에 흐르는 피가 낭자한 예수를 바라보라. 우리가 하나님을 사랑해야 하는데, 그러자면 우리 사랑을 승화시켜야 한다. 사랑의 승화. 인간의 하나님 향한 모든 관계—예배, 기도, 믿음 모두는 계속 순화되어야 하고 승화되어야 한다. 에로스도 필레인도 승화되고 순화되어야 한다.

> "아비나 어미를 나보다 더 사랑하는 자는 내게 합당치 아니하고
> 아들이나 딸을 나보다 더 사랑하는 자도 내게 합당치 아니하고"
> (마태복음 10:37)

누가복음 9:57-62은 예수님을 따르는 사람들의 세 가지 유형을 보여주고 있다. 어디로 가시든지 주님을 따르겠다는 사람에게 "여우도 굴이 있고 공중의 새도 집이 있으되 인자는 머리둘 곳이 없도다"고 하시고, 먼저 집에 가서 부친을 장사 지내게 허락해 달라는 사람에게는 "죽은 자들로 자기의 죽은 자들을 장사하게 하고 너는 가서 하나님의 나라를 전파하라"고 하시고, 가족을 작별하고 오겠다는 사람에게는 "손에 쟁기를 잡고 뒤를 돌

아보는 자는 하나님의 나라에 합당치 아니하다"고. 하셨다.
 정통 신앙이면 다 된 것이 아니다. 복음주의 보수 신앙이면 천당 가는 것이 아니다. 싸늘한 신앙을 빨리 고쳐야 한다. 이지적 신앙, 습관적 신앙, 교리적 신앙, 냉정한 신앙을 고쳐야 한다. 뜨겁게 열렬히 가슴이 타오르는 사랑으로 주를 쳐다 보아야 한다.
 아가페 사랑은 성장하는 것이요, 성애(聖愛)는 진보하는 것이어서 성자들의 생애의 마지막은 처음보다도 훨씬 완전한 사랑에 가득 채워지는 것이다.
 우리 모두는 우선 고린도후서 5:13-15에 말씀같이 "사랑의 강권"을 받자. 목회하기 전에, 선교사로 떠나기 전에, 어떤 운동을 시작하기 전에, 가슴에 그리스도의 십자가 보혈의 사랑의 강권 받자.
 참 사랑은 전심 전력을 하나님께 바치는 점에 있어서는 누구나 같지만, 각 사람이 각각 다른 방법으로 사랑을 표현해 바치는 점에서 서로 다르다. 어떤 이는 순교로, 어떤 이는 동정을 바침으로, 어떤 이는 청빈으로, 어떤 이는 활동으로, 어떤 이는 관상으로 사랑을 표현한다.
 싸늘한 신학과 교리로 예수를 믿는 것이 아니다. 염불하듯 예배만 반복함으로써 예수를 믿는 것이 아니다. 그리스도의 십자가 보혈의 사랑에 압도되어 미쳐야 한다. 가슴이 타 올라야 한다. 그리스도의 사랑이 우리를 강권하여야 한다.
 예수께서는 곤솔라따에게 "내가 목마르다"고 하셨다. 그러시면서 "너는 마음에 근심하지 말라. 내가 너를 지옥에 보내려고 창조한 것이 아니다. 악마의 패거리로 만들려고 창조한 것이 아니다. 너는 탄식하지 말라. 미소를 지으라. 다른 것은 생각지 말고 나를 사랑하라"고 하셨다.

스바시오산의 동굴에서 프란치스코는 그리스도의 십자가의 사랑의 조수에 압도되어 예수의 이름을 부를 때에는 그 이름이 얼마나 달콤한지 입술을 빨았다고 한다. 해와 달, 불과 물, 만물에 대한 그의 사랑이 가득차 있었다. 그의 "태양의 노래"는 그의 사랑의 극치를 보여주고 있다.

> "우리가 만일 미쳤어도 하나님을 위한 것이요 그리스도의 사랑이 우리를 강권하시는도다 저가 모든 사람을 대신하여 죽으심은 산 자들로 하여금 다시는 저희 자신을 위하여 살지 않고 오직 저희를 대신하였다가 다시 사신 자를 위하여 살게 하려 함이라"
> (고린도후서 5:13-15)

미치자

그리스도는 골고다 십자가의 놀라운 사랑을 눈물 한 방울만큼이라도 바로 맛본 사람이라면 미치지 않을 수 없다. 지금 우리가 미치지 못한 것은 예수 그리스도의 십자가의 사랑을 모르기 때문이다.

예수를 믿는다는 것은 학문적으로 신학을 연구하고 싸늘한 교리만을 고백하면 되는 일이 아니다. 염불을 외우는 것같이 습관적으로 예배만 반복하는 일이 아니다. 예수 그리스도의 피가 지금 이 순간에 흘러 내리는 사랑에 압도되어서 미치고, 나도 그 주님을 미치다시피 불타는 사랑으로 사랑하는 일이다.

사랑은 다이나마이트와 같이 폭발시켜야 놀라운 위력을 나타내는 것이다. 싸늘한 신앙고백이 아니다. 님 향한 불타는 사랑이어야 한다. 떨어지는 폭포수같은 세찬 사랑으로 발산하는 믿음이다.

예수 그리스도와 우리 신자들과의 관계는 피 묻은 희생적 사랑의 대응관계 속에 사는 일이다.

프란츠 폰 살레스 성인이 친척집의 다섯살난 질녀에게 인형을 선물로 주었다. 질녀는 끔찍히 그 인형을 사랑하였다. 여러 날이 지난 후 살레스 신부가 조카의 집에 놀러 가 보니 질녀는 그 인형을 갖고 놀지 않았다. 이상하여 어린 질녀에게 물어 보았다.

"그 예쁜 인형을 어떻게 했니?"

질녀는 시무룩한 표정으로 대답했다.

"난로속에 던져 버렸어요"

"저런, 왜 그랬니?"

"그 인형말이어요. 내가 아무리 사랑한다고 고백했는데도 도무지 대답하지 않는 걸요. 그래서 그랬어요."

진정한 사랑은 두 사람 사이에 서로 주고 받고, 받고는 또 주는 대응관계 속에서 발전하고 무르익어야 피차의 행복이 되고 기쁨이 된다. 예수님의 사랑을 받으려면, 예수님을 열렬히 사랑하라.

"내 너를 위하여 피 흘렸다."

"주여, 저도 제 피를 내 놓습니다."

"내 너를 불타는 사랑으로 사랑하노라."

"주여. 저도 불타는 가슴으로 주님을 사랑하겠습니다."

사랑을 부르시니 사랑으로 응답하고, 눈물로 부르시니 눈물로 응답한다.

2. 사랑의 삶

> "믿음으로 말미암아 그리스도께서 너희 마음에 계시게 하옵시고 너희가 사랑 가운데서 뿌리가 박히고 터가 굳어져서 지식에 넘치는 그리스도의 사랑을 알아 그 넓이와 길이와 높이와 깊이가 어떠함을 깨달아" (에베소서 3:18-19)

은사와 능력과 믿음뿐이고 사랑이 없으면 무익하다. 타 종교의 신앙은 그러한 것이다. 그리스도인은 사랑에 뿌리를 깊이 박고 사랑을 기초로 하여 신앙을 건설해야 한다. 그리스도의 십자가의 사랑은 인간의 지식에 넘치는 사랑으로서 그 사랑을 아는 일이 성도들에게 가장 필요한 것이다.

예수님께서는 하늘에 계신 아버지의 온전하심과 같이 우리도 온전하라 하셨다(마 5:48). 우리는 그리스도 안에서 우리가 마침내 하나님과 닮는다는 사실을 믿어야 한다(롬 8:29).

우리 그리스도인의 최대 갈망은 나를 구원하시기 위해 십자가에 못 박혀 죽으신 예수님 사랑의 넓이, 깊이, 높이, 깊이를 알려고 하는 일이다. 모든 교회의 운동도, 신학교도, 수도원도 예수님의 그 놀라운 사랑을 보다 깊이 알려고 하는 열망이 있어야 한다. 실로 예수님의 사랑은 엄청난 사랑이며, 흘러 넘치는 사랑이다. 일생을 예수님의 사랑만을 생각하며 살자.

찰스 피니는 예수님을 만났을 때 엎드려서 예수님을 껴안고 어린아이처럼 소리내어 울었다고 한다. 그 때 주님으로부터 사랑의 물결이 전기처럼 흘러 들어오는데 견뎌낼 수 없어서 "이 물결을 거두어 주십시오. 그러지 않으면 내가 죽을 것 같습니다"고 소리쳤다고 했다.

이용도 목사는 "미치자, 미치자, 크게 미치자. 하여간 미치자"고 했다. 목이 쉬어 설교는 못하고 수건만 흔들어도 모든 청중은 통곡했다.

포리뇨의 성녀 안젤라에게 예수님께서 "내가 그대를 사랑한다는 말은 농담이나 웃음거리로 하는 말이 아니다"고 하셨다. 그때 안젤라는 너무도 감격하여 죽을 것같은 감정의 충격을 받으면서 부르짖기를 "그렇습니다. 우리 주님은 결코 농담으로 나를 사랑하신 것은 아닙니다. 주님의 사랑은 주님 심장 속에 불타고 있었습니다"라고 했다.

그러므로 사도 바울은 고린도후서 16:22에 "만일 누구든지 주를 사랑하지 아니하거든 저주를 받을찌니라"고 했다. 바울은 교회 안에 예수를 믿는다고 하면서 마음으로 주님을 사랑하지 않는 이가 있는 줄 생각하고 이 말을 했다. 기독교 신자는 축복받을 것이지만, 주님을 사랑하지 않는 교인들은 저주를 받을 것이다. 교회가 타락하고 신자들이 죄 짓고 타락하는 이유는 모두가 주님을 열렬히 사랑하지 않기 때문이다. 오늘날의 개신교가 세속화되고 타락하는 원인도 역시 모두가 예수는 믿노라 하지만 예수님을 사랑하지 않기 때문이다.

예수님께서는 여러 번 성녀들에게 나타나셔서 "내가 목마르다"고 하셨다. 그때 예수님께 묻기를 "주님, 왜 그렇게 목마르십니까?"라고 물으니, "사람들이 나를 믿노라 하지만 나를 사랑하지 않는다. 그래서 나는 목이 마르단다"고 대답하셨다.

누구보다 예수를 잘 믿고 성화된 성인 성녀들은 주님께 대한 사랑에 타버린 영혼들이다. 저들은 주님을 향한 벅찬 기쁨과 사랑의 불길에 몸을 태운 사람들이다.

소화 테레사 수녀는 15세 때에 수녀생활을 자원하였는데, 그녀의 서원은 "과거와 현재와 미래에 예수님을 끔찍히 사랑하는 모든 성도들 중 누구보다도 내가 제일 예수님을 사랑하겠다"는 것이었다. 테레사는 하루 24시간 중에 5분간 잡념에 잠기고는 회개했다고 한다. 어느날 아름다운 장미 한송이를 꺾어 머리에 꽂았다가 곧 잘못인 줄 알고 "나는 예수님만 사랑하기 위해 태어난 몸인데 장미 꽃을 머리에 꽂다니"하며 회개했다. 그녀의 임종시 남긴 말은 "하나님, 나는 당신을 사랑합니다"였다.

> "보라 아버지께서 어떠한 사랑을 우리에게 주사 하나님의 자녀라 일컬음을 얻게 하였는고" (요한일서 3:1)

이 얼마나 놀라운 사랑인가. 스페인의 아빌라 데레사 수녀는 탁신 수도원 마당에 세워져 있는 가시관을 쓰고 피홀리시는 예수님의 상을 보고는 달려가 부둥켜 안고 몸을 와들 와들 떨며 눈물을 흘리면서 "이 피, 이 피, 예수님의 이 피에 대하여 나는 오늘날까지 얼마나 황송하게 살아왔던가. 나의 남은 여생은 예수님의 이 피방울 하나 하나 헛되이 땅에 떨어지지 않기 위해 이 피방울을 주워야겠다"고 하였다. 이때가 이 성녀가 은혜를 받는 순간이었다.

불을 뿜는 나무토막

하나님은 프뉴마(靈)이시기 때문에 하나님을 부르는 예배자도 프뉴마(靈)이어야 한다. 하나님은 영이시니 신령과 진정으로 예배를 드려야 한다.

종교적 용어는 세속적 용어보다 영적 진동력을 최대한으로 떨쳐 내도록 불러야 한다. 영적인 것에는 진동력이 있다. 우리도 영적으로 진동력을 내어야 한다. 특히 "하나님"이라는 말은 영으로 최대한 진동시켜 불러야 한다. "사랑"이라는 말 역시 최대한의 사랑하는 마음과 영적 진동의 폭을 넓게 떨쳐 오래 오래 계속할 수 있게 하여야 한다.

성 버나드는 우리가 주님을 사랑하는 사랑을 나무 토막에 불을 붙이는 것과 같이 우리 가슴에 사랑의 불을 붙여야 한다면서 그 첫 단계로는 "불 붙는 나무토막"이요, 그 다음 단계는 "불 타는 나무토막"이며, 마지막 단계는 "불을 뿜는 나무토막"이라고 하였다.

이렇게 주님을 향한 우리의 사랑이 절정으로 타 올라야 한다. 교회 안에서 아무런 의미없이 사랑을 넋두리나 하지 말고 사랑의 불을 뿜는 사랑의 얼 덩어리가 되자.

성 빅토르 리차드는 그리스도의 십자가의 고난을 통한 사랑의 계시에서 우리가 받아야 하는 것을 네 가지로 설명하였다.

(1) 사랑의 상처를 받아야 한다.

이것은 주님의 사랑의 불타는 화살이 내 마음을 꿰뚫어 극심한 아픔과 동시에 무한한 기쁨을 느끼는 체험이다. 십자가의 스티그마를 받아야 한다.

(2) 사랑의 속박을 받아야 한다.

주님의 사랑에 점령되어 다른 것은 생각하지 못한다. 그리스도의 사랑에 점령되어야 한다.

(3) 사랑의 고뇌를 가져야 한다.

주님의 강렬한 사랑에 침몰되어 다른 것에는 전혀 관심이 없다.

(4) 사랑의 실신(失神)

주님의 사랑에 포로가 되어 고통을 자원하고, 그 소원 속에 침몰한다. 이 경지를 "신비적 죽음", "불타는 사랑"이라고 부른다. 불속에 들어간 것과 같은 감각이 육신으로 느껴진다.

마지막으로 삼위일체의 엘리자벳의 기도로 이 단원을 끝맺음하고자 한다.

"사랑하는 예수님.
나는 나의 약점을 깨달사오니 당신 친히 감싸주시고
예수님 당신 자신이 모든 활동으로
내 영혼을 당신과 일치되게 하여 주옵소서.
예수님, 나를 당신안에 침몰하게 하옵소서.
나를 전적으로 점령하시고 주 예수님 나를 당신과 바꾸어 주사
나의 삶은 오직 당신 자신의 광채가 되게 하옵소서.
오, 태워버리시는 불이시여.
사랑의 영이시여.
내 안에 임재하사 내 안에서 말씀의 화신이 반복되게 하여 주옵소서."

(3) 사랑은 강물같이

> 내가 사람의 방언과 천사의 말을 할찌라도 사랑이 없으면 소리 나는 구리와 울리는 꽹과리가 되고 내가 예언하는 능이 있어 모든 비밀과 모든 지식을 알고 또 산을 옮길 만한 모든 믿음이 있을찌라도 사랑이 없으면 내가 아무것도 아니요 내가 내게 있는 모든 것으로 구제하고 또 내 몸을 불사르게 내어 줄찌라도 사랑이 없으면 내가 아무 유익이 없느니라…
> ―고린도전서 13:1-3―

사람의 방언

본장은 바울의 기록 중에서 가장 힘있고 심오한 사랑의 찬가다. 사람의 방언(ταισ γλωσσιζ)은 실제에 있어서는 가장 낮은 은사이다. 그러나 고린도교인은 한국 교인처럼 이 은사가 신비롭기 때문에 끔찍히 존중하고 강조하고 있었다. 그렇기 때문에 바울은 이것을 제일 먼저 거론하면서 그것이 그렇게 굉장한 은사가 못 된다고 했다. 기독교인에게 있어서 사모할 제일 좋은 것, 더욱 큰 은사(고전 12:31)는 사랑이며, 사랑 없는 방언의 은사는 무의미하기를 소리나는 구리나 울리는 꽹과리에 지나지 않다고 했다. 한국교회도 오늘날 꼭 이와 비슷하다. 이상한 소

2. 사랑의 삶　97

리를 질러대면서 방언을 한다고 하는 것은 구리로 만든 징소리나 다름없다.

오늘날도 방언이라는 은사는 얼핏 볼 때에는 매우 신비로워 높고 큰 영적 상태인 듯해도 그것을 움직이는데 사랑으로 하지 않으면 무익하다. 방언을 못하면 구원얻지 못한다고 주장하면서 방언을 기술적으로 훈련시켜 주는 기도원이 있다고 한다.

> "다 병 고치는 은사를 가진 자겠느냐 다 방언을 말하는 자겠느냐…너희는 더욱 큰 은사(사랑)를 사모하라 내가 또한 제일 좋은 길을 너희에게 보이리라"(고린도전서 12:30)

오늘 한국 교회가 특히 은사를 사모하는 열광적 상태를 보여주고 있어서 성령에 의한 방언, 예언기도, 입신, 황홀상태, 신유의 은사를 몹시 강조하고 사모하면서도 사랑을 무시하는 일은 큰 잘못이다. 사랑이 없으면 어떠한 은사도 무익한 것이다. 사물놀이하는 광대들과 같은 이상한 언어와 소리로 신통한 예언이 있는 듯 사람을 놀라게 하고 감동시킨다고 해도 사랑으로 하지 않으면 무의미한 소동일 뿐이다.

사랑이 없으면

사랑이 없으면($αγαπην$ $δε$ $με$ $εχω$)는 사랑이 없으면 아무것도 아니라는 뜻이다. 방언을 한다고 해도, 입신을 한다고 해도 사랑이 없으면 아무것도 아니라는 뜻이다. 기독교인에게 있어서는 사랑은 제일 좋은 길이다. 그보다 더 사모할 것은 없다(고전 12:30).

사랑의 성자 프란치스코는 방언도 예언도 못했다. 이현필, 이

세종 등 한국의 유명한 성자들 중에는 방언 못하는 사람들이 많았다.

소리나는 구리(χαλκοσ εχον)은 징이라는 뜻이다. 징이란 음의 변화가 없고 놋쇠로 만든 악기를 의미한다.

울리는 꽹과리(κυμβαλον αλ αλαλαζον)는 구리로 만든 둥근 악기이다. "αλ αλαλαζον"은 크게 울린다는 뜻으로서 사물놀이 하는 광대들이 쓰는 악기와 같다. 모든 방언이나 하늘에서 사용하는 천사의 말을 한다 해도 사랑이 없는 영적 은사는 무익한 것으로 전락한다.

내가 예언하는 능이 있어

신학을 전공하고 성경 지식에 환하고, 하나님 경륜의 깊은 뜻의 깊이를 깨달아 터득했다고 해도 사랑이 없으면 무가치하다. 예언하는 기도도 헛탕이다. 기독교인들이 믿음을 바로 지킨다고 해도 사랑이 없는 믿음은 살인하는 신앙일 뿐이다. 30년 전쟁 때 신구교도들이 믿음을 바로 지키노라고 수다한 피를 흘리게 했다.

사랑이 없으면 내가 아무것도 아니다. 예언하는 능력, 신비의 지식, 산을 옮길 믿음이라 해도 사랑이 없으면 무가치한 것이다. 아무것도 아니다. 완전한 무(無)에 지나지 않는다.

내가 내게 있는 것을 가지고 구제하고, 모든 재산을 남에게 나누어 준다고 해도 사랑이 없으면 헛된 것이다. 재산을 모조리 남에게 나누어주는 일은 대단한 결단이지만, 이 또한 사랑이 없으면 아무것도 아니다.

내가 남을 위하여 불속에 뛰어든다고 해도, 분신 자살을 한다

해도 아무것도 아니다. 사랑이 없으면 아무 소용이 없다.
 참 크리스쳔을 선발하는 표준은 방언하느냐 못하느냐, 예언해 내느냐 못 하느냐에 있는 것이 아니다. 사랑이 있느냐 없느냐가 표준이다. 만일 자선가의 명성을 얻으려고 재산을 모조리 가난한 이들에게 구제하고, 또는 순교자의 영예를 얻으려고 영웅적으로 단두대나 짐승의 밥이 된다고 해도 사랑으로 하는 일이 아니라면 하나님은 기뻐하시지 않는다.

아가페는 하나님의 초월하신 사역

 "사람의 방언과 천사의 말"은 정적 은사이며, "예언, 비밀, 지식"을 통달하는 것은 지적 은사이며, "구제, 순교의 죽음"은 의지적 행위이다. 이 모두가 평범한 기독교인으로서는 못하는 뛰어난 행위이기는 하지만, 그러나 사랑(아가페)은 인간의 지(知), 정(情), 의(意)도 초월한 하나님의 사역이다. 아가페 사랑만이 참으로 주 안에 신생한 자의 특징이요, 이것만이 하나님 앞에 가치 있는 것이다.
 기독교인으로서 우리 모두가 갈망할 은사는 방언이 아니다. 예언이 아니다. 신유나 입신이 아니다. 그것은 모두 가장 낮은 은사다. 우리가 사모할 것은 사랑의 화신이 되는 일이다. 방언, 예언 못해도 괜찮다. 그 무슨 놀라운 지혜, 지식, 신비스러운 은사나 행위라 할찌라도 사랑이 없는 행위는 헤아릴 가치가 없는 것, 제로에 지나지 않는다. 방언, 예언, 신유, 기적, 입신 아무리 정열적으로 타올라도 헛소리요 무의미한 메아리에 지나지 않는다. 낮은 영은 속이는 영이다.
 성서에 능통하고 정통, 보수, 복음주의, 신앙이라 해도 성신

운동, 부흥사, 자선사업가라 해도 그것으로 남에게 유익을 끼치는지는 몰라도 그 자신에게 사랑이 없을 때는 하나님 앞에는 거절 당하리라. "불법을 행하는 자들아!"고 책망을 받을 것이다. 아무리 수도생활을 하고 금욕고행과 정진생활을 한다고 해도 사랑이 없으면 아무 가치가 없다.

> "그런즉 믿음 소망 사랑, 이 세 가지는 항상 있을 것인데 그중에 제일은 사랑이라"(고린도전서 13:13)

고린도전서 12:28-31에 사도, 선지자, 교사, 능력, 신유 은사, 서로 돕는 것, 다스리는 것, 각종 방언 등보다 더욱 큰 은사는 사랑이라 했다. 다른 은사들은 사라질 것이지만 한없이 남을 것으로는 믿음, 소망, 사랑 이 세 가지는 영원히 남는 것이다. 방언, 예언, 신유 등 영적 은사들은 그리스도 재림, 만물의 부흥 때 모조리 없어져 사라질 것들이다. 그러나 믿음, 소망, 사랑 세 가지는 끝까지 존속한다. 그중에 제일이 사랑인 이유는 사랑은 하나님의 속성이기 때문이다.

> "믿음은 바라는 것들의 실상이요 보지 못하는 것들의 증거라"
> (히브리서 11:1)

믿음은 보게 될 때 끝나는 것(고후 5:7; 히 11:1)이지만, 그러나 천국에서도 하나님과 그리스도에게 언제나 신뢰해 살아야 하는 의미에서 믿음은 영원히 영속하는 것이요. 현재 우리가 바라는 소망은 그리스도의 재림하심으로 일단 끝나는 듯하지만 그 후에는 새 세계에서도 새로운 소망이 주어질 것인고로 소망도 영속하는 것이다.

믿음, 소망, 사랑 중에서도 사랑이 가장 위대한 이유는 믿음은 인간이 하나님께 대하여 갖는 태도요, 소망은 인간이 그 영광에 관계된 것이지만, 사랑만은 하나님의 본질 그 자체로서 영원히 변화하는 일이 없기 때문이다. 사랑은 실로 진리중 진리요, 도(道)중 도(道)요, 생명중 생명이요, 진선미의 극치이다. 기독교중의 기독교요 은사중의 은사다. 그리스도인으로 다른 무엇이 다 갖춰 있어도 사랑 하나 없으면 모든 것이 없는 거나 마찬가지다.

오늘 모든 기독교인끼리 서로 사랑하지 않고 서로 다투고 분열하는 현실을 보고 기독교가 그 본질을 잃고 있음을 부끄럽게 생각하고 하나님 앞에 자복해야 한다.

기독교의 본질은 사랑이다

기독교는 인(仁)도 자비(慈悲)도 아니다. 기독교의 본질은 신비주의도 도덕도 예지의 깨달음도 아니다. 기독교의 본질은 사랑이다. 그러므로 큰 깨달음을 얻었다 해도, 예언하고 천사의 방언하고 삼층천 구경하고 왔다 해도, 사랑을 나타내지 못한다면 기독교인으로서는 제로다.

> "새 계명을 너희에게 주노니 서로 사랑하라 내가 너희를 사랑한 것 같이 너희도 서로 사랑하라 너희가 서로 사랑하면 이로써 모든 사람이 너희가 내 제자인 줄 알리라"(요한복음 13:34-35)

구약에도 "원수를 갚지 말며 동포를 원망하지 말며 이웃 사랑하기를 네 몸같이 하라"고 했다. 그런데 예수께서 새 계명이라고 한 것은, 레위기에는 "이웃 사랑하기를 네 몸같이 하라" 하는

데 비해 예수께서는 "내가 너희를 사랑한 것같이 서로 사랑하라"는 새 조건이 붙었기 때문이다. 그들은 오랫 동안 이 계명을 소유하고 있었으나 이 계명의 실천은 새로운 것이었다. 예수 그리스도의 사랑은 구약에서나 과거에 아직 완전히 나타나지 않았던 하나님의 사랑의 최초의 계시였다. 십자가 사랑은 최고의 계시, 신을 우리에게 바로 알려주신 계시의 절정이요 극치였다. 예수께서 주신 것은 "새로운 율법"이 아니요 "새 계명"이다.

"내가 너희를 사랑한 것같이"라는 말은 남에 대한 우리 사랑의 척도는 우리에게 대한 그리스도의 사랑에 의해 평가된다는 말이다.

"너희가 서로 사랑하면"이라는 말은, 그리스도인들이 계속해서 서로 사랑한다면 그때 모든 사람이 우리를 그리스도의 제자인 줄 알리라는 뜻이다. 그리스도의 제자(교회)인 우리의 최선의 목표는 그리스도인 형제끼리 서로 그리스도의 사랑으로 사랑하는 일이다. 터툴리안은 그것이 바로 우리가 예수의 제자된 증거라고 말했다.

오늘부터 네 교파 내 교파 찾지 말고, 그리스도 안에서 한 형제 자매인 줄 깨닫고 사랑하자. 기독교인끼리 서로 미워하고 싸우고 분열하는 일은 우리가 예수의 제자가 아니라는 유력한 증거이다.

"화평케 하는 자는 하나님의 아들이라 일컬음 받을 것임"
(마태복음 5:9)

기독교 역사에는 그리스 정교회와 로마 가톨릭의 분열이 있고, 가톨릭과 프로테스탄트의 분리가 있었다. 기독교사와 오늘의 기독교 현실이 얼마나 주의 뜻을 어기고 있는가 하는 사실을 깨달으면, 기독교인은 하나님 앞에 겸손히 자복해야 한다. 기독교 분열을 선동하는 자, 교회를 분열시키는 자는 사단의 사자이다. 한국 개신교 분열상을 보라. 장로교만해도 114개 파가 있다고 한다., 분열을 선동하는 자들이 과연 하나님의 종들인가.

사도 요한은 늙어서 말하지도 잘 걷지도 못할 때 교회 강단에 부축해 세우면 다른 말은 않고 "서로 사랑하라 내가 너희를 사랑한 것같이 너희도 서로 사랑하라"는 이 계명을 반복했다고 한다.

나는 청년 시절 신학교에서 두 번이나 퇴학 처분을 받으면서 정통, 보수, 복음주의 위한 교리 싸움을 일삼다가 그런 투쟁이 결국 한국 교회 지리한 싸움과 기독교인끼리 분열의 도화선이 된 것을 보고 교파주의를 떠났다. 내가 이제는 그 어떤 신학자나 교리학자에게도 감동을 안 받고, 성인 성녀들을 존경하는 이유는 그들에게 교리 싸움 신학 논쟁은 없어도 사랑의 사도이기 때문이다.

> "사랑하는 자들아 우리가 서로 사랑하자 사랑은 하나님께 속한 것이니 사랑하는 자마다 하나님께로 나서 하나님을 알고 사랑하지 아니하는 자는 하나님을 알지 못하나니 이는 하나님은 사랑이심이라"(요한1서 4:7-9, 11-12)

서로 사랑하는 일은 기독교의 도덕의 기본이요, 사랑은 하나님의 본질이다. 하나님을 인식하는 방법은 신학 연구로 되어지는 일이 아니요, 하나님께로 난다는 일은 세례의 물로 말미암지 않는다. 서로 사랑하는 일이다.

사랑은 하나님을 아는 지식

성 버나드는 사랑만이 신을 인식하는 친지(親知)의 지식이라 했다. 자연계 속에도 인간계 속에도 하나님 사랑을 어느 정도는 엿볼 수 있다. 그러나 그것은 사랑의 말초요 메아리에 불과하다. 하나님 사랑의 본체 그 진상은 숨겨져 있었는데, 그리스도의 십자가 못 박히심으로 나타났다.

우리 사랑의 근거는 그리스도 사랑에 있다. 다른 설교는 다 잘해도 목사가 "사랑"에 대한 설교 한 번 바로 못했으면 목회자의 실패다.

기독교인으로 형제를 사랑하지 못한 죄가 가장 큰 죄라는 사실을 우리는 미처 깨닫지 못한다. 부모께 효도 사랑, 동생들 동기의 사랑, 친구 우정 사랑, 교우들 형제애 사랑, 스승 사랑 못하는 일은 패륜이다. 한국 기독교인들이 이런 사랑을 못하는 패륜아들인 이유는 교회가 그것을 강조하고 장려하지 못했기 때문이요 교회 목사가 그런 설교를 못한 이유는 자기가 그렇게 살지 못했기 때문이다.

바울은 "믿음의 역사와 사랑의 수고와 우리 주 예수 그리스도에 대한 소망의 인내"(살전 1:3) 라고 표현했다. 민짜 믿음 말고 행위를 낳는 믿음의 역사를 말한다. 역사하지 않는 믿음, 말이나 교리 고백만의 믿음은 참 신앙이 아니다. 행위가 따르지 않는 믿음은 그림 속의 꽃이다. 신앙은 그리스도 안에 있는 생명이다. 생명은 활동하는 것이다.

사랑의 수고는 애쓰는 사랑, 기쁜 마음으로 하는 수고, 사랑이 넘치는 수고이다. 사랑하기 때문에 마음에 노고가 있을 뿐만 아니라 남의 수고를 도우려 노고하기 때문에 애쓰는 것이 사랑

2. 사랑의 삶 105

의 특징이다.
　소망의 인내는 소망으로 충만한 인내를 말한다. 소망에 의해 지탱되는 인내, 그리스도의 재림의 기대, 성화, 부활, 영원한 생명에 들어갈 희망이 기독교의 특징이다.
　공자는 인(仁)을 말했고, 석가는 자비(慈悲)를 말했고, 예수 그리스도는 "사랑"으로 인간을 구제하는 길이라 했다. 사랑은 적극적인 것, 행동적인 것이다. 사랑하려면 일방적 자기 희생적 무상적인 것, 수고와 고난을 겪을 각오를 해야 한다. 말만하는 것은 사랑의 농락이요 잠꼬대다. 우리 기독교인들이 바라고 기대할 목표는 무엇인가? 깨달은 자 되는 일인가, 성인이 되는 일인가, 사랑의 사도가 되는 일인가.
　바울의 "사랑으로써 역사하는 믿음 뿐이니라"(갈 5:6)고 했다. 여기서 역사(役事)는 표현(表現)이다. 밖으로, 품성으로, 깊은 친절, 깊은 사랑이 표현되어야 참 믿음이다.

사랑이 없으면 맛 잃은 소금

　교회와 기독교인들에게 사랑이 고갈하면 맛 잃은 소금이다. 끝장이다.
　요한계시록 2:1-5에 기록된 에베소 교회는 위대한 점이 많았다. 그 교회는 아시아에서 첫째되는 교회로서 곧은 신앙, 신앙의 정통을 지키고, 고난과 핍박을 견디고, 우상숭배와 향락주의를 미워하였으나 처음 사랑을 버렸다고 책망하셨다. 회개하지 않으면 네 촛대를 그 자리에서 옮기리라 하셨다. 그들은 교리적으로는 여전히 정통주의에 머물러 있었고 신앙의 순수성을 가지고 있으면서도 사랑은 식어져 버렸다. 사랑은 교리가 아니란 것을 깨달을 수 있다. 회개하지 않으면 촛대를 옮기리라고 한 것은 기독교의 빛은 사랑인데 세상의 빛으로서의 교회의 자격을 잃는다는 말씀이다.

대부분의 현대 교회는 촛대가 옮겨진 교회, 빛 꺼진 교회들이다. 회개하지 않기 때문이다. 예수님께 대한 열렬한 사랑과 형제끼리의 뜨거운 사랑이 고갈한 교회는 죽은 교회요 그리스도의 교회가 아니다. 114개파로 갈라진 한국 장로교의 촛대가 이미 옮겨졌는가.

내가 20살 때에 일본에서 고학하고 있을 때의 일이다. 고향에서 신학 공부하러 온 친구를 맞았으나 숙소가 없었기 때문에 동경 신숙에서 일본인 교회를 지키고 있는 한국인 신학생을 찾아간 일이 있었다. 그 때 그는 히브리어 공부하고 있었는데 하룻밤만 재워 달라고 사정했으나 냉정하게 거절했다. 몇번 사정해도 소용없었다. 쫓기듯 그집을 나오며, 나는 기독교인이라는 것이 원망스러웠다. 기독교 지도자가 되려고 명문 신학교에서 신학을 배우는 자가 동정도, 친절도, 털끝만한 사랑도 못 배우는 주제에 히브리어나 배워서는 무얼하는가.

인도의 마하트마 간디가 영국에 유학할 때 친구의 권면을 받고 교회에 두어번 나가 보았다. 그러나 피부 색깔 때문에 그는 멸시를 받았다. 교회 안에서도 인종 차별이 극심했다. 간디는 기독교인은 사랑한다는 소리가 거짓말이라 생각하고 다시는 교회에 나가지 않았다. 그후 그는 자기의 크리스천 제자들이 예수 믿으라고 권하면 "너희 기독교인들은 왜 선전만 하느냐. 책상 위 꽃병에 꽂은 장미꽃은 아름답다고 선전할 필요가 없다"고. 했다.

2. 사랑의 삶

　교회마다 사랑 타령을 하고 예배 때마다 사랑을 노래하나 도대체 어디에 참 사랑이 남아있는가.
　어느 청년이 인생을 비관하고 투신 자살하려고 집을 나섰다. 죽기 전에 교회에 가서 목사의 말을 한 번 들어 보자고 생각하고 어느 교회 사택을 찾았다. 그러나 목사는 냉정히 그를 거절했다. 분한 마음으로 쫓겨난 그는 마지막으로 어느 창녀를 찾아갔다. 인생의 가장 밑바닥에 떨어져 사는 더러운 창녀이지만 그녀는 자살하려는 이 청년을 위로하고 격려하면서 "나같은 여자도 살아 가려고 버둥거리는데 젊은 청년의 몸이 왜 희망 잃고 죽으려는가"며 그 청년을 타일러 자살을 말렸다. 창녀보다 못한 것이 계급주의 성직자 사랑이다. 우리 이렇게 살다가 인생을 끝맺고 임종할 때 유일한 유감은 사는 기회에 남을 더 사랑하지 못했던 유감이 제일 클 것이다.

사랑의 수고

　　　"믿음의 역사와 사랑의 수고와…소망의 인내"
　　　　　　　　　　　　　　　　　(데살로니가전서 1:3)

　사랑은 노고(勞苦)한다. 즉 사랑하는 일로 인하여 자기 마음속에 노고가 있을 뿐만 아니라 남의 노고를 제거해주고 그 연약을 도와주기 위해 남의 문제를 자기 문제로 삼고 내가 노고하는 것이 사랑의 특징이다. 쉬운 사랑, 말로 사랑, 사랑의 노래로 말고 사랑의 수고를 하자. 아가페 사랑은, 천적이고 종말적인 사실이 죽을 수 밖에 없는 세계에 침입해 들어온 것이기 때문에 십자가와 종말과의 사이의 사랑의 수고자가 되는 것이 그리스도인의 유일한 존재 형식이다.

　사랑이 아가페이기 위해서는 고난을 짊어져야 한다. 노고, 희생, 십자가, 사랑의 탄식, 사랑의 고민, 사랑의 아픔, 사랑의 눈물, 사랑의 상처를 짊어져야 한다. 아가페이기 위해서는 무한한 수고, 자기 희생이 따라야 하고 큰 사랑의 화신이 되려면 애심의 놀라운 진동력을 떨쳐야 한다.

　말로만 하는 사랑, 노래 부르는 사랑 따위는 사랑의 농락이고 사랑의 잠고대이다.

> "너희가 만일 경에 기록한 대로 네 이웃 사랑하기를 네 몸과 같이 하라 하신 최고한 법을 지키면 잘하는 것이거니와 만일 너희가 외모로 사람을 취하면 죄를 짓는 것이니"(야고보서 2:8)

　하나님의 속성은 사랑이시다. 하나님은 아가페 사랑이시기 위해서 비상한 고난을 짊어지셨다. 그것이 그리스도의 십자가 죽음이다. 하나님은 곧 사랑이시고, 하나님은 고난이시다. 하나님이 그리스도 안에서 십자가를 지지 않았다면 하나님은 참 사랑이 아니다.

　다미안은 23세 꽃 같은 청년이 하와이 문둥이 섬 몰로카이에 들어가 인간 생지옥을 이룬 문둥이들의 영혼을 건지려 했다. 참 사랑은 자기도 문둥이가 되게해 달라고 기도하는 것이다.

　페스타로치는 고아들을 위해 집집으로 구걸다녔다. 주정뱅이에게 뺨을 얻어 맞으면서도 고아들을 위해 구걸했다. 참사랑은 수고하는 것이다.

　마더 데레사는 인도에 가서 40년 가난하고 불쌍한 이들을 위해 사랑의 봉사하면서 한 번도 후회한 일이 없었다고 한다. 그녀는 가난한 사람들 속에서 매일 24시간 그리스도를 만났다고

2. 사랑의 삶

한다. 나환자를 껴안고 쓰레기 통에서 주운 고아를 품에 안고 주님을 느꼈다.

교회에 모여서 밤낮 예배 보는 것, 사랑 타령이나 하는 것만을 가지고는 참사랑이라고 할 수 없다. 공자의 인(仁)이나 석가의 자비는 예의요 감정이요 철학이지, 행동적인 것이 못된다. 수고와 희생이 없다.

인도의 두 지도자 간디와 타골 사이에 불화가 있었다. 간디는 타골의 문학에 대하여 배고픈 겨레에게 밥 한 술 주지 못하는 시는 인도 사람들에게 필요없다고 비평했다. 간디는 맨발 반나체에 물레를 돌리며 단식 투쟁하며 인도를 사랑했다.

현대교회는 믿음과 꾸준한 소망의 인내가 부족할 뿐만 아니라, 노고가 없는 사랑, 말사랑 사랑 타령만 하고 앉아 있기 때문에 바리새적 위선에 빠져 있다.

사랑은 또한 애심의 진동력을 최대한으로 떨쳐야 한다. 애심의 깊이 애심의 떨치는 진폭을 최대한 넓게 진동시킬 수 있어야 하며 애심은 예민해야 한다. 그때 애(愛)의 사도가 되고 애(愛)의 화신이 될 수 있다.

이현필 선생의 사랑 이야기가 있다. 도망친 수녀가 돌아오기를 기도하며 밤을 새우고, 찾아온 어떤이의 구질 구질한 이야기도 끝까지 무릎을 꿇고 들어주고 어려운 사정 들으면서 어떤 일이라도 자기 문제처럼 여겼다.

제자 김광석 집사가 지리산 오감산에 입산 기도 중에 있었을 때의 일이다. 이 선생에게 어느날 떡 몇개가 생겼다. 선생은 그 떡을 수건에 싸서 옆구리에 끼고 밤중에 눈 덮힌 지리산 속을 40리길을 맨발로 걸어 새벽 동트기 전에 김집사가 기도하는 움막에 도착했다. 기도하는 제자가 놀랄까봐 고요히 찬송 부르고 있으니 김광석 집사는 천사가 온 줄 알고 기도막에서 이마를 땅에 대고 절하며 나와 보니 선생이었다. 이 선생은 "어서 들어갑시다. 국 끓이십시오" 하며 겨드랑에 싸온 떡을 내놓았다. 그 후 이선생 세상을 떠난 뒤 김집사는 "나는 예수가 누군지 모릅니다. 그러나 우리 이선생이야말로 예수같은 분이라 생각합니다" 면서 아직도 그 때 일을 생각하면서 눈물을 흘렸다.

사랑의 빛

"피차 사랑의 빛 외에는 아무에게든지 아무 빚도 지지 말라 남을 사랑하는 자는 율법을 다 이루었느니라" (로마서 13:8)

"피차 사랑의 빛 외에는"이라는 것은 "서로 사랑하는 것 외에는"이란 뜻이다. 기독교인은 신앙의 자유라는 구실로 자기가 꼭 해야할 의무 이행에 태만하기 쉽다. 믿음으로 의롭게 되었다고 의무를 이행하지 않는 일은 부정행위다. 불신자에게 비난의 구실을 주어선 안된다. 이신득의해도 사랑의 의무는 무한하여 그것을 다 갚기는 불가능하다. 사랑의 빛을 갚는 의무를 짊어지라. 사랑의 빛진 심정으로 살자.

기독교인은 사랑의 빚쟁이이다. 이 빚은 절대로 완전히 갚을 수 없는 것이므로 우리는 그 이자를 갚는 데 힘써야 한다.

하나님과 모든 사람들로부터 망극한 은혜와 사랑을 받고 사는 내 목숨이 이 모든 은혜와 그 사랑을 갚지 못하고 사는 유감이 있다. 조국에 대해, 부모님께 대해, 스승에 대해, 동기들에 대해 가족에 대해, 교우들에 대해 나는 은혜와 사랑만 받은 몸인데

이 사랑의 빚 갚지 못하고 사는 불애(不愛)의 삶을 뉘우친다.

사랑하지 않으면 인생은 불쌍한 존재

아! 인생은 너무도 짧고 사랑은 너무도 한없다. 이 넘치는 사랑의 빚, 이 모든 사랑을 어찌다 갚을소냐. 인생이란 등잔불같이 나물거리며 잠시 타다가 깜박 꺼지면 그만이다. 즉시 어둠에 덮이고 다시는 불켜질 수 없는 목숨, 한 번 누우면 다시는 일지 못하고, 한 번 눈 감으면 다시는 뜨지 못하는 영원한 잠이요. 영원한 무가 되고 영원히 망각에 사라지고 마는 것이다. 어서 서둘러 사랑하다가 가자. 사랑 입은 모든 사람들의 사랑의 빚을 갚자.

밤 자정 늘 하던 습관대로 운악산 바위에 서서 별이 총총한 하늘을 쳐다본다. 하늘에 흐르는 찬란한 은하수, 넓디 넓은 우주에 억억 만만의 저 많은 별들! 그 중에 지구같이 인간이 살 수 있는 가능성 있는 별만도 1억이나 있다고 한다. 우리가 사는 지구의 존재라는 것은 저 많은 별들 중에서 마치 태평양 바다에 좁쌀알 한 개 떠 있는 듯한 가장 작은 미미한 존재다.

그 지구 속에 지금 살아 숨쉬고 있다는 나의 존재는 한 마리 구더기에 불과하다. 인생이란 너무나 허무한 것이요 너무나 미미한 존재다. 너무나 기막힌 허무다. 잠시 깜박거리다 꺼지면 그만, 다시는 켤 수 없는 목숨이다. 무슨 인연으로 너, 나 우리가 이렇게 같은 시대 같은 땅에 태어난 우리 끼리인데, 잠시 살다가 너 나 할 것 없이 모두가 깜박하고 목숨의 불이 꺼져 다시 적막에 돌아갈 우리들인데, 서로 뜨겁게 사랑은 못할지언정 왜 싸우겠는가. 인생이 할 일은 사랑의 빚을 갚고 가는 일밖에 없다. 자기의 애인만 아니라 가족들, 이웃 사람들, 겨레들을 사랑해야 한다. 예수님은 원수도 사랑하라 했으니 미운 이고 고운 이고 모두 사랑해야 한다.

산에서 10년 이상 살면서 자연을 관찰하니 아 모든 산천초목, 금수 곤충들이 뭣 때문인지 모두 겁에 질려 있다. 지렁이, 개구리, 뱀, 토끼, 오소리, 벌떼, 새, 다람쥐, 족제비 등 모두가 바위틈 은근한 구석에 숨으려 하고 있다. 그리고 자기 보존을 위해 반항하려는 독을 마련하고 있다.

수도원에 찾아오는 이들 중에 부부 싸움하고 오는 이, 교회 문제가 생겨 찾아오는 이, 갈 데 올 데 없어 오는 이들이 많다. 모두가 불쌍하다. 만물이 사랑을 갈망하고 있다는 것을 느낀다.

"피조물이 다 이제까지 함께 탄식하며 함께 고통하고 있다"
(로마서 8:22)

사랑의 실천만을, 영원히 잊어지지 않는 사랑을 남기고자 한다.

예수를 일생 믿어 오면서 목사 노릇 일생 하면서도 아직도 자연인의 감정의 지배를 받고, 누구는 밉고 누구는 보기 싫고 누구는 괘씸한 놈이라 하는 내면의 증오가 아직 남아 있다. 종교인이노라면서 어찌 자비심, 애심, 비심(悲心), 성심(聖心)을 기르지 못하고 악심(惡心)만 자라 살귀같이 악마같이 되었든가.

사랑하자

이제부터 피차 사랑의 빚 갚는 생활에 힘쓰자. 사랑하자! 사랑하자! 서로 사랑하다 떠나자. 사랑의 빚 갚기 운동을 하자. 미

2. 사랑의 삶

래 천국이 우리가 사는 현실 속에서부터 시작되도록 하자. 아직은 사랑 바라지 말고 적은 사랑부터 실천하자. 감정이 폐쇄된 자기 가슴에 사랑의 샘을 파자. 가슴에서 계속 애심을 퍼내자. 점점 수질과 수량을 불리자. 적은 사랑, 적은 자비에서부터 시작하자. 그러면 큰 사랑으로 자라날 수 있다. 소자에게 냉수 한 잔 떠 주는 사랑부터 행하자. 종이 한장만한 사랑이지만 실천하자. 추운 겨울 문풍지 한 장이 방안을 따뜻하게 해준다.

> "내가 주릴 때에 너희가 먹을 것을 주었고 목 마를 때에 마시게 하였고 나그네 되었을 때에 영접하였고 벗었을 때에 옷을 입혔고 병들었을 때에 돌아 보았고 옥에 갇혔을 때에 와서 보았느니라… 내가 진실로 너희에게 이르노니 너희가 여기 내 형제 중에 지극히 작은 자 하나에게 한 것이 곧 내게 한 것이니라…"
> (마태복음 25:34-40)

기독교인이 사는 어느 시대든지 어느 나라에든지 주린 자, 병든 자, 약한 자, 천한 자, 가난한 자, 박해 받는 자가 많다. 예수께서는 이런 이들을 "나의 형제, 지극히 작은 자"라고 부르셨다. 우리 기독교인들이 그들에게 행한 사랑의 봉사를 한 가지 한 가지 작은 행위까지도 그리스도는 기억하시고 "내게 행한 것"이라고 기뻐하신다.

마태복음 25:41에서 왼편에 있는 자들은 이름만의 크리스천이요 사랑의 봉사를 하지 않는 자로서 저주 받아 영원한 불속에에 들어갔다. 심판의 요건은 천주교냐 신교냐가 아니고, 어떤 신조나 교리나 정통 교회 소속 여부가 아니라, 사랑의 봉사 여부로 구별한다. 적은 사랑을 실천하는 연습하자. 적은 사랑의 실천이 나중에는 큰 사랑이 된다. 메마른 가슴에 사랑의 샘을 파고 조금씩 조금씩 퍼내자. 그리하면 마침내 우리 가슴에 큰 사랑, 사랑의 대하(大河)가 철철 흐르게 된다. 사랑의 사도가 된다.

트르게네프가 어느날 이른 아침 공원에 산책을 나갔는데 늙은 거지가 다가와서 손을 내밀며 구걸했다. 주머니에 손을 넣어 보았으나 아무것도 가지고 오지 않은 것 발견한 그는 늙은 거지의 손을 두 손으로 잡고 "형제여, 미안합니다" 했다. 그랬더니 거지는 눈물을 글썽거리며 "선생님, 이것이면 족합니다"라고 말했다. 사랑을 강물같이 흘리자.

프란치스코는 회개한 후 문둥이에게 입맞춤으로부터 사랑의 사도 생활을 시작했다. 그는 어느날 자기 수도원에 찾아와 욕을 퍼붓고 간 문둥이를 병원으로 찾아가서 더운 물을 끓여 목욕시켜 주어 그를 회개시키고 문둥병을 낳게 했고 사랑이 어떤 것임을 체득했다. 그는 새에게 설교하고 사람을 잡아 먹는 늑대를 찾아가 "형제여"라 불러 굴복시켰다. 태양을 형님이라 부르고, 달을 누님이라 부르고, 형제 불이라 하여 끄지 않았다.

교회 안에서 사랑 설교, 사랑 노래, 잠꼬대 넋두리 같은 사랑 말고 사랑을 갈망하자. 사랑을 연습하자. 적은 사랑 행위를 길러 반복하므로 마침내 사랑을 철철 넘치는 강물같이 흘리자. 사랑 자비심을 최대한으로 진동시키자. 강물같이 사랑의 마음이 철철 넘쳐흐르는 가슴을 만들자.

성자 실루안의 기도는 언제나 타인에 대한 사랑으로 불타고 있었고, 온세상의 고통을 짊어지고 전인류와 우주 만물과의 유대감은 깊어져 갔다. 그는 끊임없이 눈물을 흘렸고, 모든 사람의 구원을 고통스러울 만치 애타게 갈망했다. 스스로를 지옥에 머무르게 살고 남의 어려움을 위해 중보의 기도를 드릴 때는 자기가 지금 그 어려움을 겪고 있는 듯이 심혈을 다 하기도 하는 고로 곁에서 보는 이를 엄숙하게 했다.

천국은 승화된 사랑의 세계이다

보는 형제를 사랑하지 못하는 자는 보지 못하는 하나님 사랑할 수 없다.

기독교인으로서의 우리의 소원은 사랑이 되는 일이다. 사랑을 강물같이 흘리자. 사랑의 진폭을 넓히자. 점점 더 큰 사랑을 실천하자. 더 주고 싶고, 더 사랑하고 싶고, 사랑을 위해 죽고 싶은 것이다.

슈바이쳐가 병원 마당에 나오면 개, 원숭이, 오리, 펠리칸이 졸졸 따랐다. 그는 병원을 지으려다가 개미굴이 터지니 집짓는 공사를 중지시켰다.

부스 대장이 이발소에서 이발하고 가면 후에 온 손님이 빛을 느꼈다고 한다. 언덕으로 올라가지 못하고 힘겨워하는 수레에 어떤 신사가 뒤에서 밀어주고 있었는데 그것은 부스 대장이었다. 기차 여행할 때 부스를 보려고 정거장에 몰려온 군중들을 보고 차가 다시 떠날 때 그는 천정을 바라보며 "저 얼굴 저 얼굴" 했다.

성자는 모태에서 날 때부터 성자로 태어나는 것이 아니다. 아무리 사랑의 사도라 할지라도 태어날 때부터 사랑의 충만한 인물은 없다. 샘을 파서 자꾸 파내야 좋은 샘이 되듯이, 성자도 이렇게 되는 것이다.

가슴을 열고 오늘부터 적은 사랑 실천을 시작하자. 길 가면서 휴지, 가시, 유리를 줍자. 친절한 말을 연습하자. 거울 앞에 앉아 자기 얼굴을 보며 웃어보라. 얼마나 아름다운가. 적은 사랑을 실천하자.

일본의 니시다 덴꼬(西田天香)처럼 사랑의 깊음을 하려고 골목 청소, 설거지, 변소치기를 하자. 그는 사람들이 좀 쉬라고 하면 "너희들 귀엔 저 소리 안들리냐? 사방에서 날 살려 주시오 하는 소리가"라고 말했다.

화해의 복음

작은 친절에서 깊은 친절로 자라가고 발전하도록, 작은 사랑에서 깊은 사랑, 큰 사랑에로 자라고 발전하도록, 그래서 우리 당대에 자기 가슴에 사랑이 강물같이 넘쳐 흐르게 하자.

> "모든 사람으로 더불어 화평함과 거룩함을 좇으라 이것이 없이는 아무도 주를 보지 못하리라"(히브리서 12:14)

화해의 복음이다. 모든 사람을 사랑하고 모든 사람과 화해하자. 나는 돈, 명예 부럽지 않다. 학위, 목회 성공, 출세가 부럽지 않다. 신학자도 순교자도 부럽지 않다. 다만 내가 부러워하는 것은 사랑의 사도가 되는 일이다.

종파심, 교파 관념, 특수 교회에 대한 자부심을 버리라. 천주교, 개신교끼리 서로 중상 공격에 열중하지 말라. 남의 허물보다 자기 허물을 속임 없이 찾고 회개하자. 타종교인들에 대하여 덮어놓고 몽땅 마귀 새끼들이라 공격하고 증오하지 말고, 그들도 종교인들이란 점에서 서로의 인격을 존중하자. 부석사에서 교역자 수련회를 여는데 주지승이 사용을 허락하여 주고 매시간

2. 사랑의 삶

참석하는 것을 보고 교역자들이 감동이 되어 떠날 때 성경 한 권을 주지승에게 선물한 일이 있었다.

사랑에 인색한 한국 기독교인들, 기독교인끼리 그룹 그룹 따로 뭉쳐 서로 중상 모략을 일삼는 한국 교인. 그가 나를 존경하고 있으니 나도 그를 존경하고, 그가 나를 사랑하니 나도 그를 사랑하리라는 품앗이 사랑 말자. 주고 받는 사랑 홍정을 하지 말라.

> "외식하는 자여 먼저 네 눈 속에서 들보를 빼어라 그 후에야 밝히 보고 형제의 눈 속에서 티를 빼리라" (마태복음 7:5)

> "형제를 사랑하여 서로 우애하고 존경하기를 서로 먼저하며"
> (로마서 12:10)

그리스도인 동지끼리의 사랑은 형제애로서 가족적 관계 같은 친밀 속에 이루어져야 한다. 남을 존경하고 사랑 하는 일에는 언제나 남에게 뒤지지 말고 품앗이로 말고 보다 많은 사랑과 존경을 베풀 것이다. 남의 눈치 살피지 말고 앞서서 먼저 할 것이다. 내가 먼저 하라. 남을 위해 중보의 기도를 힘써라.

> "너의 원수를 사랑하며 너희를 핍박하는 자를 위하여 기도하라"
> (마태복음 5:44)

이세종 선생은 누구 집을 방문하러 가면 문 밖에서 자기 마음 살펴 보고 그집을 사랑하는 마음이 없으면 되돌아 갔다 한다. 실완이 남을 위해 기도할 때는 자기 문제로 알고 얼마나 심혈을 기울여 애절하게 기도하는지 보는 사람이 엄숙해진다고 한다. 남을 위해 끊임없이 중보의 기도 드리고 자주 방문하고 물질적 구제하고 편지써 보내도록 힘쓰자. 어떤 경우에도 남을 위해서 기도하고 사랑하는 일에 절망하지 말자. 악처라 해도 절망하지 말고 기도하고 사랑하자.

이세종 선생은 두 번이나 다른 서방을 얻고 떠나가는 아내의 세간살이를 지게로 져다 주고 그 후에도 계속 방문 가서 "하나님 잊어버리지 마시오 아무때라도 회개하면 돌아오시오" 했다. 전처의 아이들에게 줄 사탕까지 사 가지고, 악처가 부끄럽다고 오지 말라고 발악하는 아내의 물벼락 맞으면서도, 호세아가 음녀 고멜 사랑하듯 했다. 그 후에 그 아내는 회개하고 남편 이세종을 존경하며 세상 떠났다.

많은 종교적 운동단체를 만들지 말자. 되도록 하나로 뭉치자. 지방 색채가 짙은 그룹을 만들지 말자. 기독교인 세계에도 호남권, 영남권, 이북파, 기호파 만들지 말자. 함경도파를 만들겠다고 소집한 K박사는 스스로 눈물의 선지자라 하였는데, 내가 그렇게 하지 못하게 했더니 대노하여 얼굴이 홍당무같이 되어 나를 비난하던 일이 있었다.

> "화평케 하는 자는 복이 있나니 저희가 하나님의 아들이라 일컬음을 받을 것임이요" (마태복음 5:9)

(4) 이 좋은 편

> 마리아라는 동생이 있어 주의 발 아래 앉아 그의 말씀을 듣더니 마르다는 준비하는 일이 많아 마음이 분주한지라 예수께 나아가 가로되 주여 내 동생이 나 혼자 일하게 두는 것을 생각지 아니하시나이까 저를 명하여 나를 도와 주라 하소서 주께서 대답하여 가라사대 마르다야 마르다야 네가 많은 일로 염려하고 근심하나 그러나 몇 가지만 하든지 혹 한 가지만이라도 족하니라 마리아는 이 좋은 편을 택하였으니 빼앗기지 아니하리라 하시니라
> ─누가복음 10:38-42─

주의 발 아래

마르다와 동생 마리아의 성격에는 대조적 특징이 있었다. 마르다는 활동적이고 사무적이고 구체적이고 넓게 배려하는 성격이요, 마리아는 시적이고 명상적이고 내면적이요 깊이 직감하는 성격이다. 마르다는 예수님과 제자들의 식사 준비와 신변일에 마음을 쓰고 구체적인 일에 유능했지만, 마리아는 예수님 교훈 진리의 말씀 듣는 데 마음을 빼앗기고 있었다.

마리아는 주의 옆에 앉아 있었다. 예수님의 발의 바로 정면에 앉아 있었다. 종교인에게는 이 자세가 긴요하다. 언니 마르다는

"앉아"가 없다. 빙빙 떠돌아 다닐 뿐이다. 마리아뿐만 아니라 마르다도 그 자리에 앉기를 사모했다. 그러나 일에 몰려 자기 성격상 고요히 명상하며 앉아 있지는 못했다.

마르다는 마음이 분주($περιεσπατο$) 했다. 여기 저기 끌려 다닌다는 뜻이다. 마음은 비지니스 준비, 접대, 봉사하는 일, 향응하는 일이 많다. 마음이 이 일 저 일에 빼앗긴다. 분주한 사람이 하나님의 일을 많이 하는 사람이 아니다. 걱정과 계속적으로 속상하는 일로 인해 마음과 외모가 이그러져 있다. 얼굴 표정도, 말하는 것도, 이그러져 있는 여자들을 우리는 흔히 볼 수 있다.

마르다에게는 성질대로 동생 문제로 예수님께 뛰어들어오는 폭발적인 행동. 체면도 예의도 모르고 발작하는 성질이 있다. 그래서 그녀는 예수께 나아갔다.

그리고 그녀는 예수님에게 불평어린 말투로 동생 마리아를 몹시 책망하는 동시에 마리아를 독점하고 내버려두는 예수님의 태도에도 마음에 언짢음을 느낀 것을 나타내는 항의로 "생각지 아니하시나이까"라고 했다. 동생이 자기를 계속 버려두고 있다고 했다. 마르다에게는 동생 마리아의 고귀한 심정을 이해할 능력이 없었다.

이에 예수님은 "마르다야 마르다야 네가 많은 일로 염려하고 근심하냐"라고 말씀을 하셨다. 여기서 염려($μεριμνασ$)는 "마음이 나뉘어지다. 혼동된다"는 뜻이다. 마음의 격동을 나타내는 말이다. 많은 일로 번거러워하고 심려한다는 뜻이다.

그리고 이어서 말씀하시기를 "몇 가지만 하든지 혹 한 가지만이라도 족하니라"고 하셨다.

마르다가 염려하고 있는 것은 많은 음식 장만이 필요하다는 것이겠지만 그럴 필요가 없다. 한 그릇 음식만 있으면 족하다는 주님의 의견이시다. 예수님은 식탁 위에 차리는 음식 그릇으로 영적인 교훈을 비유로 삼은 것이라 한다.

그리고 어느 편이 더 좋은 편(τεν αγατεν μεριδα)인가에 대하여 말씀하시기를, "마리아는 이 좋은 편을 택하였으니 빼앗기지 아니하리라"고 하셨다. 가장 좋은 영적 음식은 곧 예수님과의 교제이다. 이 세상일 혹은 종교에 있어서도 근본 핵심이 아닌 제2의(第二義) 일에만 심려하는 자는 제1의적(第一義的)인 일, 필요 불가결한 일은 망각하고 등한히 하는 경우가 많다.

혹시 깊은 기도나 명상 때문에 이 세상 풍속이나 예의에서 벗어나 의무를 감당 못하는 유감이 있을지라도 그것이 우리가 자기의 영성을 살기 위해 예수님 안에 침몰하고 그를 사모하고 말씀에 잠겨 사는 때문이라면 비난할 수 없다.

예수께서는 복음 전도자는 길에서 아무에게도 인사도 하지 말라고 하셨다. 마리아는 자기 영성을 위하여 좋은 편, 좋은 몫을 택했다. 예수님께서는 언니 마르다의 귀찮은 시비를 잘 받아 넘기시면서도 분명히 마리아를 지지하셨다.

오늘날 크리스천들에 대해서도 그럴 것이다. 베다니 마리아에 대해서 또 다른 이야기, 그녀가 예수님을 얼마나 사랑한 이야기, 예수님 발에다 나드향유를 붓고 머리카락으로 닦은 이야기(막 14:3)가 있다. 이것은 복음서 가운데서도 가장 아름다운 교훈적 이야기다. 우리 기독교인이 해야할 가장 중요한 큰 일은 바로 예수를 사랑하는 일이고, 다른 외부적 활동보다 자기 영성을 지키는 일이다. 이것이 "이 좋은 편"이라는 사실이다. 우리는 누구나 마리아같이 "이 좋은 편"을 선택하자.

어느 수도원 원장이 나를 만날 때면 변명 비슷이 "나는 수도는 못하고 삽니다" 했다. 겸손한 말씀도 되지만 사실이었다. 밤낮 전국 관계자들 찾아 다니는 일, 관청 교섭, 불구자 2백 명이나 수용해서 국가의 보조 받아 건물 짓고 그래서 수녀들도 수도는 잘하지 못하고 불구자 시중으로 일생을 보낸다. 한 번은 K교수가 가서 충고하기를 "이런 것 집어 치우시오. 수도자들이 수도는 않고 이 노릇만 하고 지냅니까"라고 했다.

내가 만나도 보고 아는 기독교계 지도자들은 대부분 얼굴 혈색도 좋고 사교술과 언어가 유창하고 많은 책임을 맡고 제자들이 많고 약방의 감초같은 인물들이 많다. 그러나 이들은 마르다 형이다. 활동이 좋고, 아는 것 많고, 학위도 있고, 국제적 인물이요 지도력과 정치적 수완도 좋고 뛰어난 인물들이다. 그러나 마리아의 이 좋은 편이 아니다. 영성 생활이 미약하다.

내가 나 자신이나 한국 기독교 지도자들에게 대하여 바라는 바는 말 잘하는 목사, 목회 잘하는 목사, 활동이 많은 인물이기보다 베다니 마리아같이 자기의 영성을 살리는 데 더 신중한 종교인이기를 바란다. 어리석은 기독교인들이다. 장돌뱅이들같이 싸다니고, 팔방미인같이 두루두루 얼굴 내밀고, 다니는 데는 많으나 영성이 없다.

종교란 무엇인가. 집 짓고, 행사 잘하고 교제 잘하고 하루도 집에 붙어 있지 않고 부지런히 싸돌아 다니면서도 영성생활은 하지 않는 사람이다, 바울은 "이제도 눈물을 흘리며 말하노니 여러 사람들이 그리스도 십자가의 원수로 행하느니라"고 했다 (빌 3:18).

마하리시 이야기

인도의 성자 썬다 싱의 기록에는 그가 티베트 전도로 드나들 때 히말라야산 해발 2만 1천 850척의 언제나 눈에 덮여 있는 카일라스산 동굴에서 늙은 마하리시를 만난 사실이 기록되어 있다. 이렇게 눈으로 덮여 있는 산악 지대에 온천이 솟아나고 있었다. 티베트 사람들은 카일라스산을 신들이 계시는 곳이라 한다. 1912년에 첫번째 만났고 1916년과 1917년에도 만났다. 카일라스산에 있는 만소로와르 호숫가의 동굴에서 사는 그는 원시인처럼 몸에 무엇을 두르고 있는듯 했는데 옷이 없는 그는 머리털이 길대로 길어 몸을 덮고 있었기 때문이고, 눈섭이 자라 차일 같이 덮고 있었다.

마하리시는 이집트 알렉산드리아에서 엄격한 이슬람교 신도인 부모 밑에서 자라 더비쉬 사원에 들어가 수도하며 코란 경전을 읽었다. 그 무렵 동양 최초의 선교사 프란시스 사비어의 조카인 쟈르노스가 알렉산드리아에 들렸을 때 그에게서 세례를 받고 그 후 75세까지 세상에서 전도하다가 히말라야산 카일라스에 들어 왔다고 했다. 썬다싱은 처음 만났을 때는 그가 입산한지 209년째 되던 해라고 했다. 그는 그 동안 동국에서만 칩거하면서 묵상 기도하면서 세상과 인류를 위한 대도(중보기도)를 해왔다. 그가 주님 재림할 때까지 받은 소명이 그것이라 했다. 산에서 살면서 마하리시는 각종 약초와 식물의 뿌리를 말려서 빻은 것을 먹고 지냈다.

4년 후에 두번째로 만났을 때 마하리시는 썬다싱이 그 동안 무엇을 하고 지냈는지 다 알고 있었다. 다른 선교사의 일도 다 알고 있으면서 성경을 인용하면서 하나님께서 능력 주시면 시간과 공간적으로 멀리 떨어져 있어도 사람의 영은 멀리 있는 사람의 마음과 행동을 능히 알 수 있다고 했다. 그는 말하기를 "나는 하나님을 섬기다가 죽은 고금의 훌륭한 사람들과 천사들이 영계에서 나에게 일러주고 보여주기 때문에 세상 사람들의 일을 꿰뚫어 봅니다. 하나님의 은혜로 영안이 열리기만 하면 성인이나 선지자들처럼 영계를 볼 수도 있고 성서에 기록된 선지자들을 알아보는 것도 그다지 어려운 일이 아닙니다. 하나님께서는 꼭 천사만을 통하여 우리를 도와 주시는 것이 아니라 의와 신실을 다하다가 죽은 의인들 성인 반열에 드는 사람들을 통해서도 우리를 돕고 계십니다" 했다. 어떤 때는 기도 중에 예수님이 천사들을 거느리시고 이 동굴에 오셔서 마하리시에게 그가 예수님 다시 오실 때까지 세계를 위한 중보의 기도 하라는 소명을 주셨다고 한다.

나는 지금쯤은 4백살이나 되었을 히말라야 카일라스산 동굴에 있는 늙은 마하리시는 참으로 "이 좋은 편을 택한 분"이라고 생각되어 부러워한다. 먼저 자기 영성부터 살리고 나서야 하는데 자기 영성 돌보지 않고 마르다처럼 헐떡거리며 돌아 다니는 자의 노력은 밑빠진 항아리에 물 붓기다.

샤를르 드 푸꼬

샤를르 드 푸꼬는 프랑스의 귀족이요 부자요 장교였다. 10년 동안이나 타락한 생활하다가 29세에 회개한 그는 예수 그리스도를 본받아 가장 천한 목수 예수처럼 그 시대 사람들 중에서 가잔 비참한 자리를 찾기로 결심했다. 그리스도와 가장 가까이 살 수 있는 곳은 가장 천한 곳 밖에 없다고 깨달았기 때문이다. 한

동안 트라피스트 수도원에 들어가 있기도 했다. 트라피스트는 수도원들 중에서도 가장 엄격한 수도원이다.

"트라피스트 수도자들은 결코 여행을 하지 않습니다. 그러나 그들은 모든 사람에게 친절히 후대하고 있습니다. 문은 낮에도 밤에도 항상 열어 놓고 있습니다. 손님이 오면 두 사람의 수도자가 나와서 그 손님 앞에 머리를 숙이고 하나님께서 보내주신 손님으로 알고 경의를 표하는 것입니다"는 수도자 훈련을 받았다.

38세(1897) 때 그는 자기에게는 지나치게 아름다운 트라피스트 수도복을 벗었다. 가난한 초라한 옷을 갈아 입고 허리에 로자리오만 달고 성 프란치스코나 거지 성자 베네딕트나 라브르와 흡사한 모습을 하고 그리스도의 가장 비천한 하인이 되기를 소원했다. 나사렛 예수처럼 모든 인간의 형제가 되고 가장 비천한 자들과 같이 되기 위하여 그는 귀족적이며 애국적 오만이나 혹은 교회적 오만까지도 이탈했다. 그는 나사렛에서의 목수 예수의 숨은 생활을 사모하여 성지에 가서 나사렛에 있는 개혁 클라라회 수녀원을 찾아갔다. 접수계의 수녀는 거지같은 그의 비참한 꼴을 보고 신용할 수 없었다. 그는 수녀원장을 기다리는 동안 응접실 벽에 걸어놓은 현판을 읽었다. 거기에는 "다만 하나님 뿐! 하나님을 위하여 모든 것을 끊고 하나님 품 안에서 나는 모든 것을 찾아냈다. 하나님을 사랑하며 하나님께 바치는 것 이외에는 모든 것이 허무하다"고 쓰여 있었다. 그 정신이 클라라 수도회의 길이었다.

마침 그 수녀원에서는 심부름할 남자 한 사람이 필요했기 때문에 그를 채용하기로 하고 품값을 작정하는데 푸꼬오는 "품값은 필요 없습니다. 빵과 물만 필요합니다. 그리고 기도하기 위하여 약간의 자유 시간이 필요합니다"라고 했다. 수녀원에서는 그에게 정원사의 집을 사용하라 했지만 그것도 거절하고 마당 구석에 폐물이나 농기구를 넣어 두는 판자집을 거처로 달라고 해서 거기 벤취 위에서 자기로 했다. 매일 청소하며 마당을 호미질하며 푸꼬오는 기뻐서 "내가 오랫동안 꿈꾸던 생활이 이제야 완전히 실현되었다. 나는 가난한 수도단체의 하인이며 시종입니다" 했다.

수녀원의 아무도 그의 이름이나 과거를 몰랐다. 다만 보통 거지는 아니라고만 느꼈다. 그가 우스운 옷을 입고 머리도 제손으로 자르고 다니니 동리 아이들은 그에게 돌을 던졌다. 굴욕, 사람들의 조롱을 받아들일수록 그의 옛 낡은 사람의 뿌리가 뽑혔다. 인간이 하나님 닮는 것은 위대성에 의해서가 아니라 비천성에 의해서이다.

그는 "독방은 신성한 장소다. 독방은 왕자의 방이다. 하나님과 같이 있는 자는 홀로 고독할 때야말로 가장 고독하지 않을 때이다. 독방 속에서 항상 신성한 일에만 종사하고 있으며 성스러운 신비와의 유사함에 의해서…하늘이 독방과 매우 가까와진다…"고 말했다. 얼마 후 그의 정체가 드러나고 말았다.

그후 푸꼬는 아프리카 사하라 사막 속에 들어가 베니 아베스에 은둔소를 만들고 혼자 수도 생활을 했다. 나사렛을 사모하고 사하라 사막을 사모하는 것은 활동에 앞서는 준비와 기도와 희생의 기간이요 긴 고독과 정화의 기간, 그리스도인이 되어가는 기도의 기간이다.

바울에게는 아라비아 사막 3년, 프란치스코에게는 스바시오산 동굴의 기도 기간이 있었기에 그들은 큰 영성인이 될 수 있었다.

까를로 까레또

까를로 까레또는 1910년 이탈리아에서 출생했다. 교직 생활과 연구를 하며 이탈리아 가톨릭 액션협회 회장도 맡았다. 가톨릭 운동의 기수였다. 그는 1954년 샤를르 드 푸꼬오의 작은 형제회 입회했다.

18세 되던 해에 신부 앞에 죄를 고백하려고 무릎 꿇고 있을 때 자기 영혼의 깊은 곳에 하나님의 음성과 하나님께서 지나가심을 느꼈다. 24세 때에 똑같은 하나님의 음성이 들려오기를 "너는 결혼하지 말고 나의 삶을 내게 바쳐라. 그러면 나는 영원히 너의 사랑이 될 것이다" 했다. 까레또는 결혼하려던 참이었는데 포기했다. 44세 때 그 음성이 또 들려왔다. 가장 엄숙했다. 그것은 관상 생활에 대한 부르심이었다.

"너는 모든 것을 버리고 나와 함께 사막으로 가자. 나는 더이상 너의 활동을 원하지 않는다. 너의 기도를 너의 사랑을 원한다."

그는 무슨 뜻인지도 모르고 "예" 하고 대답했다. 그 음성은 "나와 함께 사막으로 가자. 너의 활동보다 더 위대한 생활인 기도가 있다. 말보다 더 큰 효과가 있는 사랑이 있다"고 말했다.

까레또가 북아프리카 사하라 사막에서 수도생활을 하기 위해 세이그에 도착했을 때 수도원에서 수련장이 마중 나와서 하는 첫 마디 말이 "까를로, 이제 끊어야 할 때가 되었습니다"였다. 까를로는 모래 언덕 뒷쪽으로 가서 가방을 열고 그 속에 들어 있던 수천 명의 친구들의 주소록을 꺼내어 태워버렸다. 그때부터 친구들은 그의 기도 속에서 만나게 되었고 영원한 자기의 사랑이 되었다.

사막에서 기도로 보내는 세월은 시간의 허비가 아니며 사랑하는 자들을 돕기 위해서는 그보다 더 완전한 형태의 활동이 없다는 명백한 확신을 그는 얻었다. 등불이 필요 없을 만큼 별빛으로 환하게 빛나는 모래밭에서, 사하라의 장엄한 경치 속에서 그는 기도 속에 옛 친구들과 만났다.

주님의 중심

나는 까를로 까레또를 사막으로 가자고 부르신 주님의 중심을 알 수 있다. 관상생활에로의 그 부르심이 바로 베다니 마리아에게 "이 좋은 편을 택하라" 하시던 음성이다. 가장 사랑의 음성이다. 그리고 그는 분명히 베다니 마리아같이 예수님의 특별 사랑 받고 인정 받은 종이었다.

예수를 믿노라 해도 맹목적으로 믿지 말라. 바울은 "내가 달음질하기를 향방(목표) 없는 것같이 아니하고 싸우기를 허공치듯 않는다"면서 우선 자기가 자기 몸을 쳐 복종케 한다고 했다 (고전 9:26-27).

먼저 내 몸을 치라. 성인 성녀들의 세계는 돌아 앉지도 못하는 동굴 속이다. 거기서 그들은 주님 발 아래 앉아 떠나지 않는다. 육신 따위는 오냐 오냐 해서 기르지 말자. 영성을 살리자. 누구에게나 영성이 사는 일만이 귀하다.

어느날 인도 간디스 강변을 산책하던 석가는 어젯밤 자기 집에서 정을 통하고 귀중품을 훔쳐 도망친 여자를 찾아나온 청년을 만나 "잃어버린 물건 찾는 일과 잃어버린 자기를 찾는 일 중 어느 것이 더 중하겠느뇨" 했다. 자기를 잃은 자 누구인가? 영성 살리는 문제를 돌보지 않는 사람들이다. 50억 인류가 자기 영성을 살피지 않고 있다.

상식적인 종교, 기독교의 겉 껍데기만 밤낮 긁고 다니지 말라. 깊은 심층(深層)을 파고 들어가라. 영맥을 파라. 그것은 마르다 종교가 아니고 마리아 종교다. 마르다 운동보다 마리아 운동이 좋은 편이다.

신비주의자들은 자기 내면의 깊이를 파고 들어간 곳이 신의 깊이를 만나는 장소라고 말했다.

신비주의의 신조는 ① 인간의 심령은 신비적 감득을 할 수 있다, ② 신을 알기 위해서는 인간은 신성에 참예해야 한다는 것이다.

신과의 일치에 장애되는 것을 제거하기 위해서는 신과 내 마음의 결합 외에는 아무것도 생각하지 말아야 한다. 신만을 갈망하고 사랑해야 한다.

아토스의 수도생활

그리스 정교회의 영성의 수원지는 아테네 북쪽 데살로니가 남쪽 에게해에 나무 뿌리처럼 뻗은 아토스 반도의 수도원들이다. 거기에는 아토스 성산이 있고, 반도 전체가 수도원 지대로서 그리스 정부에서도 간섭하지 않는다. 수도사(남자)들만이 사는 특수 지대이기 때문에 들어가기가 어렵다. 일반 관광객도 받아들이지 않는다. 특히 엄격한 것은 여인 금지의 지대다. 짐승들도 암컷은 못들어간다. 젖소도 없어서 우유도 못 마신다. 쥐를 잡기 위해 고양이만은 암컷이 있다.
 이 성산에서는 전체 주민이 수도사다. 노동자도 수도사요, 거지도 수도사다. 독수도자도 있고 공주은수사(共住隱修士), 방랑의 수도사도 있다. 모두가 조스티코라는 검은색 옷을 입고, 가죽띠를 띠고, 장발에 수염을 길게 기르고, 하루 8시간 기도하지 않으면 안된다. 철저한 관상생활이다.
 특히 아토스 반도 안에서는 수도생활에만 주력하므로 시간 관념이 없다. 달력도 일반 세상 달력보다 13일이나 늦다. 어떤 수도원에서는 해뜨는 시간을 12시로 삼고. 또 다른 어떤 수도원에서는 일몰 시각을 0시로 삼는다. 밤과 낮의 리듬이 자기네 수도 생활의 편리한 리듬과 일치한다. 절대 시간이란 것이 없다. 그들은 학문도 세속적 번거러운 것이라 본다. 신앙과 학문의 모순을 느끼고 있기 때문이다. 2천년 이래 세속의 역사와 정치가 어떻게 변하고 국가와 민족의 전쟁이 얼마나 있었는지 등의 세속사는 그들의 관심이 아니다. 그들에게 있어서 그리스도의 사적은 어젯일이요, 중세대는 아직도 오늘이요, 내일은 하나님 아들이 재림한다는 것 뿐이다.
 그들 중 은수사들은 성 안토니나 마카리우스처럼 문자라는 것을 모르고 초라한 옷을 입고 바닷가 조개를 끈으로 꿰여단 로사리오를 굴리면서 기도한다. 빗물을 받아서 쓰고 일주일에 한 번씩 갖다주는 빵과 야채로 연명하고 좁은 바위굴에서 살고 이웃 수사의 굴과의 거리는 수십 미터나 떨어져 있다. 20년이고 30년이고 그렇게 명상과 관상기도에 침몰해 산다.

침묵하는 광야

우리는 지금 인류 역사의 가장 복잡한 시대에 살고 있다. 기계 문명은 인간을 기계 부속품 취급하고 대기 오염, 공해, 인구폭발, 성해방, 피임술 발달로 전세계가 폭력과 음란의 죄악의 도가니가 되었다. 대낮에 마귀들이 들끓는 곳이 되었다.. 지금 우리가 사는 문명생활, 도시생활의 모든 것은 우리 영성을 말살시키는 것들 뿐이다. TV 심야 프로는 노골적인 섹스 장면이다.

영성을 살리지 못하면 인간으로는 끝장이다. 현대인을 에워싸고 있는 이 죄악과 암흑을 극복하려면 어떻게 해야 하는가? 무슨 방법이 있겠는가?

까를르 까레또는 그 대책을 "광야…광야…광야다!"고 부르짖었다. 그 길은 어렵지만 효과는 확실하다.

죽음의 그늘에서 출애굽기 같은 광야를 지나야 한다. 광야는 묵묵히 하나님을 찾는 구도 생활을 의미한다. 그것이 바로 베다니 마리아가 선택한 "이 좋은 편" 생활이다.

광야는 사막이다. 그렇다. 그와 같은 고요한 침묵의 광야는 기도를 통해 하나님 현존에 접하고 관상의 영봉에 도달하는 영성 생활이다. 마리아의 좋은 편은 세례 요한의 광야다. 모세와 엘리야의 호렙산이다. 바울의 아라비아 사막이다. 아토스의 수도원이다.

서울 거리 아스팔트 위에 서있는 개신교회는 영성이 살지 못한다. 광야는 우리 영성이 소생하는 곳이요, 마리아의 "이 좋은 편(참 좋은 몫)"이다. 우리 자신을 순화시키고 새 날의 행동을 준비시키는 곳이다.

러시아인은 광야를 "푸스티냐"라 부른다고 한다. 노인들이 은

퇴하는 곳을 뜻한다. 우리 신비체험에서 그 비슷한 맥락의 장소다. 까를르 까레또는 어떤 사람의 질문에 대답하면서 "도시의 광야" 즉 "도시 안에서도 그대의 광야를 창조하라"고 말한다.

좌우간 우리 영성 살리는 데는 광야와 같은 은둔이 필요하다. 유럽 도시의 수도원에서는 도시 속에서 수도자의 사막을 만든다고 한다. 종교인, 교역자, 특히 한국 교회의 목사들이여, 산에 못들어가겠으면 그대 사는 도시 속에 사무실, 교회, 사생활의 주위를 사막으로 만들라. TV, 신문, 전화도 끊고 친척 친구도 끊고 사막, 광야를 만들자. 우리 서재에도 교회에도 가정에도, 도시 심장부의 광야, 작은 "푸스티냐"를 만들라.

나의 광야를 만들라

나는 운악산을 나의 광야로 만들고자 한다. 기도와 수실도 이름을 암자라 부른다. 하나님 현존, 그리스도의 임재를 쉽게 접할 수 있는 은거의 암자로 만들고자 돌담을 주위에 쌓았다. 담은 수도자 은수도생활의 표징이다.

예수를 잘못 믿으면 배나 지옥의 자식이 된다. 잃어버린 참 그리스도의 그 오솔길을 바로 찾으라. 나사렛에서의 본래의 예수를 찾으라. 이것도 하고 저것도 하고, 두루 두루 팔방미인같이 하며 예수도 잘 믿겠다는 생각을 버리라. 바울은 모든 것을 버리고 오직 한 일만 생각했고, 프란치스코는 "내 주여 나의 전부여" 했다.

3. 십자가의 삶

어리석은 갈라디아 사람들아
예수 그리스도께서 십자가에 못 박히신 것을
너희 눈앞에 밝히 보이거늘
누가 너희를 꾀더냐
―갈라디아서 3:1―

3. 설기기의 별

(1) 십자가의 예수

> 내가 너희 중에서 예수 그리스도와 그의 십자가에 못 박히신 것 외에는 아무 것도 알지 아니하기로 작정하였음이라
> —고린도전서 2:2—

예수 그리스도 외에는

　헬라의 고린도는 철학의 중심지여서 사람들은 웅변술과 궤변학에 감동되어 날마다 할일 없이 그런 목적으로 모이는 철학의 도시였다. 바울도 헬라에서 전도할 때에 아테네 전도에서 한 때 철학적 용어를 써보며 말해 보았지만 실패했다고 한다.
　옛날이나 오늘날이나 기독교 복음전도자들의 한 가지 유혹은 세속적인 육의 인간들의 기분에 맞게 하여 그들로부터 환영을 받고자 하여 기독교를 학식, 철학, 율법, 웅변, 궤변 등으로 휘두르려는 유혹이다. 결국 그래 보아야 소용없다. 부질없는 일일 뿐이다.
　삼불입주의(三不入主義)를 이행하는 종교가 있다. 삼불입주의 란 권력자, 부자, 학자 등 세 가지 계급은 종교에 들어오면 유익보다 손해가 막심하므로 이 세 계급을 사절한다는 뜻이다.

프란치스코의 탁발 교단은 말년에 지식인 계급들이 단원으로 들어 오면서 프란치스코의 청빈 정신을 완전 뒤집어 버렸다. 특히 후계자였던 엘리야는 프란치스코 교단에서는 가룟 유다와 같은 존재였다.

그래서 바울이 고린도인을 향하여 "내가 너희 중에서 예수 그리스도와 그의 십자가에 못 박히신 것 외에는 아무 것도 알지 아니하기로 작정하였다"고 한 것이다.

모든 성인 성녀들이 예수를 믿는 태도는 "이것도 하고, 저것도 하고, 그것도 하면서 예수도 믿고" 하는 부업적이고 오락적인 태도가 아니었다. 성 프란치스코의 표어는 "내 주여 나의 전부여"였다. 그에게는 오직 예수뿐이었다. 이세종은 "물에 퐁당 빠지듯 믿으라" 했고, 이현필은 "거지 오장치 짊어지고 나서듯이 믿어야 한다"고 했다.

나는 그의 십자가에

"나는 그와 특히 그의 십자가에 못 박히신 것"이라는 말의 뜻은 인간 세상 일체를 거부하고 오직 예수와 십자가만을 생각한다는 것이다. 예수와 십자가가 내 생존의 전부요, 다른 것은 아무 것도 알지 아니하기로 작정했다는 것이다.

성 루시언을 심문하는 재판관이 물었다.
"네 이름이 무엇이냐?"
"내 이름은 크리스천입니다."
"네 고향을 묻고 있는 것이다."
"내 이름은 크리스천입니다."
이렇게 철저하게 믿어야 한다.

3. 십자가의 삶　*137*

못 박히신 이 사람

　예수와 십자가, 이것이 바울 복음의 중심이요 전부이다. 그러나 십자가에 못 박히신 예수는 헬라인이나 지식인 철학자들에게 버젓이 내세울만한 자랑스러운 인물이 못된다. 철학도 모르고, 문학도 알지 못하는 목수 출신으로서는 수퍼 스타가 못된다. 예수라는 사나이는 사람들 눈에 초라하게 보이는 부끄러운 꼴을 한 사나이일 뿐이다.
　하비콕스는 "바보 예수" "어릿광대 예수"를 말했다. 니체는 노예 종교라 하며 멸시했다.
　주전 8세기 유대에서 일어난 최대 예언자 이사야는 메시야를 예언하면서 "그는 주 앞에서 자라나기를 연한 순 같고 마른 땅에서 나온 줄기 같아서 고운 모양도 없고 풍채도 없은즉 우리의 보기에 흠모할 만한 아름다운 것이 없도다"고 했다(사 53:2).
　나는 지난날 어느 교회 집회를 가서 강사실 벽에 걸어 놓은 예수님이 십자가에 달린 액자를 바라보면서 좀 불평스러웠다. 공자도 석가도 멋이 있는데 기독교인들은 왜 저런 예수, 가시관 쓰고 이마에서 피가 철철 흐르는 보기에는 끔찍한 예수상을 걸어 놓기를 좋아 하는가 하고 불평스러웠다. 불교의 석가나 관세음 보살상은 얼마나 우아한지 모나리자같이 히죽이 웃고 있는 미남 미녀상, 그 신비스러운 영원한 미소만 보아도 믿을 마음 생긴다. 경주 토함산 석굴암 불상은 동해에 아침 햇빛이 비쳐올 때 환한 그 모습, 찬란한 불상이 사람들로 불교에 귀의할 마음 일으키게 한다. 신비스러운 미소짓는 불상이 보기에도 좋은데, 기독교 십자가는 보기에도 끔찍스럽다. 세상이 비웃는 멸시거리이다. 십자가의 예수는 사형수의 사형 장면이다. 실패자의 모습이다.

한 번은 설악산 쪽 여행하는데 낙산사 주지가 기차에서 동승하여 큰 소리로 열차 안에서 예수를 비판했다. 제대로 발음을 하지도 못하면서 "예수가 십자가에 달려 '에로이 에로이 라마그 사바구 타니'라고 한 것은 실패자 예수의 비명이라"고 하면서 껄껄 웃었다. 가련한 예수!

내가 시무하던 교회에 원자력 연구소에 나가던 수재 청년이 있었다. 그가 말하기를 "나는 예수를 하나님의 아들로 믿지 않습니다. 다만 유대인 청년으로만 봅니다. 그의 십자가 위에서의 '엘리 엘리 라마 사박타니'는 인간 유대 청년의 비명일 뿐입니다"라고 했다.

세계 3대 중 성인 공자도 석가도 편히 살다 늙어 죽었는데, 예수는 왜 십자가에 달려 죽으셨는가.

누가 나를 위해 십자가를 져 주었던가

어느 곳에 얼굴이 얽은 어머니를 가진 딸이 있었다. 어느날 그녀는 학교에서 돌아와 괜히 심통 부리며 어머니께 대들면서 "어머니는 왜 그렇게 얼굴이 찌그러져 못났습니까. 학교에만 가면 아이들이 너의 어머니는 왜 그렇게 못났는가고 곰보딱지의 딸이라 놀려줘 못견디겠단 말이야…"라면서 울며 불평했다. 그 어머니는 기가 막혀 딸의 손목을 꼭 잡고 눈물이 글썽이며 "그러냐. 못생겨 미안하다. 그렇다면 내가 이렇게 된 전말을 네게 알려주마"하며 옛날 이야기를 들려 주었다. "옛날 네가 어린애 때 우리집에 큰 불이 났단다. 그때 네가 불타는 방 안에서 자고 있었는데 아무도 들어가 건져내줄 사람이 없어서 내가 불속에

3. 십자가의 삶

목숨을 걸고 뛰어들어가 너를 이불에 싸 안고 나왔는데, 너는 무사했지만 나는 이렇게 얼굴이 탔단다. 나도 옛날에는 예쁘게 생겼다고 소문난 여자란다"고 했다. 딸은 어머니의 말을 듣고 울며 어머니에게 잘못했다고 사과했다. 그 딸은 그 다음부터 학교에 가서 다른 아이들이 놀려주면 "그래 우리 어머니는 못났어. 그러나 너희 어머니는 우리 어머니처럼 목숨을 걸고 너희를 사랑하니…"하며 오히려 자랑하게 되었다.

우리를 위하여 누가 십자가를 져 주었던가? 공자가, 석가가 우리를 위해 가시관을 써 주었든가? 석가가 날 대신하여 십자가에 달려 내겠는가?

> "그는 주 앞에서 자라나기를 연한 순 같고 마른 땅에서 나온 줄기 같아서 고운 모양도 없고 풍채도 없은즉 우리의 보기에 흠모할 만한 아름다운 것이 없도다 그는 멸시를 받아서 사람에게 싫어 버린 바 되었으며…"(이사야 53:2-3)

오늘 기독교인들은 왜 십자가에 달린 예수를 말하기를 부끄러워하는가? 현대 교회는 왜 십자가를 말하기를 주저하는가?

나의 꼴을 보면 우습다. 삭발한 모습에다 25년동안 노동복 단벌에 맨발인 내 꼴을 보고는 목사라고 부르는 사람은 없다. 너무 초라하면 존경할 마음이 없어지는 모양이다.

그러나 세상 사람들에게 환영받는 예수를 만들지 말자. 사람들의 환영받는 기독교, 재미있는 기독교, 편리주의로 흥청거리는 기독교를 만들지 말자. 교회에서 십자가를 지워버리려 하지 말자. 기독교인들이 십자가를 벗어버리려 하지 말자. 어리석은 십자가, 환영 못받는 십자가, 가련한 바보 예수를 그 모습 그대로 전하자.

공자는 대선생이요, 정치가이다. 석가는 왕자요 철학자이다. 그러나 예수는 목수요 무식쟁이다. 그러나 하나님은 그 초라한 예수를 통해 세상을 건지려 하신다. 예수 그리스도와 십자가는 그대로 전해야 한다. 거기다 인위적으로 다른 것은 덧붙이지 말고 예수, 특히 십자가에 달리신 그리스도 외에는 아무 것도 전하지 말아야 한다. 하나님은 그런 예수로 인류를 구원하시려 하는 것이다. 그리고 예수의 종인 우리도 초라한 모습으로 따라가야 한다.

예수와 제자의 운명은 같아야 한다.

"십자가의 도가 멸망하는 자들에게는 미련한 것이요 구원 얻는 우리에게는 하나님의 능력이라"(고린도전서 1:18)

"유대인은 표적을 구하고 헬라인은 지혜를 찾으나 우리는 십자가에 못박힌 그리스도를 전하니 유대인에게는 거리끼는 것이요 이방인에게는 미련한 것이로되 오직 부르심을 입은 자들에게는 유대인이나 헬라인이나 그리스도는 하나님의 능력이요 하나님의 지혜니라"(고린도전서 1:22-24)

내가 어릴 때 배운 노래가 있다.

> 예수께서 다니시며 전도하실 때
> 백만 관중 유대인은 핍박만 하네.
> 해는 지고 어두워서 돌아오실 때
> 고단하며 주린 사정 뉘가 알리요…

바리새인들은 예수를 핍박했다. 제사장들은 예수를 죽이려고 했다. 빌라도는 예수를 조롱했다. 불쌍한 예수였다. 머리둘 곳도 없었다. 이런 예수의 운명과 그 복음을 전하는 전하는 전도

3. 십자가의 삶

자의 운명은 똑 같아야 한다.
  귀족, 지식층, 부자, 권력자는 기독교를 배격한다. 예수의 종은 세상의 존경이나 환대를 받으면 안된다. 바울은 빌립보에서는 감옥에 갇혔고, 데살로니가와 베뢰아에서는 추방을 당했고, 아테네에서는 조롱을 당했다.
  주후 313년 로마의 콘스탄틴 황제가 개종하면서 유럽인들이 기독교 받아들일 때 유럽 백인들과 러시아인들은 세상 철학과 예술을 영합하는 기독교를 만들었다. 황제와 귀족들은 궁실용 기독교를 만들었으며, 신부와 사제들에게 귀족의 옷을 입히고 성당은 왕궁같이 지었다. 임금들과 귀족들의 기분을 맞추는 기독교가 되어 버렸다. 그리스도보다 사람의 비위를 맞추는 이기적인 기독교가 되었다. 음악적인 예배와 장엄한 의식, 그래서 기독교가 귀족화와 세속화가 되어서 교회는 마침내 우상화와 미신화가 되었다. 순수한 그리스도와 십자가는 버리고 말았다. 그러다가 오늘날 유럽의 기독교는 죽어 버렸다.
  기독교를 지나치게 철학화, 신학화하지 말자. 기독교를 예술화하지 말자. 지나치게 유쾌한 예배는 조심스럽다.
  바울은 "너희 믿음이 사람의 지혜에 있지 않고 하나님의 능력에 있게 하였노라" 했다. 한국 교회도 이런 점에 크게 반성해야 한다. 인간 위주, 인간 본위의 기독교를 만들지 말자.

> "내가 눈물을 흘리며 말하노니 여러 사람들이 그리스도 십자가의 원수로 행하느니라" (빌립보서 3:18)

십자가 외에 결코 자랑할 것이 없나니

  십자가의 예수를 전할 때에만 성령이 도우신다. 딴 것, 잡된

142 참 기독교인의 삶

것, 기독교에서 부차적인 것들은 모조리 떼어 버리고 십자가의 복음만 전해야 성령이 도와주신다.

> "예수 그리스도와 그의 십자가에 못박히신 것 외에는 아무 것도 알지 아니하기로 작정하였다"(고린도전서 2:2)

> "그러나 내게는 우리 주 예수 그리스도의 십자가 외에 결코 자랑할 것이 없으니"(갈라디아서 6:14)

바울은 십자가의 예수를 바로 증거하기 위해 우선 자기 자신부터 모조리 떨어버리고 정리하고 나섰다. 로마 시민권도 버리고, 가말리엘 최고학부에서 수학한 학벌도 버리고, 가정도 없이 삭발하고, 바리새도 버렸다.

> "…그러나 무엇이든지 네게 유익하던 것을 내가 그리스도를 위하여 다 해로 여길 뿐더러 또한 모든 것을 해로 여김은 내 주 그리스도 예수를 아는 지식이 가장 고상함을 인함이라 내가 그를 위하여 모든 것을 잃어버리고 배설물로 여김은 그리스도를 얻고 그 안에서 발견되려 함이니…"(빌립보서 3:7-9)

오늘의 기독교도 교회 지도자들도 바울의 이 태도에 되돌아가 순수 예수 그리스도를 전해야 한다. 그리스도인 우리 가슴에 모두 그리스도를 열망하고 사랑하는 정열만이 타올라야 한다. 그리고 가슴마다 예수 그리스도의 십자가가 사무쳐야 한다. 그리스도와 십자가 외에 다른 것들(기복신앙)이 차 있어서는 안된다.

오늘 한국 교회는 복잡한 기독교 만들지 말라. 군더더기를 모조리 떼어버리라. 그리스도뿐이다. 십자가뿐이다. 다른 것은 알지 아니하기로 작정하라. 인위적인 것, 인간 중심의 것은 모조

3. 십자가의 삶

리 정리해 버리라. 반성하지 않으면 버림 받는다. 그리스도와 십자가는 말하지 않고 교파 선전, 교회 자랑, 총회, 신학 헌법이란 것을 강조하지 말라. 그런 것들은 기독교가 아니다.

(ㄹ) 현대 기독교

어리석도다 갈라디아 사람들아 예수 그리스도께서 십자가에 못
박히신 것이 너희 눈 앞에 밝히 보이거늘 누가 너희를 꾀이더냐
—갈라디아서 3:1—

어용종교

　기독교의 복음은 우리 죄를 위해 십자가에 못 박히신 하나님 아들 예수 그리스도이시다. 이것이 하나님의 오묘(奧妙)요 비밀이다. 십자가 속죄를 믿기 어려워 폐지하는 것은 전혀 다른 복음일 뿐이다.

　"너희 속에 그리스도의 형상이 이루기까지 다시 너희를 위하여
　해산하는 수고를 하노니"(갈라디아서 4:19)

　그리스도 신자와 교회 마음에 그리스도와 십자가가 충분히 형성되어야 한다. 교회와 신도들의 마음에 바울의 형상이 형성되어서는 안된다. 예수 그리스도와 십자가보다 칼빈이나 웨슬레가 더 짙게 형성되어서도 안된다. 다른 복음, 거짓 교사는 십자가를 대신해서 자기 형상이나 다른 기독교를 세우려 한다.

3. 십자가의 삶

십자가를 다시 찾아라

 유럽 백인들의 기독교는 임금들과 귀족들의 비위에 맞추려 어용종교, 노리개감이 되어 버리고 십자가를 벗어 버리다가 오늘 유럽의 교회는 성신이 떠나고 버림받고 죽어버리고 말았다.
 기독교사가 증명하는 것을 보면 어느 나라의 문화 수준의 발전과 GNP의 상승과 순수 종교의 부흥은 반비례한다는 사실이다. 아메리카의 교회도 십자가를 벗어버렸다.
 한국 교회의 팽창주의, 물량적 비대화, 거대화, 세속주의로 치닫는 오늘 한국 교회는 부흥이 아니요, 큰 위기이다. 사이비한 다른 것들이 교회를 채우고 범람해 커지고 나사렛 예수와 십자가는 희미해졌다. 십자가는 사라져가고 있다.
 현대 기독교가 나사렛 예수 원(元)예수, 순수 예수, 원색의 예수상을 잃어버리고 변질되고 날조되고 퇴색해 버린 기독교가 되었다. 본래의 기독교, 참 기독교가 되려면, 지성과 이성을 잃고 덤비는 오늘의 모든 기독교 운동을 전면적으로 중지하고 시정하고 나사렛 예수를 다시 생각해 보아야 한다. 그리스도의 얼, 예수의 정신이 아닌 모든 것을 반성하고 예수의 얼, 그리스도 십자가 상(像)을 다시 바로 찾아야 한다. 지금 이런 것은 이렇게 믿는 것은 나사렛 예수도 아니고 참기독교가 아니라는 자각과 회개가 있어야 한다.
 곡식의 종자는 점점 퇴화한다. 그러므로 원종자를 찾아가 다시 접종해야 순종을 만든다. 기독교는 원 예수를 찾아 접종해야 순수 기독교가 된다.
 오늘 한국 교회는 다른 짓을 그만 두고 순수 예수 그리스도에게로, 십자가에로 돌아가야 한다. 요즘 불신자들의 기독교인에게 대한 비평은 아주 좋지 않다. "교회들이 다 기업체가 되고 장사꾼들이 되었다." "젊은 것들이 자기 부모에게는 불효하면서 교회에는 연보를 많이 바쳐" "목사는 아무렇지도 않은 교회를 헐고 다시 짓고는 예배당 팔아 먹고는 미국으로 도망쳐 간다" "서울 가락시장의 장사꾼들이 모두 예수쟁이들이어서 믿지 않는 사람들은 얼씬도 못한다"는 등등의 이야기가 들린다. 정말 듣기에도 민망스러운 것이다.

기독교인 1천 2백만 명, 기독교인과 목사는 너무나 많다. 그러니 별난 교인, 별난 목사가 많은 것이다. 어느 교회에서는 목사가 설교하고 있는 강단에 권사가 뛰어올라가 목사에게도 자기 몸에도 휘발유 뿌리고 분신자살을 기도하여 16명이나 되는 교인이 중화상을 입었다. 교회 건축비가 없어서 목사가 강도로 돌변하여 권총 살인한 일도 있었다.

말세 선전자들은 90년 5월 휴거가 된다는 소동이 있었고, 92년 10월 10일에는 말세가 오고 그리스도가 재림한다고 하여 자녀들을 학교에도 안 보내고 약혼한 남녀는 결혼을 취소하는 등 소란이 벌어졌었다. 이를 주장하던 목사는 구속됨으로써 이 해프닝은 끝났다. 세계적인 뉴스거리였다.

어느 교파의 신학대학 교수는 예수의 부활은 절대로 있을 수 없는 일이라 공언했다. 또 어떤 이는 성령 받는 것을 초혼제를 지내듯이 한을 품고 죽은 영들을 부르다가 성신도 불렀다는 사건이 생겼다. 무당이 굿해서 신 내리듯이 성신을 불렀다는 것이다.

이런 짓하고 다니는 것이 기독교인가? 기독교란 것이 우습게 되어 버렸다. 인류 전체가 목적과 가치관도 없이 맹목적으로 굴러가고, 모든 종교와 기독교도 목표를 잃고 전혀 다른 집단이 되어 모두가 제각기 회전하고 있다. 기복신앙, 돈, 교회, 향락하는 교회, 상업주의, 팽창주의, 정치 신학, 민중 신학, 경영학, 성장학, 야비한 테크닉, 이러한 것들은 기독교를 빙자해서 붙어 있다. 기독교 아닌 부차적인 것을 일소해야 한다.

예수 그리스도와 십자가가 기독교의 핵심인데, 한국 교회는 지금 무엇을 선전하고 말하고 있는가? 은사 집회나 축복성회란 것을 중지하라. 서울이고 지방이고 기도원마다 가정제단 집회마다 열광적으로 부르며 찾는 것은 오로지 방언, 예언, 신유, 입신 등의 은사이다. 이들 은사보다는 주님을 찾아야 한다. 똑바른 예수와 예수의 얼, 십자가는 말하지 않고 이상한 은사, 방언, 예언, 신유만 강조하고 다니는 것도 변질된 복음이다.

검둥아, 나도 못 들어가는 교회인데…

미국에서 백인교회의 교인되고 싶어 계속 기도하던 흑인 청년이 있었다. 어느날 밤 꿈에 예수님이 나타나서는 "검둥아, 백인들의 교회에 들어갈 생각도 말아라. 나도 거기 못 들어가는데 너 따위야 어찌 들어가 내겠느냐…?"고 했다.

기독교가 괴상한 단체로 변해가고 있다. 미국의 로버트 슐러가 일으킨 바람이 한국 교회에도 불어오고 있다. 그는 교회의 경영에 대하여 말하기를 "교회도 하나의 기업이다. 목사도 먹어야 산다. 무슨 방법을 쓰든지 교인이 많이 나오게 하고 연보 많이 짜내야 한다"고 했다. 그리고 교인들에게 말하기를 "예배당에 나왔다고 생각하지 말고 극장에 왔다고 생각하라"고 하면서, 박수와 웃음을 자아내는 설교를 한다. 교회 안에는 담배 재털이를 놓고, 대규모 주차장을 마련하여 승용차 안에서 남녀가 포옹하고 입맞추면서 예배를 본다.

그리스도는 알파요 오메가이다

교파 지상주의, 교회주의로 나가지 말고 그리스도 주의로 나가야 한다. 교파적 교회도 기독교가 아니다. 도덕적 교회도 기독교가 아니다. 교회주의는 참 기독교가 아니다. 그리스도와 십자가만이 교회의 전부이다. 그리스도와 십자가가 교회의 알파와 오메가이다. 그리스도와 십자가가 순정한 복음이다.

예수 그리스도 사랑, 십자가 사랑이면 기독교의 전부이다. 그 밖에 다른 짓은 집어 치우라. 천주교는 마리아 존숭이 너무 지나치고 크다. 예수와 십자가가 가리워지면 안된다. 괴상한 기독교가 많다. 기독교의 중심과 목적이 무엇인지도 모르고 예수와 십자가를 빼어 버리고, 샤먼과 같은 영이 붙어 성령이라고 영을 받는다는 기독교적 사교들, 그들은 십자가는 말하지 않고 영만 강조한다.

천지 창조하시던 태초에 하나님께서 아담의 옆구리를 쪼개고 그 갈빗대로 아내 하와를 창조하시듯, 그리스도의 신부되는 교회도 골고다 십자가에 달리신 예수 그리스도의 옆구리를 쪼개고 피와 물이 흘러 교회를 세우신 것이다. 그리스도와 십자가가 기독교의 전부이다. 오늘 교회마다 나사렛 예수와 십자가가 뚜렷이 드러나야만 한다. 교회마다 예수의 얼이 명명 백백히 나타나야 한다. 오늘 기독교에서 그리스도와 십자가 아닌 다른 잡된 것들은 모조리 제거해 버리고 그리스도와 십자가만 뚜렷이 드러나야 한다. 정치는 몰라도 좋다. 철학도 몰라도 좋다. 다만 그리스도와 십자가만 알면 된다.

우리에게는 님의 십자가뿐이다

님의 십자가! 우리에게는 님의 십자가 뿐이다. 오호 보혈! 보혈 충만! 그 감격을 모르면 기독교가 아니다.

지금 기독교는 세속화 하고 타락하고 순수성을 잃고 변질되어 간다. 진리는 발람과 고라의 무리와 이세벨로 인해 왜곡되어간다.

WCC 제7차 총회에서 주제 강연한 정현경 교수는 원한을 품은 모든 영을 불러들이는 무당짓을 하면서 성령도 함께 초혼해 불렀다는 일이 있다. 미국 장로교 총회에서 동성연애자에게도 목사 안수를 주자는 성해방 제안이 나와 소동이 있었다. 모든 교회와 교역자 문제는 돈과 여자 문제가 개입되어 있다. 그리스 정교회에서는 진보적 개신교단과 맥을 같이 할 수 없다고 NCC서 탈퇴하였다.

기성교회가 이 모양이기 때문에 사람들은 교회를 떠난다. 기성교회는 밤낮 정통이나 보수를 주장하나 그것은 죽은 정통이다.

"이제도 눈물을 흘리며 말하노니 여러 사람들이 그리스도 십자가의 원수로 행하느니라"(빌립보서 3:18)

오늘 목사들이 교회를 메고 어디로 가고 있는가? 하나님은 무조건 기독교편이 아니다. 공의(公義)의 편이요, 진실의 편이다.

(3) 십자가의 복음

…그리스도의 십자가가 헛되지 않게 하려 함이라 십자가의 도가 멸망하는 자들에게는 미련한 것이요 구원을 얻는 우리에게는 하나님의 능력이라
—고린도전서 1:1-18—

그러나 내게는 우리 주 예수 그리스도의 십자가 외에 결코 자랑할 것이 없으니
—갈라디아서 6:14—

기독교는 십자가의 종교

순수 기독교, 순수 복음을 찾기 위하여 순수 그리스도 십자가의 종교가 되어야 한다. 오늘 교회들이 다른 소리 다른 짓들을 하고 있으면 안된다. 그런 것은 기독교가 아니다.

기독교는 견성오득(見性悟得)의 종교가 아니다. 도덕교가 아니다. 수상한 무슨 영을 받는 종교 아니다. 뉴 에이지 운동(New Age Movement)이란 것은 기독교를 무력한 종교로 배격하고 있다.

교파의 예수가 되어서는 안된다. 신학과 지식의 학자들이 대

3. 십자가의 삶

상으로 하는 예수를 건지자. 루터, 칼파, 웨슬레는 존경스런 스승들이나 완전 무결할 수는 없다. 허물 많은 인간들이요, 예수의 종일 뿐이지 예수를 대신할 수는 없다.

오늘 교회는 그리스도와 십자가를 예배하는 대신 돈을 더 부른다. 교파를 더 선전한다. 인간 본위로 학위, 지식, 인간 우상으로 충만해 있다. 더구나 팝송과 같은 노래와 성해방을 부르짖는다. 그런 것은 진정한 그리스도의 교회가 아니다.

그리스도와 십자가가 빠져버린 예배에는 참석하지도 말라. 그리스도와 십자가를 증거하지 않는 설교는 듣지도 말라. 성당마다 교회마다 지붕에 십자가는 모두 달고 있지만 십자가는 다 한 가지가 아니다. 사랑 또한 다 한 가지가 아니다. 다 각각 다르다.

어디로 가고 있는가

한국의 개신교는 어디로 가고 있는가. 얼룩지고 퇴색한 한국 교회에 색깔을 다시 칠하자.

남무묘법연화경(南無妙法蓮花經)교나 기독교나 비슷한 인상이 든다. 기복적인 종교로 세상에서 축복 받는다고 강조하고 있으나 십자가는 말하지 않는다.

한국 기독교는 어쩐지 샤머니즘같은 무속적 무당 예수 인상이 짙다. 성신은 그리스도를 증거하는 영인데, 예수와 십자가를 말하지 않는 성신은 참 성신이 아니다. 그리스도도 십자가도 사모하지는 않고 은사만, 방언만, 예언만, 신유만 찾는 것은 다른 영이다. 그리스도와 십자가 사랑은 제쳐놓고 무슨 운동을 하고 돌아다니는 것은 잘못된 기복 신앙이다. 이는 이익종교, 공리주의 신앙, 세속주의, 무당 예수, 편리주의의일 뿐이다. 이러한 주장을 펴는 교역자들의 인상은 마치 장돌뱅이와 같다.

내촌감삼(內村監三)은 교회에 대해 평하기를 "교황이 있고, 감독이 있고 헌법이 있고, 마치 어떤 국가나 정당 조직과 같은 교회는 그리스도께서 세운 교회가 아니다"고 했다.

나사렛 예수 그리스도가 빠져버린 교회. 십자가를 말하지 않는 설교, 청산 유수와 같은 웅변적인 설교는 있고, 신유와 기적은 있어도 나사렛 예수와 십자가가 있는가? 예배만 반복하여 보면 어떻게 되는 줄 짐작 말라. 신학 연구나 성령 공부로 안심하지 말라. 기독교의 핵심과 근원을 바로 잡아야 한다.

한국 교회어

교회도 하나의 기업체가 되었고, 목사도 먹어야 산다고 하는 "생계의 수단"이 되어 버렸다. 교인들은 교회의 재산이다. 그러므로 무슨 방법으로든 교인수만 늘리려 하는 것이다. 특히 부자 교인은 교회 재산 목록 제1호이다.

수십만 교도들이 할렐루야를 부르며 몰려다니고 금식하고 철야 하나 목적은 기복 신앙이요 이익 종교요, 그리스도의 사랑, 십자가의 사랑은 빠져 버린 무리들이다. 입으로는 아멘 할렐루야를 부르나 속셈은 "남무묘법연화경(南無妙法蓮花經)"이나, "시따야 마따야 시따마따 시따야 수리 수리 마하수리 수수리 사바하"를 외우는 무리들이나 마찬가지이다.

어마 어마하고 찬란한 강단과 신비스러운 기도원들은 참 예수 그리스도의 십자가는 빼버리고 미혹의 영들이 사람들의 혼을 뽑아낸다. 발람의 교훈과, 니골라당의 교훈과, 예언기도로 점치고

3. 십자가의 삶

앉아 있는 여자, 이세벨이 교회를 점령하고 있다.

"하나님 죽음"의 신학을 말하는 알타이저의 해방신학이 일어나고 민중신학이 떠들어대고 있다. 구원은 기독교만이 독점하는 것이 아니요, 불교에는 불교의 구원이 있다는 신학자가 판을 치고 있다.

어느 신학 대학원장이 설교하면서 "영지주의는 이단으로 규정했는데 수도원은 거기서 나온 것으로서 프란치스코도 잘못이고, 청빈, 순결, 순명 서원에도 문제가 있다. 예수 속에는 하나님이 잠간 들어왔다가 나가 버렸고 십자가에 못 박힐 때는 순전 인간 예수가 죽었다. 인간은 하나님 형상대로 지음 받았으니 하나님이 창조하시고는 '보시기에 좋았더라' 했으니 이 다음에 이 육신 이대로 부활할 육신이니 학대 말고 잘 먹고 잘 기르고 아름답게 해야 한다"고 했다고 한다.

별것들이 다 쓸어 들어와서 별소리 다 하는 기독교, 피난 때 주인이 도망친 빈집에 지나가던 잡인들이 들어와 제멋대로 휘두르는 격이 되어 있다.

> "천국은 마치 바다에 치고 각종 물고기를 모는 그물과 같으니 그물에 가득하매 물가로 끌어내고 앉아서 좋은 것은 그릇에 담고 못된 것은 내어 버리느니라"(마태복음 13:47-48)

한국 기독교는 현재 하나의 커다란 쓰레기장이 되어 버린 것 같다. 1천2백만 명의 쓰레기들이 몰려들었다. 별 짓과 별 소리를 다 하고 있다. 이 큰 쓰레기 더미 속에서 쓸 것 못쓸 것을 가려내야 한다. 이는 어려운 작업이다. 그러나 이것을 지금 못하면 망한다. 기독교가 우리를 구원하는 것이 아니다. 기독교의 핵을 바로 잡아야 한다.

포도원을 유린하는 여우를 잡아라

 우리는 십자가에 못 박힌 그리스도만 전해야 한다. 변질되어 가는 기독교를 구원하라. 퇴색해가는 나사렛 예수를 구원하라. 왜곡된 진리를 바로 잡으라. 포도원을 유린하는 여우를 잡으라.

> "그리스도의 은혜로 너희를 부르신 이를 이같이 속히 떠나 다른 복음 좇는 것을 내가 이상히 여기노라 다른 복음은 없나니 다만 어떤 사람들이 너희를 요란케 하여 그리스도의 복음을 변하려 함이라 그러나 우리나 혹 하늘로부터 온 천사라도 우리가 너희에게 전한 복음 외에 다른 복음을 전하면 저주를 받을지어다… 이제 내가 사람들에게 좋게 하랴 하나님께 좋게 하랴 사람들에게 기쁨을 구하랴 내가 지금까지 사람의 기쁨을 구하는 것이었더면 그리스도의 종이 아니니라"(갈라디아서 1:6-10))

 복음은 오직 하나이다. 다른 예수 다른 복음을 전하는 자들은 "그리스도에게서 끊어지고 은혜에서 떨어진 자"이다(갈 5:4)이다. 다른 복음, 다른 기독교는 절대로 있을 수 없다.
 구속의 십자가 복음을, 순수 십자가를 바로 전하지 않는 기독교는 다른 복음이다. 기적이 있고, 신유가 있고, 어떤 영이 있다고 해도 다른 복음 또 다른 기독교란 것은 있을 수 없다. 그것은 순수 기독교의 복음을 혼란케 하려는 악마의 조작이다. 그리스도와 십자가 빼놓은 것은 다른 복음이다. 그런데 오늘 우리 교계는 다른 복음, 다른 예수가 꽉 차 있다.
 바울은 소리쳐 부르짖기를 "우리나 혹 하늘로부터 온 천사라도 우리가 너희에게 전한 복음 외에 다른 복음을 전하면 저주를 받을지어다"라고 했다.
 기독교란 종교의 핵심이 무엇임을 바로 알고나서 신학교도 세

3. 십자가의 삶

우고 목회도 하고 선교사로도 가고 부흥 운동도 하라. 현재 한국 기독교는 난장판이다. 다른 복음이 사방에 준동하고 있다.

참 기독교의 중심은 성령론에 있는 것도 아니요, 말세론에 있는 것도 아니다. 교회론도 아니다. 기독론이 가장 중요하다. 기독론 속에서도 가장 요긴한 것이 화신(化身)과 대인속죄이다. 그것은 곧 예수 그리스도와 십자가이다.

하나님의 비밀은 92년, 99년에 말세와 재림과 휴거가 온다는 문제도 아니요, 방언, 예언 기도, 신유 운동, 귀신 잡아내는 운동도 아니다.

하나님의 비밀은 예수 그리스도와 그의 절정인 십자가에 있다. 십자가에 달리신 예수 그리스도, 그리고 예수 있는 십자가이다.

십자가의 복음

나는 성지 순례를 할 기회가 있어서 "비아 돌로로사"의 길, 예수님께서 십자가를 지시고 골고다까지 올라가신 슬픔의 길을 더듬었다. 예수님께서 십자가를 지시고 쓰러진 자리에서 나는 "우리는 모두 이 길을 따르자. 우리도 십자가를 지고 골고다로 가자. 주님의 고난에 우리도 참예하자. 우리도 모두 십자가를 지고 주의 뒤를 따르자"고 기도했다.

기독교 운동에 격심한 영적 감동을 일으킨 인물들이 받은 충격적 은혜는 "엑세 호모(Ecce Homo)"의 체험이었다.

> "이에 예수께서 가시관을 쓰고 자색옷을 입고 나오시니 빌라도가 저희에게 말하되 보라 이 사람이로다" (요한복음 19:5)

"보라 이 사람을." 빌라도가 가련한 예수를 군중들 앞에 내세우고 동정심을 유발시키려던 말이다.

오늘 이 엄청난 물질 문명, 기계문명 시대에는 먹을 것 입을 것이 풍부하고 농사까지 기계로 쉽게 하고 사람들은 할일 없으니 먹고 쾌락을 즐기는 데만 감각이 발달하여 종교 따위에는 깊은 관심이 없다.

믿는다고 해야 대부분은 오락적인 신앙이나, 수양 삼아 믿노라는 것일 뿐이다. 그러므로 그리스도와 십자가만이 저희에게 절실히 필요하다.

서울 거리의 저 많은 교회 건물이나 기독교가 인류를 구원하는 것이 아니다. 기독교의 핵이 무엇임을 알아 핵심을 잡아야 구원 얻는다.

새 기독교인이 일어나야 한다. 기독교는 불교같이 견성오득하는, 깨달음을 얻는 종교가 아니다. 다만 예수 그리스도와 그 십자가일 뿐이다. 예수 사랑, 십자가 사랑에 열광하는 기독교인이 일어나라.

"헬라인 몇이…빌립에게 가서 청하여 가로되 선생이여 우리가
예수를 뵈옵고자 하나이다…" (요한복음 12:20-21)

우리가 예수를 뵈옵고자 하나이다. 십자가를 받고자 하나이다. 교파가 아니요, 신학이 아니요, 노래가 아니요, 설교가 아니다.

나사렛 예수에게로 돌아가자

우리의 감격은 천당 구경하고 이적과 기사를 보는 감격이 아

3. 십자가의 삶　*157*

니다. 기도의 응답 받고 소원 성취하는 감격이 아니다. 기독교인의 감격은 그리스도의 십자가를 쳐다보는 감격이다.

　지금 이 시간 영혼의 창문을 열라.

4. 믿음의 삶

이와 같이 너희도 너희 자신을
죄에 대하여 죽은 자요
그리스도 예수 안에서 하나님을 대하여서는
산자로 여길찌니라
―로마서 6:11―

(1) 진정한 회개

> 내가 그리스도와 함께 십자가에 못박혔나니 그런즉 이제는 내가 산 것이 아니요 오직 내 안에 그리스도께서 사신 것이라 이제 내가 육체 가운데 사는 것은 나를 사랑하사 나를 위하여 자기 몸을 버리신 하나님의 아들을 믿는 믿음 안에서 사는 것이라
> —갈라디아서 2:20—

사탄의 자식과 하나님의 자녀

마틴 루터가 종교개혁을 시작한 때가 1517년이었다. 그 후 반 세기가 채 못지나서 프로테스탄트는 고정 시대에 들어가 풍속이 문란해지고, 영험이 있는 설교가 없어졌고, 규율이 해이해졌다. 이 경향에 반항하여 일어난 운동이 독일의 경건 운동이었다.

이 운동은 독일의 스페너(1635년)가 중심이 된 운동이었는데, 그에게 큰 감화를 준 책이 요한 아른트가 쓴 『진정한 기독교』였다. 그의 강의는 독일 전체 국민들에게 감화를 준 아른트의 『진정한 기독교』를 중심(기독교)으로 하고, 토마스 아 켐피스(천주교), 아레나(희랍 정교회), 요한 타울러(신비주의) 등의 저서를 종합 인용하였다.

15세기 독일 종교 개혁자 마틴 루터를 중심으로 한 종교개혁자들이 가장 많이 부르짖었던 말은 "믿음으로만"(sola fide), "은혜로만"(sola gratia)였다. 그러나 그들은 기독교인의 회개의 중요성과 성화가 구원의 결론임을 강조하지 못한 것에 대한 아쉬움이 있다.

예수 믿는 일은 새로운 인간으로의 탄생과 인간 갱신에 있다. 중생은 두 가지 면을 포함하고 있다. 즉 칭의(稱義)와 성화이다. 인간 갱신의 전체 과정은 회심에서 시작해서 성화로 완성하는데, 중생은 신생과 회심에 있어서 인간 갱신의 시초이다.

> "우리를 구원하시되 우리의 행한 바 의로운 행위로 말미암지 아니하고 오직 그의 긍휼하심을 좇아 중생의 씻음과 성령의 새롭게 하심으로 하셨나니…"(디도서 3:5)

성령의 새롭게 하심(썩지 않는 씨)이 먼저 있고, 중생된 후에 그 징표로 세례를 준다. 중생과 성화를 비교해 보면, 중생은 즉각적 변화이다. 중생은 영혼 안에서 점진적으로 준비되는 변화가 아니다. 이에 반해서 성화는 점진적 과정이다. 중생은 순간적으로 완성된다. 회심은 하나님께서 중생자로 하여금 의식생활(意識生活)에서 하나님께로 돌아와 믿음과 회개를 일으키게 하시는 하나님의 행위이다. 중생에서 얻은 새 생명의 힘이지만 세속, 부주의, 무관심 등으로 그 빛이 가리우면 다시 여러 번 회심(반복적 회심)한다.

두 가지의 탄생

인간에게는 두 가지 탄생이 있다. 하나는 아담의 육적 혈통을 이어오는 원죄 아래 육적, 죄악된 저주 받은 탄생이다. 이 속에는 사탄의 씨와 형상, 세상적이고 잔인한 성품이 유전된다.

둘째로는 그리스도로 말미암은 새 탄생(선택된 자들)이다. 영적이고 거룩하고 축복받은 은혜스러운 탄생이다. 이 속에는 썩지 않는 하나님의 씨로 천국에 속한 경건한 사람으로 태어나 영적으로 영원히 산다.

인간은 다 하나님의 자녀가 아니다

모든 인간이 다 하나님의 자녀가 아니다. 사탄의 자녀가 있고 하나님의 자녀들이 있다. 이 세상에서는 두 국적을 가진 이들이 섞여 살고 있다.

구원받은 자들이 하나님께 돌아오는 회심은 두 가지 요소가 있다. 즉 회개와 신앙이다. 회개는 성화와 직접 관련되어 있고, 신앙은 칭의와 관련되어 있다. 이중 회개에는 세 가지 요소 즉, 지적 요소, 감정적 요소, 결의적 요소가 있다.

회개, 혹은 진정한 회심은 성령의 조명을 통해 우리가 자신의 죄와 하나님 심판을 바로 깨닫고 마음에서 애통과 회개가 일어나는 일이요, 그와 동시에 진정한 회개의 결과는 복음을 통한 하나님의 은혜를 깨닫고 그리스도 안의 믿음을 통하여 사죄함을 받는 것이다.

진정한 회개는 항상 참된 신앙을 동반해야 한다. 회개와 신앙은 사람 안에서 동시에 일어나는 변화의 다른 두 면이다. 참 회개한 사람에게는 참 신앙이 함께 일어난다. 참 신앙이 없으면 회개가 없다.

하나님의 뜻대로 하는 진정한 근심을 통해 우리 안에 있는 옛

아담과 모든 악한 것들이 죽고 동시에 믿음을 통해서 그리스도가 우리 안에 거하시게 된다. 회개 없는 믿음으로는 안되고 믿음이 따르지 않는 회개도 못쓴다. 이신득의만 알고 회개의 필요를 전혀 못 느끼는 신자들은 잘못된 것이다. 회개할 줄 모르는 목회자와 교인들이 일어나면 큰일난다.

존 번연은 회개를 모르면서 예수를 믿노라는 사람들은 천성가는 길을 좁은 문을 통과해서 들어오지 않고 담으로 뛰어 넘어 온 자라고 했다. 담으로 뛰어 넘는 자는 도적이요 강도다. 제멋대로 들어온 자이니 제멋대로 나가는 자들이다.

"내가 그리스도와 함께 십자가에 못 박혔으니 그런즉 이제는 내가 산 것이 아니요 오직 내 안에 그리스도께서 사신 것이라 이제 내가 육체 가운데 사는 것은 나를 사랑하사 나를 위하여 자기 몸을 버리신 하나님의 아들을 믿는 믿음 안에서 사는 것이라" (갈라디아서 2:20)

그리스도께서 나를 위하여 십자가에 대신해서 못 박혀 죽으실 때 믿음으로 그리스도와 연결되고 일체가 된 나도 그리스도 안에 십자가에서 죽은 것이다. 내가 단독으로 나로서 산다는 것은 지난날의 이야기이고, 현재의 나는 내 안에 계신 그리스도의 생명이 내 안에 머물고 있다.

마태복음 22:10-14에 기록된 임금의 혼인 잔치 비유에서, 사거리에 나가 악한 자나 선한 자나 만나는 대로 다 데려왔는데 임금이 나와 하객 중에 예복을 입지 않은 자가 있음을 보고 수족을 결박해 내쫓았다고 비유를 들면서 "청함을 받은 자는 많으나 택함을 입은 자는 적다"고 하셨다. 여기서 예복은 회개 통한 그리스도의 의(義)를 상징한다. 우리는 죄인이지만 회개하여야 하고 믿음으로 그리스도의 의(義)를 입어야 한다. 교회에 다니고 예배를 드리는 예배 교인의 수는 매우 많으나 참 회개한 신자는 그리 많지 않다고 생각된다.

한국 교인들은 평생 가야 자기 죄를 모르고 회개할 줄 모른다. 다만 규칙적으로 교회에 모여 형식적 예배만 드리면 구원 얻는 줄 짐작한다. 목사들은 교인의 의무를 감당하고 주일 성수나 십일조만 강조하지, 회개와 신생에 대해서는 거의 언급이 없다. 그런 것은 예배교인, 교회인일 뿐이다.

이 일은 치명적인 일이며 심각한 문제이다. 개신교인에게서는 바리새적 악취가 풍기고 있다. 세속적 속기(俗氣)만 물씬 느껴진다. 회개를 모르면서 형식적 종교인을 꾸밀 때 그만큼 위선적 악취가 더 날 뿐이다. 회개 없이 예수 믿는 개신교인들은 잘못된 교인이다.

새 생명, 우리 영혼의 새로워짐은 육체를 미워하고 부인하는 일에 따라 나타난다. 옛 사람과 새 생명, 이 둘은 서로 떨어질 수 없는 상호관계 속에 있는 것인데 원만하게 공존할 수 없다. 즉 옛사람이 죽어야 새 생명이 오며, 새 생명이 오게 되면 옛 사람은 죽는다.

> 이와 같이 너희도 너희 자신을 죄에 대하여는 죽은 자요 그리스도 예수 안에서 하나님을 대하여는 산 자로 여길찌어다
> (로마서 6:11)

그리스도인의 마음의 태도는 "그리스도 예수 안에 있는" 생활 즉, 그리스도와의 영적 결합의 생활이다. 따라서 그리스도인은 그리스도와 동일한 죽음과 동일한 부활을 경험한 자이다. 그리스도께서 죄에 대해 죽으심같이 우리도 죄에 대해 죽은 자요,

그리스도께서 하나님을 대하여 사신 것처럼 우리도 하나님을 대해 살고 있는 자이다. 이것이 그리스도인의 영적 생명이다.

이 점을 애매하게 해두면 성결, 성화는 이루어지지 않는다. 지금 우리가 아무리 중생하고 이신득의 해도 죄에 빠지기 쉬운 부패한 성질은 지금도 우리 안에 남아 있다. 그런고로 칭의는 되었어도 아직 완전한 인간 갱신은 되어 있지 않다. 그러므로 우리 속에 아직 남아 있는 육신에 속한 것을 죽이는 일은 진정한 회개를 통해서 일어나야만 한다.

> "수도사(그리스도 인)의 생활은 계속적이고 적극적인 회개 생활이다. 만일 우리가 수도사라는 명칭을 헛되이 지녀 정죄함을 받지 않으려면 철저한 회개 속에 우리 자신을 침몰시켜야 한다. 회개의식이 마음에서 떠나는 것은 그 수도사의 정신이 사단의 꾀임에 빠졌든가 타락한 본성에서 떠오른 거짓된 생각에 혼미해진 증거이다"(그리스도를 본받아 사는 생활)

회개란 인간이 더러운 외적 행위의 죄를 끊고 떠날 때에만 일어나는 것이 아니라, 그가 마음의 내적 중심을 변화시키고 개선시켜 모든 세상적이고 육적인 정욕에서 영적인 신령한 삶으로 그 방향을 돌릴 때, 또는 동시에 믿음으로 예수 그리스도의 공로에 참여하는 자가 될 때 일어난다.

인간의 진정한 영혼의 편안, 구원, 안심입명(安心立命)은 불교에서 말하는 견성오득(見性悟得)이나 도덕적인 실행으로는 이루지 못한다. 우리의 은둔처는 하나님 안에만 있다. 우리의 정신과 마음은 하나님 안에서 안전하고 평온한 피난처를 발견할 수 있다. 그곳은 삶의 바다에 휘몰아치는 파도나 바람이 미치지 않는 곳이다.

4. 믿음의 삶

 참 회개와 믿음을 가진 자 안에서만 영혼의 편안, 안심입명이 온다. 이와 같은 회개와 중생은 "나의 멍에를 메고 내게 배우라"(마 11:29) 하신 말씀에 따라, 우선은 자신에 대한 부인이고, 그리스도의 멍에인 십자가를 메고 주를 따르는 일이다.
 십자가는 예수를 믿고 살아가는 중에 겪는 외부적으로 오는 핍박이나, 불행한 가정일이나, 세상의 어려운 문제나, 나를 괴롭게 하고 적대하는 자들만이 십자가라는 의미가 아니다. 숨김 없는 철저한 내적 회개와, 자기의 육체를 부인하는 일이 우리가 예수님을 따라가며 날마다 져야 하는 진정한 십자가이다.
 썬다 싱은 "죽은 사람은 공기 속에 누워 있어도 호흡도 하지 않고 또 감각도 없듯이, 회개 못하고 죄로 죽은 사람도 또한 하나님의 실재를 감각하지 못하고 기도의 호흡도 하지 않는다"고 했다.
 회개 못하고 있는 심령은 "절망의 우리"에 갇힌 자이다. 외부적 생활이나 내부적 마음 쓰기에 너무 쉽게 편리하게만 예수 믿으려는 낙천가는 잘 믿는 신자가 아니다.

> "너무 자유스러이 지내지 말고 오직 오관을 모두 규율로서 제어하고 무리하게 즐거워 말라. 마음에서 우러나오는 통회를 발하기로 힘쓰라. 그러면 믿음을 얻으리라. 통회심에서 많은 좋은 일이 시작되나 마음의 태만, 방일(放逸)함으로는 흔히 많은 선을 급히 잃게 된다. 자기 영혼의 병고를 스스로 깨닫지 못하여 울어야 마땅할 터인데 가끔 쓸 데 없이 웃고 지내는 이들은 어리석다. 그리스도인으로서의 우리 눈은 항상 무엇보다 먼저 나 자신을 살펴 보아야 한다. 사람이 완전히 통회심을 발하게 되면 세상만사가 거북하고 싫어진다. 착한 사람은 항상 아파하고 울 만한 자료를 넉넉히 얻는다. 네 모든 일과 생각에 오늘 죽을 것처럼 하고 있어야 할 것이다. 그대는 죽음을 피하는 것보다 죄를 피하는 것이 더 낫다. 오늘 준비가 못되어 있다면 내일은 더

구나 어떻게 준비되어 있겠는가" (그리스도를 본받아)

회개는 복음의 명령이다.

예수 믿노라고 교회에는 다니는데 심령에는 도무지 평안이 오지 않는 이들이 있는가? 누구든지 진정한 회개 없이는 예수 그리스도의 공로로 말미암은 위로를 얻을 수 없다. 회개 못하는 자에게 그리스도의 의는 없다.

회개는 복음의 명령이다. 회개해야 죄사함을 얻는다. 회개의 직접적인 결과로 우리는 하늘나라에 들어간다. 우리가 세상에 사는 일평생은 회개의 장(場)이 되어야 한다. 기독교인으로서 계속 존속하기 위해서는 죄를 깨닫고 고백하고 회개하는 일이 계속되어야 한다.

죄 속에 그대로 살며 죄를 사랑하면서 하나님의 백성이 될 수는 없다. 누구나 진정한 회개와 죄로부터의 중생과 진정한 믿음이 없이는 주님께 나올 수 없다. 그리스도께 가까이 가며 세례 받고 주와 연합하기 위해서는 무엇보다 먼저 회개가 있어야 한다.

회개란 다름 아니라 죄로 인한 진정한 후회와 슬픔을 통해 죽는 일이요, 동시에 믿음을 통하여 죄사함을 받고 그리스도 안에서 의롭게 사는 일이다. 회개로 죽고 믿음으로 산다. 회개해야 참 믿음을 얻고, 회개해야 성화된다. 그러므로 참되고 신령한 후회가 회개에 선행되어야 한다.

매일 아침 저녁으로 자기 삶을 반성해야 한다. 유감스러운 것이 있으면 즉시 후회하고 회개해야지 그대로 넘기면 심령이 굳

4. 믿음의 삶

어지고 성령이 떠나고 회개 못하고 만다. 성령 감화를 소멸치 말라는 것이 이것이다. 그러한 회개에 의해 마음은 상하게 되고 육체는 십자가에 못 박히게 된다. "悔"(뉘우칠 회)만으로는 안된다. "改"(고칠 개)가 따라야 한다.

회개의 요소

회개에는 세 가지 요소가 있다. 지적 요소는 죄의 생활을 인식하는 생각의 변화이며,, 감정적 요소는 경건한 비애, 슬퍼하는 것이며, 결의적 요소는 목적의 변화, 내적 전환, 정화를 추구하는 행동의 회개이다.

가룟 유다에게 고민은 있었으나 회개는 못했다. 그는 예수 팔아 먹은 은 30냥을 도로 성전에 갖다버리고 스스로 목 매 죽었다. 성신이 떠났기 때문에 회개를 못했던 것이다.

"…죽은 행실을 회개함과 하나님께 대한 신앙과"(히브리서 6:1)

회개는 죽음을 가져오는 행위와의 결별을 말한다. 회개하지 않으면 망한다. 만약 이러한 행위를 떠나지 않는다면 그에게는 그리스도와 그의 모든 공로는 아무런 소용이 없게 된다.

아무리 유명한 약이라도 환자가 자기의 나쁜 것을 포기하지 않는 한 효력을 나타낼 수 없는 것과 마찬가지로, 아무리 그리스도의 죽음과 보혈의 공로가 크다 할지라도 자기 죄를 회개하고 떠나지 않는 자들을 도울 수는 없는 것이다.

갈라디아서 5:21에서 육체의 욕정대로만 사는 사람들에게 대해 "이런 일을 하는 자들은 하나님의 나라를 유업으로 받지 못할 것이요" 했다.

갈라디아서 5:19-21에서는 육체의 일은 "음행, 더러움, 호색, 우상숭배, 술수, 원수 맺음, 분쟁, 시기, 분냄, 당 짓는 것, 분리, 이단, 투기, 술 취함, 방황"이라고 했다. 이런 죄를 범하면서도 회개하지 않는 자는 비록 기독교인이라 해도 하나님의 자녀가 될 수 없고 구원 얻지 못한다. 음행의 죄는 벙어리 귀신 붙었다 하여 끝내 입을 열지 않는다.

익나티우스 브리안카니노프는 『그리스도를 본받아 사는 생활』(*Arena*)이라는 책에서 다음과 같이 회개에 대하여 언급하였다.

> "우리는 모든 행동과 행위에서 항상 회개 의식이 넘쳐 흘러야 한다. 기도할 때마다 회개 의식이 솟구쳐 올라야 한다. 빚진 자처럼, 무가치한 종처럼, 회개의식이 우리와 동반하고 지탱해 주고 회개의식이 하나님께로 올라가는 날개를 주어야 한다. 그렇지 못하면 우리 기도는 땅에서 스스로를 들어올리지 못한다. 하나님께서 타락한 인간의 영에게서 받으시는 유일한 제물은 회개다. 다른 제물들, 심지어 온전한 번제라고 부르는 금욕 고행조차도 회개심 없이는 더러운 것으로 거부하신다. 먼저 회개로 정결케 되어야 한다. 시온이 회개로 새로와지고 예루살렘이 건축될 때 제단에 제물 올린다."

누가복음 18:9-14을 보면 성전에 올라가 기도하는 두 사람이 있었다. 바리새인은 금식과 십일조를 자랑하였지만, 세리는 기도하기를 "멀리 서서 감히 눈을 들어 하늘 우러러 보지 못하고 다만 가슴 치며 말하기를 하나님 불쌍히 여기소서 나는 죄인이로소이다"고 했다

예수님께서 "건강한 자에게는 의원이 쓸 데 없고 병든 자에게라야 쓸 데 있느니라"(마 9:12)고 하셨듯이, 예수 그리스도의 보혈이 우리의 약이 되려면 우리는 영적으로 아파야 한다. 조그

만 죄에도 밤잠을 못자고 고민해야 한다. 생전에서 지은 죄가 없는 듯이 시치미를 떼고 다니는 자들, 자기의 영적 상태가 건강한 줄 장담하는 자들, 자기 죄 때문에 고민하지 않는 자들, 죄 문제 때문에 애통하지 않는 자들, 하나님의 진노를 두려워하지 않는 자들, 세상의 헛된 영광과 쾌락을 추구하는 자들에게는 의원이신 예수 그리스도가 소용없다.

구원의 원칙은 예수 그리스도를 믿음으로 얻는 것이라 하지만, 끝끝내 회개하지 않는 사람은 진정한 의미에서 믿는 사람이라고 볼 수 없다.

> "회개는 구원에 필요하지만 은총에 의한 용서가 없으면 회개만으로 죄인을 구원할 수 없다…자석은 금을 빨아 붙일 수는 없다. 금은 값비싼 것이긴 하지만 그 속에는 자석에 호응하는 성질이 없다. 그와 같이 하나님도 죄인을 빨아 당긴다. 그들이 아무리 깊은 죄 속에 있을지라도 회개하여 하나님께 응하면 하나님은 끌어 붙여 동질성을 부여하신다"(썬다 싱)

그리스도께서 죄인들을 불러 회개시키러 오셨다는 것은 회개하고 상하고 애통하는 신실한 심령만이 그리스도의 죽으심과 보혈의 고귀한 공로를 받기에 합당하기 때문이다. 모든 죄인이 구원 얻는 것은 아니다. 회개하는 죄인이 구원 얻는다. 모든 기독교인이 다 구원 얻는 것이 아니다. 회개한 교인이 구원 얻는다.

> "하나님의 뜻대로 하는 근심은 후회할 것이 없는 구원에 이르게 하는 회개를 이루는 것이요…"(고린도후서 7:10)

진정한 기독교는 오로지 순수한 믿음과 거룩한 생활로 이루어져 있다. 그러나 생활의 거룩함은 진정한 회개와 후회, 그리고 자기의 정체를 똑바로 아는 데서부터 나온다. 사람은 날마다 자신의 잘못한 것들을 깨닫는 법을 배우며, 이로 인해 자기를 날마다 개선해간다. 이리하여 그는 믿음으로 그리스도의 의와 거룩함에 참예자가 된다.

회개는 삶의 유일한 과업

일생동안 회개의 수도생활을 한 거룩한 교부들은 회개가 자신의 유일한 과업임을 깨달았다. 그들은 회개를 깊이 파고 그 범주를 넓혀갔다. 회개는 단지 우리를 죄에서 정결케 해주는 정도만 아니라 우리 마음의 시야를 보다 날카롭게 하여 자기 자신을 더욱 분명하게 보게 해 주기 때문이다. 지금까지 우리 마음의 시력이 무디었기 때문에 눈에 띠지 않던 추잡한 얼룩들이 발견되는 것이다. 어거스틴의 회개를 보라. 자기 죄를 모르고 회개할 줄 모르는 자는 마음의 눈이 소경된다.

이집트 사막의 수도자 아르셴 교부는 회개하는 일을 자신의 유일한 과업으로 삼았다. 그는 팔마잎으로 노끈이나 바구니를 짜기 위해 손은 움직이면서도 끊임없이 흘러내리는 회개의 눈물 때문에 평생토록 무릎 위에 수건을 덮어놓고 지냈다고 한다.

엘리아 교부는 말하기를 "나를 두렵게 하는 것 세 가지가 있다. 첫째는 내 영혼이 육체를 떠나는 순간이고, 둘째는 내가 하나님 앞에 나가서는 때요, 마지막으로는 내게 대한 심판의 판결이 내려질 순간이다"고 했다.

"길에 있을 때에 급히 사화하라" (마태복음 5:25)

이승에서 말끔이 회개하라. 죄를 남겨두고 저승으로 가지 말라.

> "수도사의 생활은 계속적이고 적극적ㅇㄴ 회개 생활이다. 우리가 수도사라는 명칭을 헛되이 지님으로 정죄함을 받지 않으려면 철저한 회개 속에 우리 자신을 침몰시켜야 한다. 회개의 의식이 마음에서 떠나는 것은 그 수도사의 정신이 사단의 속임을 받고 있든가 아니면 그의 타락된 본성에서 오는 거짓된 생각의 탓이다. 우리는 기도할 때마다 회개의 눈물이 동반해야 하고 회개가 기도의 기반을 이루어야 한다. 하나님께서 타락한 인간의 영에서 받으시려는 유일한 제물은 회개의 눈물이다. 수도자의 번제라고 일컫는 금욕 고행보다도 회개가 더 중요하다. 회개는 복음의 명령이다. 우리가 그리스도께 가까이 가며 주와 연합하기 위해서는 무엇보다 먼저 회개가 있어야 한다."
> (그리스도를 본받아 사는 생활)

윌리암 로우는 요한1서 1:9의 "만일 우리가 죄를 자백하면 저는 미쁘시고 의로우사 우리 죄를 사하시며 모든 불의에서 우리를 깨끗케 하실 것이요" 하신 말씀따라 매일 저녁 잠자리에 들기 전에 자기 불경건한 생활을 반성하고, 자백과 하나님 용서를 빌고 잠자리에 들라고 가르쳤다.

예수 그리스도는 우리의 참 스승

성화 생활에 관해서는 "그리스도께서 너희에게 본을 끼쳐 그 자취를 따라 오게 하셨느니라"(벧전 2:21). 예수 그리스도는 우리의 믿음의 대상일 뿐만 아니라 본받을 모범이시다. 믿어 구원 얻고 본받아 성화 완성한다. 그리스도의 삶 자체가 진정한 가르침이며, 진정한 생명책이다.

"예수의 행하시며 가르치시기를 시작하심부터…"(사도행전 1:1)

"행하심"과 "가르치심"이 상호 관련되어 있음을 말한다. 예수 그리스도는 교리적 신분 즉,. 하나님 아들, 화신, 대인속죄와 친히 가르치신 말씀의 교훈, 영생의 말씀과 몸소 행하여 본을 보여주신 우리가 본받고 성화되는 삶이 있다. 생활 속에서 그리스도를 따르지 않는 자는 진심으로 회개한 자가 아니요, 그런 이는 진정한 그리스도인도, 하나님의 자녀도 아니다.

바울이 고린도전서 11:1에 "내가 그리스도를 본받는 자 된 것 같이 너희는 나를 본받는 자 되라" 했는데 바울이 말한 "믿음으로"(롬 3:28) 의롭다함을 얻는다는 교리만 받고 바울의 인격과 경건한 삶을 본받지 않는 것은 모순이다.

교회에 다니면서 세속인처럼 육신적으로 잘 먹고, 잘 입고, 잘 살면서 세상에서 누리는 평화가 하나님께서 자기에게 은혜로 주신 축복이라 생각하는 것은 참으로 놀라운 자기기만이다. 이들은 자기 영혼을 스스로 망치는 소경들이다. 이런 자기 기만은 자만심과 자기 고집에서 생기는 것, 자기 도취, 자기 만족, 허영심에서 생기는 것이다.

예수님께서는 요한복음 8:12에 "나는 세상의 빛이니 나를 따르는 자는 어두움에 다니지 아니하고 생명의 빛을 얻으리라" 하셨다. 빛은 어두움의 반대이다. 참으로 예수 믿는 자라면 그의 빛에 조명되어 죄의 암흑 중에 살 수 없다. 믿음과 거룩한 생활로 그리스도를 따르지 않는 사람은 어두움 가운데 거하는 자요, 생명의 빛을 한 번도 경험할 수 없었던 자임에 분명하다.

어느 원로에게 한 수사가 찾아가 물어보았다. "저는 어떻게 해야 하겠습니까?" 원로는 대답하기를 "우리는 항상 울어야 하네" 하면서 저승을 구경하고 다시 살아난 사람의 이야기를 들려 주었다. 저승에서 몹시 슬퍼하는 소리들이 들리면서 죄인들이 계속 부르짖는 말은 "내게 앙화 있을진저. 내게 앙화 있을진저" 한다고 한다. 우리는 이 세상에서부터 항상 그래야 한다고 했다.

하나님께서는 이 세상에 사랑하는 독생자를 보내셨는데 그리스도는 단순히 구세주로서 뿐만 오신 것이 아니요, 그의 거룩한 삶을 통해 우리에게 경건의 거울로서 오셨다. 성화의 모범이시다.

이집트의 빠스똘 교부는 어느날 길 가다가 무덤가에 앉아 구슬피 울고 있는 한 여인을 보았다. 빠스똘 교부는 제자들을 돌아보며 "수도자도 저 여자같이 항상 영혼의 슬픔을 지니고 있어야 하네" 했다.

옛 수도자들은 서로 격려하며 "우리는 종말론적으로 살아야 한다"고 강조했다. 그들은 "우리는 어디서나 육체의 그림자를 끌고 다니듯 그와 같이 어디서나 눈물과 슬픔을 지니고 다녀야 한다"면서 "하나님께서는 사실 영혼들이 애통해 하기를 바라신다. 이로 인해 영혼들이 끊임없이 그 약속의 땅으로 들어가고 싶어 하도록 하기 위해서이다"고 했다.

교부 페맨은 길 가다가 어느 여인이 무덤가에서 가슴을 치며 슬피 우는 것을 보았다. 지방 주민들 보고 물으니 그녀의 남편과 아들과 동생이 죽었다고 했다. 페멘은 곁에 있는 사람 보고 "우리도 모든 육체 욕망을 죽이고 저 여인처럼 울지 않으면 수도사가 될 수 없습니다. 수도사의 생활은 완전한 눈물로 이루어지기 때문입니다" 했다.

회개의 중요성에 관해서 『그리스도를 본받아 사는 생활』에서 다음과 같이 강조했다.

"우리는 죄와의 싸움에서 구출되지 않았으므로 이 세상에서 사는 동안 죄로부터 완전히 해방될 수는 없다. 인간은 그 자신의 연약함과 한계 때문에 넘어진다. 우리 속에는 항상 살그머니 고개를 드는 타락한 본성에서 오는 죄와 악마들이 교묘하게 제공하는 죄가 있는고로 항상 조심하지 않으면 넘어진다. 그러므로 회개는 그리스도인들의 확실한 재산이요 항상 지니고 다니는 무기요, 소중한 보물이다. 의인은 회개를 통해 그리스도와의 교제를 유지한다. 그리고 죄로 말미암아 입은 상처는 회개에 의해 치료된다."

"하나님의 자녀들은 복음의 계명에 따라 생활하며 넘어지고 쓰러질 때마다 회개한다. 혹시 어떤 불행으로 대죄를 범했을 때에도 그것을 고백하고 회개함으로서 그 상처를 치료받는다. 그러므로 그는 계속 하나님 자녀로서 존재한다. 자기 죄를 반성 못하고 죄악된 생활을 사랑하여 죄악 생활하는 사람은 비록 교회에 다니고 예배의식에 참여한대도 성찬에 참여한대도 그는 마귀의 자녀에 지나지 않는다"

—그리스도를 본받아 사는 생활—

모든 신자에게는 회개의 영이 필요하다. 그것이 그리스도인 생활, 특히 수도 생활의 핵심이다. 수도생활에 들어가는 것은 자신의 죄악됨을 고백하는 것이며, 수도생활 자체가 계속적인 회개의 과정이다.

회개 못하고 죽으면 큰일난다. 개신교도들은 큰일난다. 나는 40여년 동안 목회하는 중 진정한 회개를 하는 교인 하나 못보았다. 돌이켜 생각해 볼 때 나의 목회는 목회가 아니었고, 교인들을 온통 지옥에 보낸 것같은 자책을 금할 수 없었다. 그것은 목회가 아니라 범죄 행위였다고 생각된다.
 회개하지도 못한 사람들이 성신 받았다고 방언하고 예언한다. 진정한 회개가 없는 자가 방언, 예언, 신유, 입신의 은사 받았다는 것은 성신의 은사가 아니다. 사단으로부터 온 것이다.
 성인 시소에스(Sisoes)는 천사가 와서 자기를 천국으로 데려가려고 할 때 천사에게 사정하기를 자기를 좀 더 육신 속에 남겨 두어 회개할 시간을 가지게 해 달라고 요청했다. 그의 제자들이 시소에스는 온전히 성화된 줄 짐작하고 있는 데에 대하여 그는 말하기를 "나는 아직 회개를 시작이나 했는지조차 알 수 없다"고 했다. 그는 수도생활 전체를 회개라고 불렀다. 그는 회개와 눈물 속에 잠겨 지냈다. 여러 가지 선행을 했더라도 자신을 돌아보고 울지 않은 날은 낭비된 날로 여겼다.
 회개하는 사람은 결코 만족을 느끼지 못한다. 회개가 그를 가득 채우면 채울수록 그는 더욱 회개를 갈망하게 된다. 회개는 하나님을 기쁘시게 하는 순결을 조달해 주며 동시에 한층 더 완전한 순결을 갈망케 하는 갈증을 이루어 내기 때문이다. 계속하여 자신의 불순함을 깨닫게되어 가기 때문이다.
 여러분들이 만일 하나님을 기쁘시게 하기를 원한다면 세상을 버리고 땅을 버리고 피조물을 떠나 창조주에게로 오라. 임금의 혼인 잔치에 예복 입지 않고 온 자같이 말고 영혼의 창문을 열라 세리의 기도같이 가슴을 치라. 회개가 터져야 영혼의 창문이 열린다.
 길에 있을 때에 급히 사화하라. 모든 사람과의 맺힌 것을 빨리 풀라. 많은 눈물과 상한 심령으로 그대의 묵은 밭(心田)을 기경하라. 마음으로 하나님의 현존을 수행하라.

교부 페멘은 다음과 같은 말을 했다.

"아브라함이 약속된 땅으로 올라갈 때 그는 무덤을 가지고 갔다. 그 무덤으로 그 땅을 소유하기 시작했다. 그것은 눈물과 슬픔의 장소를 의미한다."

"우리는 자기 오두막 속에 들어가서 고요한 중에 자기 죄를 기억해야 한다. 나는 죄인입니다고. 그러면 주께서 우리 기도를 들어주실 것이다."

"마치 등에 짐을 진 사람이 진흙 속에 빠져 목까지 잠겨 하나님께 '나를 불쌍히 여기소서' 부르짖듯 눈물과 참회의 기도 속에 살아야 한다."

"죄로부터 구원 받기를 원하는 사람은 눈물에 의해서 그것들로부터 구원 받는다. 죄를 범치 않도록 자신을 지키는 일도 눈물에 의해 자신을 지켜 범죄치 않아야 한다. 울라! 우는 것 외에 다른 구원의 길이 없다"

"수도사의 생애는 완전히 눈물로 이루어진다"

우리가 영위하는 삶이 아무리 위대하고 행복하다 해도, 만일 그 속에서 고난과 아픈 마음을 얻지 못한다면 우리는 그것을 거짓된 것으로 여겨야 한다. 상한 마음과 애통과 눈물을 만들지 못하는 은사는 우리 영혼에 해롭다.

(ㄹ)참 믿음과 생활

너희가 그 은혜를 인하여 믿음으로 말미암아 구원을 얻었나니 이것이 너희에게서 난 것이 아니요 하나님의 선물이라 행위에서 난 것이 아니니 이는 누구든지 자랑치 못하게 함이니라
—에베소서 2:8-9—

세 종류의 신앙

성서에 보면 여러 종류의 믿음이 있다.

역사적 신앙이 있는데 어떤 영적이거나 도덕적 목적 없이 순수하게 진리를 지적으로 받아들이는 것을 말하고 있다. 이적의 신앙이 있다. 이는 이적이 자기에게나 혹은 자기를 위해 일으켜지는 믿음을 말한다. 또한 일시적 신앙이 있는데 중생된 마음에 뿌리를 박지 못하고 종교 진리에 대해서도 확신을 갖지 못한 믿음을 말하고 있다. 참된 구원적 신앙이 있는데, 이는 중생에 뿌리 박은 참된 신앙이다. 인간의 활동이 아니라 우리 마음에 하나님이 공작하신 가능력이다.

"예수께서 그리스도이심을 믿는 자마다 하나님께로서 난 자니…"
(요한1서 5:1)

신앙에는 계시와 진리를 인식하는 지적인 요소, 인격적이며 진심으로 찬동하는 감정적인 요소, 그리스도께 대한 인격적인 신뢰 및 교계와 영적 생명으로 받아들이는 결의적 요소 등이 있다.

믿음이라는 것은 우리 마음의 깊은 곳에서부터 우러나오는 동의(찬동)이다. 그 내용은 그리스도 예수 안에서 약속된 하나님의 은혜, 죄사하심과 영생에 대한 약속을 주저함이 없이 믿고 "아멘" 하는 신뢰이다. 이런 믿음이 우리 안에 시작되는 것은 하나님의 말씀과 성령에 의해 우리 마음에 점화되어진다. 우리가 잘나고 장해서 예수 믿는 것이 아니다. 우리에게 무슨 공로가 있어서가 아니다.

믿음도 우리 것이 아니다. 하나님이 믿게 해서 믿는 은혜이다. 그리스도의 공로로 말미암아 순전히 은혜를 통한 믿음을 통해서만 우리는 죄사하심을 얻는다. 믿음은 은혜이고 은혜는 믿음이다. 내가, 그리고 우리가 구원 얻으려고 발버둥 치고 있는 것이 아니다. 하나님이 큰 사랑으로 우리를 구원하시려는 애쓰심, 이것이 사도 바울의 신앙이요 어거스틴의 신앙이요 이것이 마틴 루터를 비롯한 종교 개혁자들, 칼빈, 낙스, 후스 등이 성경에서 발견하고 부르짖은 구호였다. 종교개혁자들이 소리 높이 부르짖는 말은 "믿음으로만" "은혜로만"이었다.

믿음으로 구원 얻는다는 말은 믿음 때문에 구원 얻는다는 말이 아니다. 믿음이 좋아서 구원 얻는다는 말도 아니다. 다만 믿음으로 말미암아이다. 그리고 믿음으로만은 은혜로만이고 은혜로만은 곧 믿음으로만이라고 부르짖었다.

이신득의(以信得義)라는 것은 하나님께서 예수 그리스도의 완

4. 믿음의 삶

전한 의(義)를 근거로 하여 예수 그리스도의 순종과 공로와 보혈을 우리가 믿을 때, 그 믿음을 통해 죄인을 의롭다고 선언하시는 법적 행위로 그것이 우리 것이 되고 우리 의(義)가 된다. 그것을 칭의라 부른다.

우리에게 무슨 의로운 것이 있어서가 아니라 그리스도의 의가 우리에게 전환된 의이다. 우리는 아직도 실제적으로는 많은 죄에 둘러싸여 있다 할지라도 그리스도를 믿음으로 말미암은 은혜로 보호되어 있다. 우리에게 무슨 의로운 구석이 있어서 의라 부르는 것 아니다. 순전히 은혜로 의라 칭해준다. 이러한 방법의 죄사함이 하나님 앞에서 참되고 지속적이며 영원한 우리의 의이다. 그러나 칭의는 성화와 같은 인간 갱신의 행위가 아니라 하나님 자녀의 신분을 얻는 일이다.

주님께서 아버지께로 가서 그들이 다시 주를 보지 못하는 것이 의(義)다(요 16:8-11). 이 의가 믿음으로 말미암은 의다. 즉 의인은 믿음으로 말미암아 산다. 그러므로 믿음으로 사는 일은 의에 속한다. 믿음으로 사는 사람은 그 믿는 바를 보지 못하는 것이다.

> "…그들은 알았기 때문에 믿는 것이 아니요, 도리어 알기 위해 믿었다. 참으로 우리는 알기 위해 믿는 것이지 믿고저 해서 아는 것이 아니다…믿음이란 당신이 보지 못하는 것을 믿는 것이지 다른 것 아니다. 믿는 만큼 밖에 더 알지 못한다. 그가 믿는 것에 머무르면 그 보아야 할 것에 도달한다. 믿음으로 의롭다 함을 얻는다는 것은 보지 못하는 것을 믿는 일이요 그리고 마침내 믿음의 공로로 그때 그 보는 것에 도달한다." (어거스틴)

우리에게는 믿음이 전부이다. 보지 못하는 주를 믿는 것이 의다. 육신의 눈에는 아무런 증거가 보이지 않아도 믿음으로 말미암아 의를 얻고, 믿음이 바로 힘이 된다. 믿음이 바로 안심입명이다. 살아있는 믿음의 위로는 사람의 마음 속에서 그 능력을 발휘하게 되는데, 우리 영혼 속에 안식과 평화의 확신을 주고 죽음이 올 때도 행복한 마음으로 맞이하게 한다.

믿음은 영혼의 힘, 담대함, 기쁨, 주저 없는 확신을 준다. 이 믿음이 나로 하여금 세상과 죽음을 정복할 수 있는 초자연적이고 신령하고 하늘에 속한 능력으로 나를 붙들고 강건케 해준다.

구원의 3단계

종교생활에 있어서 신앙의 발전에 세 단계가 있다. 유교에서는 입문(入門), 외당(外堂), 허입내실(許入內室)의 삼단계가 있고, 불교에서는 삼학이 있어 악을 다스리는 계(戒)와, 덕을 쌓는 정(定), 그리고 궁국적인 경지인 혜(慧)가 있다.

기독교에는 완전 구원에 이르는 삼단계가 있다. 첫 단계는 구원을 받았고, 둘째 단계는 지금도 구원을 받고 있고, 마지막 세 번째 단계는 또 구원을 받을 것이다이다.

첫번째 단계에서는 예수를 믿고, 세례받고, 죄와 죽음으로부터 구원되었다.

"아들을 믿는 자는 영생이 있고" (요한복음 3:36)

믿는 즉시 구원을 받는 것을 의화(義化)라고 한다.

두번째 단계에서는, 우리는 현재 구원을 받고 있는 것이다. 구원은 우리의 현재와 함께 진행한다. 실제적으로 그리스도와 성령의 삶 속에서 성화 구원이 이루어져 가는데 우리 매일 매일의 발걸음과 성장과 함께 한다.

"항상 복종하여 두렵고 떨림으로 너희 구원을 이루라"
(빌립보서 2:12)

이루어져 가고 있는 구원, 이것을 성화라 한다.
세번째 단계에서는 우리의 구원은 그리스도 안에서 마지막날 영광과도 함께 한다.

"우리 생명이신 그리스도께서 나타나실 그때에 너희도 그와 함께 영광 중에 나타나리라"(골로새서 3:4)

이 단계가 구원의 완성이 된다. 구원의 절정을 이룬다. 이것을 영화(榮華)라 한다.

구원의 비밀

하나님 구원의 비밀은 우리를 간단하게 구원해 마무리 짓고 손 털고 물러나 앉으시려 않는다. 끝까지 악착같이 하신다. 우리는 믿는 순간 이미 구원을 얻었으면서도 아직 이 세상에 육체 쓰고 사는 동안은 매일 매일 예수님의 자취를 따르며, 주님을 사랑하고 순종하여 본받아가는 중에 성화를 이루어가며 남은 생애 동안 우리 구원을 계속 성취해야 한다. 이것이 성화구원이다.

그리고 우리 구원의 완성은 이신득의의 기본 구원(자녀의 신분)으로 마무리 짓고 끝난 것이 아니다. 하나님께서는 보혜사 성령을 통해 우리 안에 계속 성화 변화가 일어 성장케 하시고 마침내 하나님의 성품, 그리스도 모습으로 닮게 하여 천국에서 영광 누리게 하는 데까지 계속 역사(役事)하신다.

이와 같은 그리스도인 구원되어 가는 3단계를 조명(照明), 순화(純化), 일치(一致)의 단계로도 나누어 보기도 한다.

조명의 단계는 초보자의 단계로서 죄를 회개하고 죄사함을 받는 단계이다. 거죄정화(去罪淨化)의 단계라 한다. 순화의 단계는 진보자의 단계로서 정진생활로 덕에 이르는 진덕명화(進德名化)의 단계이다. 마지막 단계는 완성자의 단계로서 하나님과 일치하는 신인일화(神人一化)가 되는 단계이다.

구원의 목적

성경은 우리 신앙과 행위의 유일한 기준 법칙이다. 기독교인의 성경은 우리가 믿는 원리, 이치를 설명할 뿐 아니라 믿는 신자 행위의 구체적인 지침을 가르친다. 하나님의 말씀은 믿음을 통하여 우리 안에서 그 능력을 증거하며 생명력을 발휘한다. 그리하여 구체적 행동 변화를 일으킨다. 믿음을 근거로 한 기독교의 모든 진리는 구원의 이치나 성경은 단지 세상 기복이나 천당행보다 인간의 새로운 탄생과 변화에 목적을 두고 있다(인간 갱신, 인격 완성, 완덕). 그리스도의 죽으심은 단지 우리 죄 용서만 위한 것이 아니요 새 인간, 인간 갱신이 목적이다. 성경은 사람에게 영적으로 일어날 수 있는 모든 일, 전인적 새로운 인간상을 묘사하고 있다. 구원의 절정은 "신의 성품에 참예" 하고 (벧후 1:4) 그리스도 형상화한다(롬 8).

이신득의는 기본 구원이다. 그것으로는 아직 인간 갱신은 안되었다. 성화 구원을 이루어가야 한다. 그리스도의 형상을 닮아 거룩함이 성장하는 성성 성장(聖性成長)하여야 한다..

성경의 하나님의 말씀은 예수 믿는 우리 속에 심겨진 하나님의 씨앗이므로 영적인 열매를 맺어야 하고, 교리나 신학이나 성경암송과 부흥사경회는 그 열매가 아니다. 성경에 가르치시고 증거하는 대로 믿음을 통해 실천해야 한다. 행실의 열매, 생활의 변화가 일어나야 한다. 그렇지 않다면 그것은 죽은 씨앗이요, 죽은 생명이다.

> "우리는 걷는 것으로 하여 길을 알며, 전심으로 구함으로써 진리를 알고, 진리대로 살고 있는 것으로써 생명을 알 수 있다. 살아 계신 그리스도 안에서 산 생명의 체험도 가지지 못하고 참된 길을 벗어나 자기 길을 가는 자는 필경 멸망하고 만다. 참신자들이 있는가. 모든 국민 가운데서 참되고 열성있는 크리스천을 몇 사람 정도 발견할 수 있다. 우리는 그리스도의 신성을 알기 전에 새로운 타락한 낡은 성질은 주를 알 능력을 갖지 못한다. 스스로는 기독교도라 자칭하면서도 그리스도에 대해 아무런 경험도 갖지 못한 사람들을 나는 그리스도 없는 크리스천이라 부른다. 만약 교회 신자로서의 생활을 하지 않고 있다면 그것은 그리스도 없는 교회주의자이다. 그들은 알맹이 없는 껍질이며 영혼 없는 육체이다." (썬다 싱)

기독교인들의 믿음과 행실의 유일한 지침과 표준은 성경 말씀인데, 성경을 어떻게 받아야 하는가? 하나님께서는 계시적 말씀을 단지 종이와 먹으로 죽은 글자를 부적이나 부호같이 써서 남겨 두려는 것이 아니다. 기독교에는 재난 예방이나 귀신 쫓는 주문, 진언, 부적 같은 것이 없다.

성경과 기독교 진리는 신령한 믿음으로 우리 속에 살아 있어 인격적으로 우리로 온전하게 새로운 내적 인간으로 탄생하도록 인격 갱신하기 위해서 기록한 것이다. 아무리 성경공부를 많이 한다고 해도 물이 포도주 되듯 행실의 변화 인격의 갱신이 우리 속에 발생하지 않는다면, 성경은 우리에게 아무 소용 없는 단지 일반적 인쇄물과 같은 편법한 것에 지나지 않는다. 들고 다니는 책, 악세사리, 예배용 책이며 안내서일 뿐이다. 더 이상 성경이 아니다.

"하나님의 나라는 너희 안에 있느니라"(누가복음 17:21)

하나님의 나라는 인간의 마음 안에 있어 하나님이 사람의 마음을 지배하는 곳에 하나님 나라가 있다. 바리새인의 마음에는 하나님의 나라가 없다. 속에 하나님의 나라가 없는 기독교인들이 얼마나 많은가. 머리의 종교에는 하나님의 나라가 없다. 뜨거운 사랑으로 심장이 뛰는 곳에 하나님 나라가 있다.

"주님께서 안으로 말씀하시는 바를 듣고…하나님께서 말씀하시는 비결을 알아 밖에서 들리는 소리에 상관치 않고 안에서 가르쳐 주는 진리에 주의를 모아 듣는 귀는 복되도다. 내 영혼아, 너는 이 세상을 멀리하고 네 육정의 문을 잠그라. 이는 네 안에서 말씀하시는 네 주 하나님의 말씀을 들을 수 있기 위함이다. 진리는 요란한 음성이 없이 마음 속에서 말씀하신다. 내게는 모세도 어느 선지자도 말고 주님께서 친히 말씀해 주소서. 말씀을 듣고도 행치 않고 알고도 사랑치 않고 믿고도 준행치 아니하므로 엄한 심판을 받을까 두려워하나이다." (토마스 아 켐피스)

우리가 예수를 믿고 의롭다함을 얻었다 할지라도 우리 속에는 아직도 옛사람과 새사람이 있고 그것이 있다는 사실이 실제 우리 행위에서 드러난다. 믿음으로만 의롭다 함을 얻었을 뿐이지 실제는 아직 죄악성 지배를 받고 있다. 옛사람과 새사람, 이 둘은 계속 우리 속에서 서로 싸우고 있다. 어떤 때는 천사가 되었다가 어떤 때는 악마, 짐승이 된다. 가인이 동생 아벨을 누르듯, 사단의 자손과 여자의 후손과의 싸움이 계속된다.

4. 믿음의 삶

호렙산 굴속에서의 하나님의 말씀은 큰 바람이나, 지진이나, 불속에 계시지 아니하고 세미한 소리 속에 계셨다(왕상 19:12). 하나님의 음성은 여린 소리에 계셨다.

우리가 예수를 믿고 의롭다 하심을 얻을지라도 우리 속에는 아직도 옛사람과 새사람이 있고, 그것이 있다는 사실이 실제 우리 행위에서 드러난다. 믿음으로만 의롭다 함을 얻었을 뿐이지 실제는 아직 죄악성이 지배를 하고 있다. 이 둘은 계속 우리 속에서 싸우고 있다. 어떤 때는 천사같이 되기도 하고, 어떤 때는 악마와 같이 되기도 하는 것이 이 때문이다. 가인이 아벨을 누르듯이, 사단의 자손과 여자의 후손과의 싸움이 계속되듯이 말이다.

"사라져 없어지는 형상이나 말로 진리를 배우려 말고 진리 자체에 진리 그대로 배우는 자는 행복하다. 심오하고 희미한 사정에 대하여 수다하게 논증하는 것이 무슨 유익이 있겠는가. 자기를 이기려고 하는 싸움보다 더 맹렬한 전쟁이 어디 있으랴. 그러므로 우리가 날마다 할 일은 내 자신을 이기고 나날이 나를 이김에 용맹하여지고 선으로 더 나아가려고 힘쓰는 데 있다. 허황된 문제로 다투는 열정을 가지고 자기 악습을 뽑고 덕행을 닦는 데나 쓰라. 심판날 우리가 심문당할 것이 무엇이겠는가? 그때는 '무엇을 읽었느냐'가 아니라 '무엇을 행하였는가'를 물을 것이며, '무엇을 잘 배웠는가'가 아니요 '얼마나 바르게 살았는가'를 물을 것이다." (토마스 아 켐피스)

디모데후서 3:1-5을 보면, 말세 종교인들은 자기애, 배금주의, 자긍, 교만, 훼방, 패륜, 불효, 세속, 쾌락주의, 자존대하는 사람에 대하여 말하고 있다.

"경건의 모양은 있으나 경건의 능력은 부인하는 자라 이 같은 자

에게서 네가 돌아서라"(디모데후서 3:5)

겉층 표면의 태도는 신앙을 위장하고 있으면서 그 신앙에서 나오는 능력을 상실한 기독교인들, 형식주의 기독교인을 피하라. 돌아서라.

세속적 교회, 세속적 교인을 멀리해야 한다. 세속적 목사도 멀리하라. 예수 믿는 일을 재미있게 편리주의로 수양 삼아 믿는 자 있다. 예수 믿는 이는 자기를 버리고 십자가를 지고 예수님을 따라야 한다.

오늘날 많은 종교인들이 스스로 자기는 기독교인이노라 자칭하면서도 그리스도인답게 행하지 아니하므로 그리스도가 멸시를 받고 경멸을 당하고 부인되고 예수는 다시 십자가에 달려 못 박혀 죽임을 당하고 있다.

> "하나님의 선한 말씀과 내세의 능력을 맛보고 타락한 자들은 다시 새롭게 하여 회개케 할 수 없나니 이는 자기가 하나님의 아들을 다시 십자가에 못 박아 현저히 욕을 보임이라"
> (히브리서 6:6)

물 없는 구름, 가을 나무, 유리하는 별

세속적 교회마다 교인들이 모여 예배드리며 매주일 예수를 십자가에 못 박고 있다. 경건치 못한 목사들은 가는 곳마다 예수를 십자가에 못 박고 다닌다.

유대인들이 빌라도 법정에서 "예수를 십자가에 못 박으라 그를 십자가에 못박으라"고 소란 피우며 소리 지르므로 예수님께서 십자가에 처형되었는데 오늘날 기독교인들은 비록 겉으로는 정통, 보수, 복음하면서 믿음과 교리에 관해서 수많은 말을 할지라도, 그들에게 그리스도적 삶이 따르지 않을 때 죽은 정통이 된 것이다.

바로 믿지 않는 형식적인 신자들 때문에 오늘날도 그리스도는 날마다 다시 십자가에 못 박혀 죽고 있고, 그리스도는 그들에게서 끊어져 없어지고 있다. 하나님의 아들을 다시 십자가에 못박아 현저히 욕보인다.

참그리스도인은 겉보다 안에서 먼저 하나님의 형상을 따라 그 마음과 영혼이 내적으로부터 새로워져야 한다.

> "하나님을 따라 의와 진리의 거룩함으로 지으심을 받은 새사람을 입으라"(에베소서 4:24)

그의 내적 소원과 열정은 그리스도를 닮아가야 한다. 속과 겉이 같아야 하고, 외적으로 보이는 면보다 내적으로 훨씬 더 많이 발전된 것이 돋보여야 한다. 그리스도인다운 행실과 삶이 없는 곳에는 그리스도도 없다. 오늘날의 신학자나 목사들이 많은 신학을 말하고 교리를 설명하고 설교를 한다 해도 예수 잘 믿는 사람이 누구인가? 경건하게 사는 사람이다. 그리스도를 따르는 사람이다.

그리스도인의 삶이 없이 그리스도인의 믿음이 어디 남는가? 성경은 책으로 끼고 다니지 말고, 악세사리 삼지 말고, 말로 하고 다니지 말고, 말씀이 화신되어 "얼"화 시켜서 우리 자신들이 성경의 "얼화"될 얼사람이 되어야 한다.

그리스도인다운 삶이 따르지 않는 기독교인들은 만사에 있어서 허사임을 유다서에서 말해주고 있다.

> "저희는 기탄 없이 너희와 함께 먹으니 너의 애찬의 암초요 자기 몸만 기르는 목자요 바람에 불려가는 물 없는 구름이요 죽고 또 죽어 뿌리까지 뽑힌 열매없는 가을 나무요 자기의 수치의 거품을 뿜는 바다의 거친 물결이요 영원히 예비된 캄캄한 흑암에 돌아갈 유리하는 별들이라"(유다서 12)

아름다운 삶이 따르지 못하는 기독교인은 바람에 불려가는 물 없는 구름이요 가을 나무이며 유리하는 별이다. 성경 많이 암송하고 다니는 것을 자랑 말고, 성경의 "얼" "산상수훈의 얼" 예수의 "얼"이 가슴에 박힌 얼사람이 되자. 예수님께서 "그러나 인자가 올 때에 세상에서 믿음을 보겠느냐"(눅 18:8) 하신 것은 이런 기독교인들만 많을 것을 말한다. 입으로 말하고 행위로는 부인하는 믿음을 말함이다.

요한 타울러도 완전한 덕행을 말하고 있다.

> "수도생활을 하노라고 표면적으로 십자가를 지고 가는 사람들은 기도서를 낭독하고 경건서적을 읽고 성가 찬양도 하지만 이런 표면적 일에 몰두해 있기 때문에 주님을 몸소 사귀고 섬기는 일에는 둔하다. 당신은 하나님께서 당신을 노래하는 카나리아로 창조하셨다고 생각하는가? 우리는 그분의 사랑하는 신부들이며 약혼자들이다. 표면적 태도로 마치 구레네 시몬처럼 십자가를 마지 못해 짊어지는가? 내면의 기쁨 모든 신령한 애착과 즐거움도 심지어는 우리 덕행의 결과로 오는 즐거움까지도 버려야 한다. 우리는 덕을 실천할 때에 자기 자신은 완전히 잊어버려야 한다."
> (요한 타울러)

구원을 얻으려면 물이 포도주로 변하는 이적, 육에 속한 사람이 신령한 사람으로, 옛 사람이 새 사람으로 변해야 한다. 인간을 타락시키는 것은 죄가 그 원인이나 유인하는 재료로 술, 여자, 재물, 지나친 육체의 건강, 지위, 권세, 명예, 명성 등이 있

4. 믿음의 삶

다. 이런 유인물들 자체는 죄가 아니다. 우리 연약한 본성이 그런 것들에 끌려 쉽사리 여러 가지 죄에 빠지게 되므로 주의를 기울여야 한다.

"저희가 하나님을 시인하나 행위로는 부인하니 가증한 자요 복종치 아니하는 자요 모든 선한 일을 버리는 자니라"
(디도서 1:16)

오늘 한국 기독교회에 이런 기독교인들, 입으로 예수 말하나 행위로 부인하는 자들이 얼마나 많은가? 천사의 말을 하는 사람도 사랑이 없으면 소용이 없다. 교회에 물밀듯 쏠어드는 교인들이 열심히 예배 보는 예배 교인들, 성경을 많이 외우고 다니나 예수 "얼"이 박혀 있지 않은 얼빠진 기독교인들 얼뜨기 교인, 비기독교인들이 얼마나 많은가?

예수님께서는 누가복음 12:9에 "사람 앞에서 나를 부인하는 자는 하나님의 사자들 앞에서 부인함을 받으리라" 하셨는데, 이 부인은 단순히 박해자 앞에서 입술로 믿음과 그리스도를 부인하는 것만 아니고, 행위로 부인하는 것이다. 외식적 기독교인들이다. 그들의 삶이 비기독교적이요 세속적이고, 그들의 행위가 서슴없이 공공연하게 그리스도와 성경의 "얼"을 배반하면서 살 때에 발생하는 일이다.

한국의 많은 교인들이 하나님을 입으로는 시인하나 행위로는 부인하는 자가 아닌가? 겉으로는 주여 주여 하고 다니고 주의 이름으로 선지자 노릇도 하고 귀신도 내쫓고 권능도 행한 크리스천들이지만, 예수님께서는 "그날에 내가 밝히 저희에게 말하되 내가 너희를 도무지 알지 못하니 불법을 행하는 자들아 내게서 떠나가라" 하실 것이다.

겉으로는 "주여, 주여", "예, 예" 하면서도 속으로는 복종치 아니하고 실생활에서 하나님 뜻과 말씀대로 살지 않는 사람은 거짓 그리스도인들이다. 그리스도 없는 그리스도인이다.

사도 바울도 디모데후서 3:5절에 "경건의 모양은 있으나 경건의 능력은 부인하는 자들이라" 했는데, 형식적으로는 기독교인으로 주일성수 잘 하고, 성경 잘 보고, 십일조 연보 잘 하고, 교회 봉사 잘 하여 상당히 잘 믿는 신자인 듯하나 예수의 얼, 진리의 정신 실천하는 데 있어서는 예수님 정신 따르지 않고 반대로 사는 교인들을 가리켜 경건의 모양은 있으나 경건의 능력을 부인하는 자라 한다. 이런 세속적 불순종하는 기독교인은 그리스도인의 이름을 가진 이방인들이다.

"그때에 너희가 그 가운데서 행하여 이 세상 풍속을 좇고 공중의 권세 잡은 자를 따랐으니 곧 지금 불순종의 아들들 가운데서 역사하는 영이라"(에베소서 2:2)

현대 도시교회 안에는 이리떼가 우글우글거리고, 교회 밖에는 하나님 양들이 울고 있다. 청소부가 거리에서 쓰레기를 쳐 가듯이 무작정 대량 전도하지 말자. 진주를 돼지에게 던지지 말자. 한 사람을 전도해도 예수의 정신과 얼이 박힌 교인을 길러내자.

그리스 정교회 위대한 수도사 익나티우스 브리안카니노프는 "수도사는 수도원에 입회하는 순간부터 거룩한 복음서를 읽는 데 전념하며 복음서를 암기할 정도로 연구해야 한다. 그리하여 어떤 행동을 하거나 무슨 생각을 할 때에나 언제나 복음서의 교훈을 기억해야 한다. 그것은 주님께서 친히 하신 말씀이며 약속과 경고가 겸존해 있기 때문이다"고 했다.

예수님께서는 승천하시면서 "너희는 가서 모든 족속으로 제자를 삼아 아버지와 아들과 성령의 이름으로 세례를 주고 내가 너희에게 분부한 모든 것을 가르쳐 지키게 하라" 하셨다(마 28: 19-20).

　이 약속은 복음의 계명을 그대로 실행하는 사람은 구원을 받을 뿐만 아니라 하나님과의 합일(合一) 상태에 들어가게 되며 거룩한 하나님의 성전이 된다는 것이다. 예수님께서는 "나의 계명을 지키는 자라야 나를 사랑하는 자니 나를 사랑하는 자는 내 아버지께 사랑을 받을 것이요 나도 그를 사랑하여 그에게 나를 나타내리라"(요 14:21)고 하셨다.

　주님의 말씀을 실행하는 자에게 주님은 영적으로 자신을 나타내신다는 것이다. 그런 분은 신령한 눈과 마음으로 볼 수 있다. 감각의 눈이 아닌 성령으로 변화된 생각과 감정 속에서 주님을 본다. 주님이 임하신 마음 성전 안에서 영으로 하나님을 보아야 한다.

　주님은 하나의 계명이라도 고의로 범하는 사람은 천국에서 지극히 작다 일컬음을 받거나 혹은 하늘나라를 빼앗기고 지옥불 속에 던지울 것이라 말씀하셨다. 주님의 계명은 영이요 생명이다. 예수를 믿노라면서 예수의 정신대로 복종하지 않고 예수의 "얼"이 빠진 형식교인이 되어서는 안된다.

> "나와 함께 아니하는 자는 나를 반대하는 자요 나와 함께 모으지 아니하는 자는 헤치는 자니라"(마태복음 12:30)

　이 세상의 세속적 생활은 그리스도와는 반대의 생활이다. 이 세상의 신은 악마요 세상 사람들은 그 지배를 받고 있다. 육신의 정욕, 안목의 정욕, 이생의 자랑 등이다. 그러므로 기독교인이라, 성직자라 하면서도 세속을 받아들이는 자들은 참 참그리스도인이 아니다. 단지 교회 출석, 예배의 반복, 십일조 연보하는 정도로, 입으로 고백하는 일, 예배만으로 그리스도인이 될 수는 없다.

그리스도와 한 마음, 한 생각, 한 뜻, 한 얼을 가져야 참그리스도인이다. "얼사람"이라야 참 그리스도인이다.

> "이제는 내가 산 것이 아니요 내 안에 그리스도께서 사신다"
> (갈라디아서 2:20)

> "누가 주의 마음을 알아서 주를 가르치겠느냐 그러나 우리가 그리스도의 마음을 가졌느니라" (고린도전서 2:16)

교회에만 다니는 것으로 안심 말고 예수의 얼을 지닌 사람이 되라. 교리적으로 참 진리를 대적하는 자는 곧 적그리스도이다. 교리적으로는 이단 사교와 같지 않고 신앙 고백은 정통, 보수, 복음주의라 할지라도 실생활에서 예수 그리스도의 정신을 어기고 진리를 배반한다면 적그리스도나 다름없다. 교리만 아니라 순수 예수의 얼이 우리 속에 살아야 한다.

> "인자가 온 것은 섬김을 받으려 함이 아니라 도리어 섬기려 하고 자기 목숨을 많은 사람의 대속물로 주려 함이니라"
> (마태복음 20:28)

나사렛 예수의 정신은 청빈과 순결, 겸손, 복종이었다. 무저항, 인욕, 애적(愛敵), 절대 순결, 하좌(下座), 세족(洗足), 자기 희생, 고난, 십자가가 그 얼이었다. 기도는 골방에 들어가 은밀하게 하라 가르치셨고, 제자들 보고는 "적은 무리"라 불렀다.

4. 믿음의 삶 195

114개의 개신교파

오늘 한국 예수는 다르다. 그러나 오늘 한국 교회는 물량적 비대, 팽창주의, 거대화, 배금주의, 세속, 쾌락주의, 분열, 부도덕으로 치닫고 있다. 오늘날 기독교계의 비극, 특히 한국 교회의 비극은 모두 형식적, 피상적으로는 정통주의, 보수, 복음적 신앙고백을 하노라 하면서 기독교인 대부분은 실생활에선 진리 정신을 거역해 살고 있다는 점이다. 저마다 혼자 잘 믿노라 하고 정통이고 복음주의인데 왜 장로교가 114파로 분열했는가. 114파가 다 자기네는 정통 보수라고 있다. 자기만 혼자 잘 믿는다는 사람들이 분열한다. 백 퍼센트 나와 같지 않으면 이단이란다. 목사 두 사람이 모이면 두 파가 생긴다. 이런 시대에 진정한 그리스도교와 참그리스도인은 표면상 대다수 교회가 아니라 숨겨진 적은 무리다.

"적은 무리여 무서워 말라 너희 아버지께서 그 나라를 너희에게 주시기를 기뻐하시느니라" (누가복음 12:32)

"딸 시온은 포도원의 망대같이 원두밭의 상직막같이 에워싸인 성읍같이 겨우 남았도다" (이사야 1:8)

"재앙이로다 나여 여름 실과를 딴 후와 포도를 거둔 후 같아서 먹을 송이가 없으며 내 마음에 사모하는 처음 익은 무화과가 없도다 이와 같이 선인이 세상에서 끊어졌고 정직자가 인간에 없도다…" (미가 7:1)

"내가 밤을 새우니 지붕 위에 외로운 참새 같으니이다"
(시편 102:7)

성령과 부흥을 부르고 다니면서 과대망상병에 걸리지 말라. 하나님은 그의 자녀가 누구이며 어디에 있는지 아신다. 예수님께서는 우리를 고아와 같이 버려두지 않으신다고 했다. 세상 끝 날까지 언제나 우리와 함께 계신다고 하셨다.

"그러나 하나님의 견고한 터는 섰으니 인침이 있어 일렀으되 주께서 자기 백성을 아신다 하며…"(디모데후서 2:19)

"그리스도께서 너희에게 본을 끼쳐 그 자취를 따라 오게 하셨느니라"(베드로전서 2:21)

예수 그리스도는 우리에게 말로만 교훈을 주신 것이 아니요 거룩한 삶의 아름다운 본을 주셨다.

"무릇 예수의 행하시며 가르치시기를 시작하심부터…"
(사도행전 1:1)

이 말은 행하심과 가르치심이 상호 관련되어 있음을 말한다. 예수 그리스도의 교훈의 말씀은 그의 삶과 함께 진리를 증거하신다. 그리스도의 삶 자체가 길이요 진리요 생명이다. 진정한 가르침이며 생명이다.

"예수께서 또 일러 가라사대 나는 세상의 빛이니 나를 따르는 자는 어두움에 다니지 아니하고 생명의 빛을 얻으리라"
(요한복음 8:12)

믿음과 거룩한 생활로 그리스도를 따르지 않는 사람은 어두움 가운데 거하는 자다. 어두움이란 곧 회개하지 않는 생활을 말한다. 경건한 애통과 진정한 믿음 속에서 인간 생활 전체는 변화되어가고 그의 육체는 십자가에 못 박고 성령을 통하여 새로운 삶이 시작되는 것이다.

우리의 경건의 거울

예수 그리스도는 단순히 성육신하시고 대인속죄하신 구원자일 뿐만 아니라 그의 거룩한 삶을 통해 우리에게 경건의 거울이 되신다. 우리 성화의 모본이시다.

"그리스도께서 너희에게 본을 끼쳐 그 자취를 따라오게 하셨다"
(베드로전서 2:21)

우리로 그리스도를 믿어 구원 얻게 하시고, 그를 본받아서 날마다 그의 형상을 닮아 새로워지고 성화되게 하신다. 행위가 따르지 않는 믿음은 거짓 믿음이요, 성화의 징조가 나타나지 않는 중생이나 칭의는 거짓 칭의다. 예수를 믿노라면서도 회개하지 않고, 정욕, 교만, 탐욕, 질투 속에 사는 사람들은 마귀 안에 사는 사람들이다.

믿음으로 의롭다함을 얻는다 했지만, 사랑 없는 믿음은 우리를 구원하지 못한다. 우리의 믿음은 타종교에서 말하는 신앙심이거나 교리적 신앙이 아니다. 우리 믿음의 내용은 "사랑으로 역사하는 믿음" 즉 사랑으로 표현되는 믿음이다.

"그리스도 예수 안에서는 할례나 무할례가 효력이 없되 사람으로써 역사하는 믿음뿐이니라"(갈라디아서5:6)

어거스틴은 "율법 자체가 나쁜 것이 아니다. 그러나 그 선한 계명을 설명하는 의문 속에 율법이 있을 뿐이고 보혜사 성령 안에 있지 않다. 만일 벌이 무서워서 계명이 준수되고 의를 사랑하는 데서 준수하지 않는다면 그것은 노예적으로 준수된 것이지 자유 안에서 준수되는 것이 아니다. 그것은 사실은 준수된 것 아니다. 사랑의 뿌리에서 맺는 과실은 선한 과실이 아니기 때문이다. 사랑으로 역사하는 믿음이 있으면, 사람은 그 내면적 인간성에 따라 신의 율법을 즐거워하기 시작한다. 이 즐거움은 의문의 선물이 아니요 영의 선물이다"고 했다.

> "내 형제들아 만일 사람이 믿음이 있노라 하고 행함이 없으면 무슨 이익이 있으리요 그 믿음이 능히 자기를 구원하겠느냐… 이와 같이 행함이 없는 믿음은 그 자체가 죽은 것이라"
> (야고보 2:14-17)

믿음이 있다면서 그것을 행동으로 나타내지 못한다면 무슨 소용이 있겠는가. 그런 믿음이 사람을 구원할 수 있겠는가.

> "우리는 그의 만드신 바라 그리스도 예수 안에서 선한 일을 위하여 지으심을 받은 자니 이 일은 하나님이 전에 예비하사 우리로 그 가운데서 행하게 하려 하심이니라"(에베소서 2:10)

에베소 2:8-9에는 "너희가 그 은혜를 인하여 믿음으로 말미암아 구원을 얻었나니 이것이 너희에게서 난 것이 아니요 하나님의 선물이라" 했는데, 그 다음 절인 에베소 2:10에는 "…그리스도 예수 안에서 선한 일을 위하여 지으심을 받은 자라…" 했으니 이 두 귀절은 서로 모순되는 것이 아닌가? 그렇지 않다. 선행이 구원을 가져오는 것이 아니다. 그러나 구원은 선행을 만들어 낸다. 우리가 선행 때문에 구원되는 것이 아니다. 그러나 그리스도께서는 우리 각자를 새로운 피조물로 만드셨고 새로운 존재로 만드셨다. 새로운 존재는 성령 안에서 새로운 공로를 만든다. 그리스도께서는 먼저 우리를 변화시키시고 그 다음에 우리의 행위가 변화되게 하신다. 선행은 하나님의 은총에 의해 새

사람에게 흘러 넘치게 된다. 그리스도의 이름으로 행해진 선행만이 성령의 열매다.

(3) 자기부인(自己否認)

> 저가 모든 사람을 대신하여 죽으심은 산자들로 하여금 다시는
> 저희 자신을 위하여 살지 않고 오직 저희를 대신하여 죽었다가
> 다시 사신자를 위하여 살게 하려 함이니라
> —고린도후서 5:15—

가장 값진 죽음

　우리가 참 살기 위해서는 먼저 세상과 자기 자신에 대해 죽어야 한다. 그리스도 안에 살기를 원하는 자는 세상의 정욕에 대해 죽어야 하고, 자신과 악한 세상 안에 살고자 하는 자는 그리스도를 떠나야 한다.

　죽음에는 세 가지 종류의 죽음이 있다. 자연사(自然死)가 있고, 자신에 대한 죽음이 있고 영원한 죽음이 있다. 자신에 대한 죽음은 육체의 정욕, 탐심, 교만, 쾌락 등에 대해 죽는 것으로서 영적 자아를 살리기 위한 옛사람의 죽음을 말한다. 이 중에서 두번째의 죽음이 가장 값진 죽음이다.

　대부분의 사람들은 그들 안에 동물적 본능과 사단적 마귀의 생명을 지니고 있다. 탐심, 정욕, 교만, 쾌락, 진노, 죄악 등 마

귀의 본성 그대로 마귀의 전체적 삶이 바로 그들의 삶이 되고 있다.

예수님의 일생은 하나님의 뜻을 순종하여 성취하는 데 있었다.

> "내가 하늘로서 내려 온 것은 내 뜻을 행하려 함이 아니요 나를 보내신 이의 뜻을 행하려 함이니라" (요한복음 6:38-40)

> "내가 내 자의로 말한 것이 아니요 나를 보내신 아버지께서 나의 말할 것과 이를 것을 친히 명하여 주셨으니…"
> (요한복음 12:49-50)

내 안에 현재 누가 살고 있는지 자세히 살펴보라. 만약 교만, 탐심, 분노, 증오 등이 내 안에서 죽는다면, 그리고 자기 자신과 세상에 대해 죽는다면, 그리스도는 내 안에 오셔서 나의 생명이 되실 것이다. 내가 세상에 대해 죽으면 죽는 만큼 그리스도께서 내 안에 거하시게 된다.

> "하나님의 뜻 안에 생명이 있다. 하나님의 뜻을 따르기 위해 자기 뜻을 부인하는 것이 주님이 명하신 자기 부인이다. 그것은 그리스도인의 구원과 완성을 위해 반드시 필요한 조건이다. 이것은 절대적으로 필요한 조건이므로 이 조건이 충족되지 못하면 구원은 불가능하게 되고 그리스도인의 완성을 이루지 못한다!"
> (그리스도를 본받아 사는 생활)

> "우리 주 예수 그리스도의 은혜를 너희가 알거니와 부요하신 자로서 너희를 위하여 가난하게 되심은 그의 가난함으로 인하여 너희를 부요케 하려 하심이니라" (고린도후서 8:9)

그리스도인들은 하나님이 우리를 구원하신 목적인 미래 영원한 영광과 그리스도의 사랑을 위하여 이승에서 자기 자신과 세상에 대해 기꺼이 죽어야 한다.

그리스도 예수님께서 나를 위해 죽으사 나를 위해 구원과 영광의 모든 것을 이루어 놓으셨으니 나도 그리스도를 위해 순수한 사랑에서 살아야 한다. 모든 기독교인은 자기를 부인해야 한다. 그리스도를 사랑한다면 입으로 사랑 말고, 행위와 진실로 사랑하라. 주를 사랑한다면 주의 말씀을 지키자. 예수님께서는 "나의 멍에는 쉽고 내 짐은 가볍다" 하셨다(마 11:30).

그리스도를 참으로 사랑하는 자에게는 선을 행하는 일이 기쁨이요 만족이다. 산상수훈도, 제자들을 파송 때의 교훈도 기쁨이요 감격적이다. 사랑은 모든 것을 쉽게 만든다. 그리스도를 진정 사랑하는 자에게 있어서 그리스도를 위해 죽는 일이 기쁨이다(빌 1:29).

수도생활의 본질은 우리의 이즈러진 의지를 치료하여 하나님의 뜻에 결합시키며, 이 결합에 의해 우리 의지를 성화시키는 데 있다. 아무튼 참 크리스천은 이탈과 자기부인을 철저히 해야 한다.

> "무릇 내게 오는 자가 자기와 및 자기 목숨까지 미워하지 아니하면 나의 제자가 되지 못하리라" (누가복음 14:26)
>
> "자기 생명을 사랑하는 자는 잃어버릴 것이요 이 세상에서 자기 생명을 미워하는 자는 영생하도록 보존하리라"
> (요한복음 12:25)

자기를 미워하려면

이승에서는 자신의 삶을 미워하고, 주님을 닮아 세상을 멸시하는 태도를 가져야 한다. 자기를 미워하려면 첫째 자기를 사랑

4. 믿음의 삶   203

하지 말아야 한다. 자기애(自己愛)는 모든 악의 근원이다.

둘째로는 죄에 대해 날마다 죽어야 한다.

그리고 세번째는 자기 자신과 육신에 대해 날마다 싸워야 한다.

요한 타울러는 "우리의 본성은 원죄라는 독에 물들어 있기 때문에 모든 일에서 자기 자신의 유익만을 추구한다. 마지막 때에는 사람들이 모두 자기만을 사랑하게 될 것이라고 바울은 말했다. …그들은 자기들 마음에 드는 성직자를 찾아 다니며 성경도 자기 마음대로 해석하기 위해서 이교도들의 글까지 이용한다"고 하였다.

하나님 한 분 외에는 아무것도 사랑해서는 안된다. 이 세상에서 자기를 사랑하는 일보다 더 우리의 거룩한 삶에 해로운 것은 없다. 자기애는 모든 죄중에서도 악한 죄이다. 자기를 사랑하는 일은 곧 자기 자신을 하나님을 만드는 일이다. 내 마음을 골몰하게 하고 집착시키는 그것이 바로 나를 사로잡아 노예를 만든다. 하나님 사랑으로부터 나를 가로막고 있는 것이라면 아무것도 바라지 말고, 하나님을 온전히 소유하기 원한다면 자신을 온전히 바쳐 순수하고 깨끗하고 단순한 삶에서 하나님만 향해 살아야 한다.

미국 부시 대통령이 유명한 정신병 학자 보고 이라크의 독재자 후세인의 정신 상태를 연구해보라 했다. 그 학자의 보고서는 "후세인은 발광하는 정신병자는 아니다. 그러나 그는 자기애에 지나쳐 과대망상병 환자같다"고 했다. 후세인이 이라크의 유명한 박사에게 자기에 대해 무슨 충고든 해주면 듣겠다 해서 충고를 권유하자, 그 박사가 말하기를 "대통령직에서 일단 물러났다가 다시 앉으라"고 했다. 얼마 후 그는 체포되었다. 그의 아내가 남편을 석방해달라 하니 그러마고 집에 가서 기다리라 했는데 몇일 후 사형시켜 토막내어 보냈다고 한다.

어거스틴은 "나는 다른 사람의 쇠사슬에 묶여 있는 것이 아니라 나 자신의 의지의 사슬에 묶여 있었다. 그러나 하나님을 섬기려고 내 안에 싹튼 새 의지는 해를 거듭해 오며 강해진 내 속의 낡은 의지를 이길 수는 없었다. 그래서 내 속에는 두 개의 의지, 육과 영의 두 개 의지가 싸우며 그 알력 때문에 나의 영혼을 쪼갠다"고 했다.

인간의 모든 번뇌는 자기부인과 이탈을 않기 때문이다. 죽은 송장이 되면 된다. 송장은 곁에서 누가 욕하든 발길로 차든 전혀 반응하지 않는다. 철저한 자기부인은 바로 그런 것이다.

자기애, 자기 추구, 자기 쾌락의 삶에는 그만큼 많은 슬픔과 두려움과 피곤이 뒤따르게 마련이다. 자존대, 이기주의, 자기애에 빠진 자에게는 평화가 없다. 애욕, 탐욕, 속정도 끊어야 한다.

한 수사가 수녀원에서 앓고 있는 누이를 찾아 갔다. 수녀는 자기의 남자 동생에게 여자 수녀들이 있는 데 올 기회를 주지 않으려고 만나 주지 않으면서 전언(傳言)하기를 "돌아가거라. 동생아. 그리고 나를 위해 기도해 주려무나. 그리스도의 은총이 있으면 이후 천국에서 너를 만나게 되겠지…"라고 했다. 참 그리스도인은 모든 인간적 욕망과 함께 정을 끊을 줄 알아야 한다. 애욕, 속정을 끊어야 한다.

"아무든지 나를 따라 오려거든 자기를 부인하고 날마다 제 십자가를 지고 나를 좇을 것이니라"(누가복음 9:23)

에베소서 4:22-24와 고린도전서 6:19-20에 옛사람과 새사람에 관한 언급이 있다. 옛사람이란 교만, 탐심, 육체적 정욕, 불의, 진노, 증오, 미움, 질투 등의 사람이다. 우리 안에 새사람이 창조되고 날마다 새로워지려면 이런 옛사람이 죽어야 한다.

죽으면 산다

옛사람이 죽으면 새사람이 살 것이다. 교만이 죽으면 성령 안에서 겸손인이 깨어날 것이요, 분노가 죽으면 온유인이 그 자리에 일어날 것이요, 탐심이 죽으면 신뢰인이 성장하게 될 것이요, 세상에 대한 사랑이 죽으면 하나님께 대한 사랑이 그 자리에 일어날 것이다. 이것이 새 사람이요 성령의 열매요 산 믿음이다. 이것이 우리 안에 거하시는 그리스도요 신적 생명이다.

이집트 사막의 수도자들은 철저히 자기를 부인하므로 자기 지배를 했다. 아가톤 교부는 3년 동안 입안에 조약돌을 물고 수도했다. 그 후에야 그는 침묵을 지킬 수 있었다 한다.

아킬레오 교부는 자기 마음을 몹시 아프게 한 어느 수사의 말을 듣고 가슴에 사무친 그것을 썩혀 없애 달라고 기도하고 참았더니 입안에 핏덩어리가 고였다. 그것을 뱉고 마음에 평화를 얻었다고 한다.

엘라드 교부는 20년 동안 산 성당 천장을 한번도 쳐다본 일이 없었다.

삐올 교부는 걸으면서 식사를 했다. 식사하는 일을 중요한 일로 여기지 않고 부차적 일로 여겼다.

예수 그리스도께서는 자기부인과 위대한 인내와 온유 겸손의 모본이시다. 예수께서는 "아무든지 나를 따르려거든 자기를 부인하고 자기 십자가를 지고 나를 좇을 것이니라"(마 16:24)고 하셨다.

자기부인과 자기 십자가는 연결되어 있다. 십자가는 고난과 인욕이다. 자기부인하려는 이는 자기에게 오는 모든 고난, 수치, 역경을 좋던 나쁘던 그것을 자기가 받아야 싼 것이라 생각하고 감수해야 한다. 꾸준히 인욕하며 내가 져야할 십자가로 알고 달게 받아야 한다. 그래서 하나님의 판단을 경건하게 신뢰하는 태도를 지녀야 한다. 하나님의 판단과 반대되는 성질을 가진 생각은 모두 사단에게서 비롯된 것임을 알아야 한다.

자기부인은 인욕

참그리스도 안에서는 아담으로부터 나온 모든 것이 죽어야 한다. 그리스도의 겸손을 내것으로 삼으려면 교만이 죽어야 하고, 그리스도의 온유를 내것으로 삼으려면 내 속의 보복 의지를 죽여야 하고, 그리스도의 인내를 내것으로 삼으려면 내 속의 분노가 죽어야 한다. 이것이 자기를 부인하고, 자기 십자가를 지고, 그리스도를 따르는 일임을 명심해야 한다.

어느 수도원에 매일 구걸하러 오는 여자 거지가 있었는데, 이 여자는 어느 수도사를 짝사랑하였다. 이 수도사가 그녀의 사랑을 거절하자 어느날 그 여자는 사생아를 안고 와서 "옛다. 네 새끼다"하면서 아기를 던져주고 갔다. 수도사는 아무 변명도 않고 그 아이 업고 수도생활 계속했다고 한다.

인욕이다. 욕을 참는다는 말이다. 참그리스도인에게는 자기애, 자기추구, 개인적 출세 성공욕은 금지되어 있다. 참그리스도인은 인욕하며 자기를 미워하도록 되어 있기 때문이다. 여러

분들은 자기를 미워하는가? 기독교는 자기를 미워하는 종교다. 인욕하는가? 모든 수치, 모욕, 중상을 잘 참는가?

"자기 생명을 사랑하는 자는 잃어버릴 것이요 이 세상에서 자기 생명을 미워하는 자는 영생하도록 보존하리라"(요한복음 12:25)

"육체를 초월하라. 정신도 초월하여 신(神)을 이해하라. 정신도 초월하지 않으면 신에 도달하지 못한다. 하물며 육체에 걸려 있어 신에 도달할 수야 있겠는가. 육체에 집착해 있는 사람들은 신을 이해하는 데서 얼마나 거리가 멀 것인가? 육체와 정신 사이의 차이도 크지만 정신과 신과의 차이도 더욱 크다. 그대가 마음에 있으면 중앙에 있는 것이요, 내려보면 육체요, 올려보면 신이다. 그대를 육체에서 높이 끌어 올리라. 그대를 초월하라. 자기를 초월하지 못하는 자는 누구도 신에 도달할 수 없다."
(어거스틴)

아담으로부터 물려 받은 모든 것은 그리스도 안에서 죽어야 한다. 그리스도의 겸손으로 나의 교만을 죽여야 하고, 그리스도의 인욕으로 나의 자존대를 죽이고, 그리스도의 가난으로 나의 탐심을 죽이고, 그리스도의 고난에 참여하므로 나의 애욕과 탐욕과 속정을 죽여야 한다.

이같이 먼저 자신에 대해 죽은 사람이라야 세상에 대해서도 쉽게 죽을 수 있다. 신자는 하나님께서 내 구원을 위해 나에게 허락하신 모든 환난과 고통을 이 세상에 사는 동안 기쁨으로 인내하며 견뎌야 한다. 이 세상 부귀, 쾌락, 영광보다 하나님 한 분 안에서 진정한 영적 부와 명예와 신령한 즐거움을 누리고자 소원해야 한다. 내게 있어서는 하나님이 내 명예요, 내 부요, 내 만족이다. 이 세상은 이방나라요 나그네 삶이다.

진정한 기독교인의 길

진정한 기독교인의 길은 자기의 소원 성취가 아니요, 자기 뜻과 소원을 포기하는 것이다. 주기철 목사는 "하나님 뜻과 사람의 뜻은 대부분의 경우 일치하지 않는다. 그런 경우 우리의 뜻을 버리고 하나님 뜻에 절대 복종하는 것이 그리스도인의 길이다"라고 하였다.

하나님의 뜻을 연구하는 것은 기쁨과 영적 위로가 충만한 일이면서 동시에 큰 슬픔과 낙심과 시련과 유혹을 주는 일이기도 하다. 그것은 자기 부인, 타락한 본성의 극복, 영혼을 위해 육신의 희생 등을 겪는 일과 불가분의 관계에 있다. 거기에는 옛사람을 십자가에 못 박는 일이 포함되어 있다. 그것은 육의 정욕적 마음과 견해를 부인하고 멸시하고 없애는 것을 요구한다.

하나님의 뜻에 절대 복종하여 성화된 결과로 우리가 이르는 경지는 거룩한 사랑과 인간과 하나님과의 일치 합일이다. 산상수훈이나 마태복음 10장의 복음의 계명들은 우리가 어떻게 하여야 하나님을 기쁘시게 하는 방법을 가르쳐 준다.

복음의 교훈을 받아들여 복종하는 사람은 "믿음의 방패를 가지고 이로써 능히 악한 자의 모든 화전을 소멸하는" 사람이다(엡 6:16). 이런 믿음을 실천적 믿음, 적극적 믿음이라 부른다. 그것은 우리가 복음의 계명들을 실천할 때에 나타난다. 그리고 그 복음적 계명들을 실천하는 분량에 비례해서 성화 성장한다. 만일 우리가 복음적 계명들을 등한히 하면 실천적 믿음은 희미해진다. 이 믿음(실천적)은 때가 되면 산 믿음이 되고, 그 산 믿음은 우리에게 신령한 능력으로 충만케 채워준다.

진정한 그리스도인의 생활에는 영과 육의 싸움이 항상 계속된다.

> "내 지체 속에서 다른 법이 내 마음의 법과 싸우는 것을 내가 보는도다"(로마서 7:23)

중생하고서도, 이신득의하고서도, 그리스도인 속에는 겉사람과 속사람, 마음의 법과 지체의 법, 육의 사람과 영의 사람이 있어 항시 같이 있어 서로 대적해 싸우고 있다(고후 4:16; 롬 7:23; 갈 5:17).

영이 우세해서 다스리면 그는 그리스도 안에 있어 영적 사람이라 불리우고, 새로운 삶을 살게 되고, 반면에 육이 다스리면 그는 마귀 안에 거하고 옛사람의 삶을 살게 되고 육체적 사람이라 불리운다.

이집트 사막의 수도자 둘라스 교부와 베싸리온 교부가 어느날 사막으로 가다가 도중에서 한 동굴을 발견하여 들어가 보니 한 수도사가 뒤로 돌아 앉아 팔마풀로 바구니를 엮으며 기도하고 있었다. 두 교부가 들어갔는데 그는 뒤도 돌아보지 않았다. 두 교부는 되돌아나와 자기네 찾아가던 곳에 가서 일을 보고 돌아오는 길에 다시 그 동굴 속에 들어가 보았다. 그러나 아침에 앉아 있던 그 수도자는 그 사이에 누워 고요히 숨져 있었다. 두 교부가 측은히 여겨 가까이 가서 수의를 입혀주며 보니 그는 여자였다. 감격한 교부는 "뭐야! 우리는 도시에서 엉망으로 살고 있는데 여자가 이 사막 속에서 악마와 싸우다니" 하였다고 한다.

유명한 마카리우스 교부가 스케테에서 수도생활하고 있을 때, 어느날 아주 젊은 형제로 보이는 두 청년이 찾아와서 절하면서 교부 곁에서 수도생활을 하고 싶다고 했다. 둘다 부유한 집 자녀들 같고, 그 중 하나는 아직 수염도 나지 않은 애숭이였다. 마카리우스 교부는 자기 곁에는 있을 수 없으니 다른 데 가서 수도하라고 빵 광주리와 곡괭이를 주면서 가서 독방을 짓고 빨마를 엮어 덮고 자기네끼리 수도하라고 보냈다. 그후 3년이 지나 마카리우스 교부는 궁금해서 두 젊은이를 찾아가 보았다. 두 사람은 그때까지도 팔마를 엮고 있으면서 반가워는 하나 침묵을 지키고 있었다. 그날밤 그들 방에서 자게 되었는데, 밤중에 보니 마귀가 파리떼 모양으로 밀려와 동생쪽을 공격하는데 천사가 나타나 칼을 들고 악마를 쫓고 있었다. 아침에 모두 둘러 앉아 예배 드리면서 시편과 할렐루야 찬송을 부르는데 동생의 입에서 빛이 나와 하늘로 올라가는 모양이 보이고, 형의 입에서는 굵은 밧줄 같은 불이 일어나 하늘까지 치솟아 오르고 있었다. 마카리우스 교부가 떠나면서 "나를 위해 기도해 주게" 하니 그들은 말 없이 엎드려 절하였다. 마카리우스는 형이 성화되고 완덕에 나아가 있음을 알았다. 동생쪽은 아직 악마와 싸우는 형편이었다. 며칠 후 형이 주님 품안에 고이 잠들고, 그후 사흘 후에 동생도 형을 따라갔다.

이탈과 인욕과 자기부인

우리 속에서 하나님을 향하고 있지 않은 모든 것을 제거해 버려야 한다. 성령과 그 은사들을 받기를 원한다면, 영성생활을 갈망한다면, 반드시 "이탈"을 이행해야 한다. 전적으로 하나님을 의지하고, 하나님의 것이 아닌 모든 것으로부터 분리해야 한다. 어떤 모욕, 굴욕, 모함도 참아야 한다.

누구나 예수를 바로 믿으려면 자기를 버려야 한다. 자기 뜻,

4. 믿음의 삶

자기 소원이 성취되고 축복받고저 하는 생각으로 믿으면 안된다. "나"라는 것을 백 퍼센트 부정하고 하나님 뜻에만 일절을 맡기고 그 처분대로 복종해 살려 해야 한다. 이 세상 사는 동안 계속 자기를 부인하고 십자가를 지고 주님을 따라야 한다.

(4) 처세태도

> 우리가 세상에 아무것도 가지고 온 것이 없으매 또한 아무것도 가지고 가지 못하리니 우리가 먹을 것과 입을 것이 있은즉 족한 줄로 알것이니라
>
> —디모데전서 6:7-8—

현대인의 오무병(五無病)

　오늘의 인간 생활은 개인 생활, 안방, 침실에까지 TV, 비디오, 라디오가 침입해서 매스콤에 의하여 거의 24시간동안 일방적인 정치 선전과 타락한 남녀들 놀음, 연애 노래, 불신 사회의 풍속, 유행 선전만 밤낮 보고 들어, 고상한 인생관과 가치관을 가질 수 없게 되었다. 어린애들도 폭력, 섹스, 쾌락 구경만 해서 성에 조숙하고 전자공학, 컴퓨터, 기계 부속품 이름은 알아도 인생관이나 가치관이라는 것은 찾아 볼 수 없다.
　그리스도인의 생활에는 이 세상과는 다른 속이지 않는 인생관과 올바른 가치관과 초연한 처세 태도가 긴요하다. 유감스러운 것은 오늘 개신교도들에게 이것이 희박하다. 인생을 바로 보려는 "관(觀)", 인간 생활의 참 가치를 바로 찾으려는 "관", 인간

생활의 기본적 조건인 의식주 문제를 똑바로 살려는 깨달음에 대한 대책이 없다.

현대인들은 다섯 가지 병에 걸려 있다고 한다. 이 병명을 오무병(五無病)이라 하는데, 이 병에 걸린 환자들은 한결같이 무관심, 무기력, 무례, 무감동, 무책임한 자들이다.

인생관에 대해 죽음을 늘 정관(靜觀)해야 하고, 허무(虛無), 무상관(無常觀)을 철저히 가져야 한다.

"나는 어디서 와서 왜 살고 있고 얼마 후 죽으면 어디로 가는가?"

"죽음 저편에는 무엇이 있는가"

그리고 생활의 가치관이 예민하고 올바라야 하고, 처세 태도가 확고히 세워져야 한다.

온 세상 사람들 생활은 일시적인 것들 속에서 쾌락을 추구하고 있으며, 값비싼 음식, 음료, 사치한 옷, 호강, 사치, 안락 속에서 세상적 즐거움으로 육체를 만족시키고 있다. 뚜렷한 인생관이 없기 때문이다. 그러나 그리스도인들은 인생관과 가치관 처세 태도가 확실해서 세상에서는 이방인이요, 순례자 나그네인 것을 명심하고 이승의 일시적 쾌락에 빠져서는 안된다.

영혼의 독

그리스도인은 세상 음식에 대한 욕정보다 내적 영원한 영적 음식을 탐하는 것이요, 세상 사치한 옷을 입으려 허영에 날뛰는 것이 아니라 내적 인격의 경건과 신령한 옷 입기를 사모하는 것이다. 이 세상 사는 동안 그리스도인에게 있어서 모든 것은 영혼이 바로 살고 경건생활하려는 데 시험거리요 십자가이다. 이 세상은 기독교인에게는 애굽이요 바벨론이다. 우리는 이 세상의 이방인인 줄 알고 살아야 한다. 배가 바다 물 위에 떠 있듯 살아야 한다. 아무리 육체에는 즐겁고 매력적이고 약이 되는 것일지라도 그리스도인 영혼에는 독이 되고 에덴 동산에 금지된 선악과 열매 같은 것이다.

이 세상 통치자 왕은 그리스도가 아니다. 악마다. 악마의 끊임없는 활동은 이 세상을 끊임없이 범죄, 살인, 강간, 폭력, 술, 쾌락, 전쟁으로 몰고 가는 일이다.

어거스틴은 이 세상에는 두 종류의 세상이 있다고 한다. 하나는 육의 세상 바벨론이며, 또하나는 영의 세상 이스라엘을 말한다.

> "두 가지 종류의 나라가 있다. 하나는 육에 따라 살고 또 하나는 영에 따라 각자의 성질에 적응하는 평화 속에 그 나름대로 살려는 사람들로 성립되었다. 육을 따르는 나라는 바벨론이고 영을 따르는 나라는 예루살렘이라 부른다. 예루살렘 시민의 일부분은 그 죄 때문에 바벨론 포로가 되었다. 바벨론 즉 지상적, 악마적 나라 속에도 장차 예루살렘에 돌아갈 시민들이 있다. 그들은 바벨론 속에서도 믿음 깊이 생활하는 자들이다. 그들은 미래에 약속된 영원한 보화를 대망하여 이승을 낯선 이방같이 여기고 거기 빠지지 않는다. 유랑민의 쓰라림을 맛보지 못한 자는 고향에 돌아갈 생각을 하지 않는다…" (어거스틴)

인생의 사는 목적은 국가가 아니고, 가정의 단란함도 아니고, 개인적 출세와 성공도 아니다. 인생의 목적은 하나님을 영화롭고 기쁘시게 사는 데만 있다. 이방 세상에 잠시 살면서 예수 그리스도를 따르는 일이 기독교인 생활의 전부다.

어거스틴은 또한 "종교란 자기가 존경하는 자를 따르는 것을 의미한다"라고 했다. 플라톤은 "인간의 완성은 하나님의 형상을 닮는 곳에 존립한다"고 했다.

우리의 마음과 생각과 뜻이 어떻게 우리가 그에게 갈 수 있으며, 어떻게 그를 통하여 거룩해질 수 있는가? 어떻게 하나님과 영원히 살 수 있는가? 이 질문에 대해 예수 그리스도야말로 우리의 길을 인도하는 안내자요, 우리가 본 받을 거울이시다.

> "하나님이 미리 아신 자들로 또한 그 아들의 형상을 본받게 하기 위하여 미리 정하였느니"(로마서 8:29)

기독교인은 이 세상 사는 동안 세상을 받아들이고 세상을 본 받으면 안된다. 교회가 문을 개방하고 세속주의를 받아들이고 본 받는 것은 노아의 방주가 깨져 홍수가 밀려 들어오는 것을 의미한다.

내 백성아 거기서 나오라

예수님의 간곡한 기도는 요한복음 17장에서 읽을 수 있다.

> "내가 세상에 속하지 아니함과 같이 저희도 세상에 속하지 아니 하였삽니다. 저희를 진리로 거룩하게 하옵소서"
> (요한복음 17:16-17)

요한계시록 18:1-24에서는 바벨론의 죄악과 심판을 거론하면서 "바벨론이여 귀신의 처소와 각종 더러운 일과 각종 가증한 새의 모이는 곳이 되었도다"라고 하면서 "내 백성아 거기서 나와 그의 죄에 참예하지 말고 그의 받을 재앙들을 받지 말라"고 했다.

참 신자는 이 세상에 섞여 다니지 말아야 한다. 거기서 나와서 세상에서는 고독하게 살아야 한다. 세상의 풍속 유행은 모조리 버리고, 따로 격리되어 구별되게 살아야 한다.

참 신도는 이 세상 쾌락을 좇아 살아서는 안된다. 세상의 즐거움은 우리의 고통이요 세상 웃음은 우리에게는 눈물이요, 세상적 성공은 우리에게는 패망이요, 세상적 인기는 우리의 저주로 알고 살아야 한다.

"무릇 마음이 가난하고 심령에 애통해 하며 나의 말로 인하여 떠는 자 그 사람은 내가 권고하려니와" (이사야 66:2)

하나님께서 우리에게 자비를 베푸시고, 은혜로우신 분이 되게 하기 위해서는 세상에서 우리 마음은 고독, 비참, 애통 가운데 두어야 하고, 신으로나 혹은 인간의 위로도 받을 자격이 없는 자로 스스로 알고, 자기는 아무것도 아닌 줄 인정하고, 다만 믿음으로 그리스도만 쳐다보아야 한다.

"땅에서는 외국인과 나그네로라 증거하였으니 이같이 말하는 자들은 본향 찾는 것을 나타냄이라" (히브리서 11:13-14)

기독신자로서 이 세상 생활이 너무 재미있고 돈 모으고 출세하고 명예도 얻으면 구원얻지 못한다. 자신이 무슨 특은(特恩)을 받았다거나 무엇이 된다고 생각하는 사람은 그 심령이 비참하고 애통하는 자가 아니라 동시에 하나님을 바라 앙망하는 자도 아니다.

"만일 누가 아무것도 되지 못하고 된 줄로 생각하면 스스로 속임이니라" (갈라디아서 6:3)

4. 믿음의 삶 217

하나님을 아는 법을 배우려면 그 분만이 모든 것이 되심을 알 뿐 아니라 마음으로 그 사실을 의지하고 그것을 실천으로 보여야 한다. 하나님만이 모든 것이 되심을 행동으로 보이려면 우선 그 마음이 아무것도 아닌 무가 되어야 한다. 마음을 비워라. 모든 욕정, 탐욕을 내쫓으라.

성 프란치스코의 어느 날

성프란치스코는 어느날 그가 성 맛디아 첨예날에 교회에서 예배 보는 도중에 사회자가 마태복음 10:5-15을 낭독하는 소리를 조용히 들었다.

> "…가면서 전파하여 말하되 천국이 가까왔다 하고 병든 자를 고치며 죽은 자를 살리며 문둥이를 깨끗하게 하며 귀신을 쫓아내되 너희가 거저 받았으니 거저 주어라 너희 전대에 금이나 은이나 동이나 가지지 말고 여행을 위하여 주머니나 두 벌 옷이나 신이나 지팡이를 가지지 말라 이는 일군이 저 먹을 것 받는 것이 마땅함이니라…"

프란치스코는 그날 이 성경 말씀을 바로 예수님께서 직접 그에게 하시는 음성으로 듣고, 그날 예배를 마치고 나오면서 입고 있던 외투를 벗어 던지고 농부들의 자루옷을 입고 허리에 새끼 띠를 띠고 구두도 벗어 던지고 맨발로 나섰다. 그날의 그 풍모가 그가 세상 떠날 때까지의 변함 없는 그의 모습이었다.

프란치스코는 예수님의 가난의 정신을 지극히 감격하고 사랑하여 가난을 여성화시켜 가난양이라 부르고, 자기는 가난양과 결혼하여 자기 아내는 가난양이라 말했다. 프란치스코는 독특한 수도 단체인 걸식교단을 창설하여 탁발하며 철저한 무소유, 무일물주의로 나섰다.

프란치스코가 로마에 상경하여 교황에게 교단 허가를 요청할 때 그가 제안한 조건은 "우리는 아무것도 소유하지 않는다는 특권을 주소서"였다. 유럽 각국에 산재한 수천 명의 프란치스코의 제자들은 스승을 닮아 완전한 청빈을 실천했다. 모두가 프란치스코와 똑 같은 모습이었다.

8백년 세월이 지난 오늘날도 프란치스칸은 마찬가지다. 이렇게 철저히 세상을 버리고 철저한 청빈 생활, 무소유 무일물로 살면서 프란치스코가 일생동안 드린 기도는 "내 주여 나의 전부여!"였다.

성성(聖性)을 이루라

현대 기독교인들은 너무 세상에 빠져 있다. 너무도 세속적이다. 기독교인과 불신 세속인과의 구별이 없어졌다. 의식주 풍속 유행이 세속인과 똑 같다. 어떤 면에서는 기독교인이 한 술 더 뜬다. 그리스도 안에서 자라고 성숙하기를 바라는 성도는 모든 세상적인 교제를 끊고 거기서 이탈해야 한다.

성성(聖性)을 이루려고 성화생활을 하려면 세상과 격리, 이탈, 구별되게 살아야 한다. "거룩"은 격리, 구별의 뜻이 있다. 수도자와 같은 완전한 세상에서의 이탈이 아니더라도 세속에 대해 자신을 아주 멀리 끌어 내어 세상적인 모임의 밖에 있도록 해야한다. 물과 기름이 섞어지지 않듯 참그리스도인들은 세상 속에 이세상 아닌 다른 생활 원리, 다른 풍속에서 사는 다른 영(靈)의 국민이어야 한다.

세상 풍속 버리라. 검소한 결혼식, 장례식을 치루고, 환갑 잔

4. 믿음의 삶

치는 그만 두라. 믿지 않는 자와 멍에를 함께 하지 말라. 세속 속에서의 인간적 사랑을 위해서는 자기 가정보다 더 좋은 곳이 없듯이, 우리 영혼을 위해서는 영혼의 본향 아버지 품보다 더 그리운 곳은 없다.

남녀의 애정, 가정의 단란함에만 빠져 하나님 사랑을 빼았겨도 구원 못얻는다. 참 성도는 정을 끊을 줄 알아야 한다. 속정에 우두커니 매이면 망한다. "참새도 제집을 얻고 제비도 새끼 둘 보금자리를 얻었나이다"(시 84:3) 하듯, 물고기는 물에서, 새는 공중에서, 나무는 땅에서 안식을 취해야 하듯, 성도들은 하나님 안에서야만 안식해야 한다. 만일 만부득이한 사정으로 불신자들 속에 살면서 세상에서 일을 해야 한다면, 그것은 두렵고 떨림으로 겸손으로 하고 지나친 자신감에서 하지 말고, 겸손과 하나님 경외하는 마음으로 해야 한다. 이 세상에 아무런 관심도 없는 사람처럼 살고 일시적 기쁨을 추구하지 말아야 한다. 착한 양심 지키고 오직 신령한 것만 바라보고 모든 희망을 하나님께만 두어야 한다.

> "오! 사람의 마음은 어찌 그리 아둔하고 완고한가. 지금 일시적 일만 생각하고 장래 일은 미리 생각지 아니한다. 네 모든 일과 생각에 오늘 죽을 것처럼 하고 있어야 할 것이다. 네 양심이 평안하다면 그렇게 죽음을 무서워 아니할 것이다. 죽음을 피하는 것보다 죄를 피하는 것이 더 낫다. 오늘 준비가 다 못되어 있으면 내일은 어떻게 준비되어 있겠느냐? 죽는 것이 두렵다면 아마 오래 사는 것은 어 위험할 것이다. 자기의 죽을 시간을 항상 목전에 두고 있고 매일 죽음을 예비하는 자는 복되도다…아침이 되거든 저녁 때까지 이르지 못할 줄로 생각하고 저녁 때가 되거든 내일 아침을 못 볼 줄로 생각하라 그러니 너는 항상 준비하고 있어 죽음이 어느 때 너를 찾든지 항상 준비되어 있는 것을 만나게 하라 많은 사람이 갑자기 준비가 없이 죽는다."

"보라 지금은 은혜 받을만 한 때요 보라 지금은 구원의 날이로다" (고린도후서 6:2)

"네가 회개하기 위하여 하루나 혹 한 시간만이라도 원할 때가 오리라. 이제 너는 죽을 때를 당하여 무서워하기보다도 도리어 죽음을 즐거워할 만큼 그렇게 살기를 도모하라. 너는 후 세상에 가서 그리스도와 더불어 살기 위하여 세속에 대하여 죽기를 배우라. 너는 죽을 때에 확실히 안심하기 위하여 지금 보속하여 네 육신을 처벌하라. 오 미련한 자여 하루라도 더 살 줄을 분명히 모르면서 어찌 오래 살 줄로 생각하느냐 얼마나 많은 사람들이 오래 살 줄로 생각하고 있다가 속았으며 의외에 그 육신을 떠났는가. 네 영혼을 구하는 일 외에는 아무것도 생각지 말고 하나님의 사정만 주의하라. 너는 이 세상을 지나는 순례자와 나그네로 여겨 세상의 모든 사정에 상관치 말아라…" (토마스 아 켐피스)

하나님의 바람은 늘 불어오고 있다. 우리가 돛을 달아 올리기만 하면 된다. 요한 타울러는 "우리는 항상 성령을 받고 있어야 한다. 성령은 우리의 준비된 상태에 따라 우리에게 오신다. 우리가 수용할 수 있는 태세를 갖출수록 완전하게 그를 영접할 수 있다. 그러므로 우리가 성령을 갈구하고 그의 오심을 준비하기만 하면 성령께서는 우리의 일생 동안 새롭고 특별한 은혜들을 가지고 특별한 방법으로 우리에게 오신다"고 했다.

"만물의 마지막이 가까왔으니 그러므로 너희는 정신을 차리고 근신하여 기도하라…" (베드로전서 4:7)

성령 받기 위해 무엇을 준비해야 하는가? 베드로는 "정신을 차리라"고 했다. 그 뜻은 "분별있게 행하라"는 것이다. 이성에 비추어 보아 우리 목적을 성취하는 데 가장 좋은 수단을 취하라는 것이다. 본문에서는 (그리스도인의 처세 태도로) 이탈, 하나님께 대한 복종, 내향성과 영적 고독을 의미한다. 이것들이 우리에게 성령이 오시도록 예비하는 방법이다. 이것은 우리가 아무 방해도 받지 않고 고귀하게 성령을 받을 수 있게 해주는 조치이다. 이러한 태세로 계속 성장해 나가는 자는 성령충만을 받는다.

 그 중에 이탈은 하나님께로부터 주시는 모든 은혜는 순수하고 단순한 것이기 때문에 우리 마음과 환경에서 순수치 못한 것, 단순치 못한 것, 즉 하나님께로서 오지 아니한 모든 것들로부터 떠나는 것이 이탈이다. 성령 안에서 이성의 빛으로 우리 말과 행동을 반성해 보고, 우리 생활 속에서 하나님을 향하고 있지 않는 모든 것을 제거해야 한다. 성령과 그 은사를 받으려면 반드시 이탈을 이행해야 한다.

(5) 애신애인(愛神愛人) 三

경계의 목적은 정결한 마음과 선한 양심과 거짓이 없는 믿음에서 나는 사랑이거늘

―디모데전서 1:5―

가장 고귀한 덕은 사랑

가장 고귀한 덕인 사랑에 대하여 사랑은 모든 계명을 포함하는 율법의 완성이다.

"사랑은 이웃에게 악을 행치 아니하나니 그러므로 사랑은 율법의 완성이니라"(로마서 13:10)

하나님께 있어서나 기독교인에게 있어서 사랑보다 더 큰 진리, 더 큰 덕은 없다. 진정한 사랑을 세 가지로 나누어 본다.

첫째는 정결한 마음에서 출발해야 한다. 하나님의 사랑은 모든 세상적인 사랑으로부터 정결해진 마음에서 일어나야 한다(요일 2:15-17). 모든 피조물적 사랑에서 정결케 되어 일시적이고 낮은 것을 버리고 오직 하나님께만 집주(集注)하여 낮은 사랑이

점차 승화되어 높고 거룩한 사랑이 되어야 한다.

둘째로는 선한 양심에서 나와야 한다. 악한 마음에서 나오는 거짓 사랑은 상대를 이용해 내 이득을 볼려는 목적으로 이웃을 사랑하노라 한다. 진정한 사랑은 미움, 질투, 분노, 노여움을 마음에 가지지 않는다.

세번째로는 거짓이 없는(순수한) 믿음에서 우러나와야 한다. 진정한 사랑은 순수한 신실한 믿음에서 나와야 한다. 내게 행복이 오든지 불행이 오든지 변함없는 믿음에서 하나님을 사랑해야 한다. 참 성도는 하나님께서 내게 주신 괴로운 십자가도 사랑하고, 그것이 하나님 뜻인 줄 믿는다.

어거스틴은 "내가 당신을 사랑하게 된 것은 너무 늦었습니다. 옛부터 계시면서도 언제나 새로우신 아름다움이여, 당신을 사랑하게 된 것은 너무 늦었습니다. 보소서. 당신은 진작부터 내 안에 계셨는데, 나는 밖에서 당신을 찾고 당신이 지으신 아름다운 것 속에 나는 추악하게도 전락했습니다. 당신은 진작 나와 같이 계셨는데도 나는 당신과 같이 있지 않았습니다…당신은 저를 아우성치며 부르사 저의 귀머거리를 뚫었습니다. 당신은 눈부시게 빛추사 나의 소경됨을 걷어 갔습니다. 당신은 훈훈한 바람을 보내사 나는 그것 한 숨 들이키고는 당신을 사모하여 몸부림치게 되었습니다. 나는 당신을 맛보고 기갈에 헤매입니다"고 고백했다.

그리고 그는 "하나님은 어디나 계셔서 어떤 장소에도 제한 받지 않으신다. 그러므로 우리는 장소에 의해 하나님께 가까이 가는 것도 아니요, 장소에 의해 하나님으로부터 멀어지는 것도 아니다. 하나님께 가까와진다는 것은 하나님 닮는 일이요, 멀어진다는 일은 닮지 않는 일이다"고 하였다.

　그리스도인은 하나님께 대한 거짓 없고 열렬한 사랑 안에서 이웃을 또한 그와 같이 사랑해야 한다. 보는 형제를 사랑하지 않는 자가 눈에 보지 못하는 하나님을 사랑해낼 리 없다. 우리가 우리 이웃에게 행하는 것과 같은 방법으로 하나님께서도 우리를 그렇게 대하실 것이다. 우리 이웃은 우리가 하나님을 진정 사랑하는가 못하는가 시험하는 테스트거리이다.

> "너희가 각각 중심으로 형제를 용서하지 아니하면 내 천부께서도 너희에게 이와 같이 하시리라" (마태복음 18:35)

　예수님 비유에 임금에게 일만 달란트 빚진 종이 사정 사정하기 때문에 그 빚을 탕감해 주었는데, 그 종이 나가서 자기에게 백 데나리온 빚진 동료를 만나 멱살을 끌어 잡고 감옥에 가두었다. 이 소식을 들은 임금은 너무 괘씸해서 그를 잡아다가 감옥에 가뒀다고 했다(마 18:24-35).

> "보는 형제를 사랑하지 못하는 자가 보지 못하는 하나님을 사랑할 수 없다" (요한1서 4:20)

　그리스도인의 형제는 함께 믿는 기독교인끼리다. 장로교인끼리만 형제인 것이 아니라 감리교인, 성공회인, 천주교인, 그리스 정교인도 다 형제다. 오늘 기독교인들끼리의 불화 분열은 하나님 앞에 큰 책망과 벌 받을 행동들이다. 교파지상주의는 마귀에게서 온 것이다. 개신교와 천주교 사이를 적대시하는 것도 회개해야 한다. 서로 중상 모략하고 분열하는 자는 구원 못받는다.

"우리에게는 삶과 죽음이 이웃 사람에게서 옵니다. 우리의 형제를 얻는 일이 하나님을 얻는 일이요, 우리의 형제를 노엽게 하는 일은 그리스도에게 대해 죄짓는 일입니다"(안토니)

사랑 외에는 빚지지 말라

"피차 사랑의 빚 외에는 아무에게든지 아무 빚도 지지 말라 남을 사랑하는 자는 율법을 다 이루었느니라"(로마서 13:8)

"내가 무엇을 가지고 여호와 앞에 나아가며 높으신 하나님께 경배할까 내가 번제물 일년된 송아지를 가지고 그 앞에 나아갈까 여호와께서 천천의 수양이나 만만의 강수같은 기름을 기뻐하실까 내 허물을 위하여 내 맏아들을, 내 영혼의 죄를 인하여 내 몸의 열매를 드릴까 사람아 주께서 선한 것이 무엇임을 네게 보이셨나니 여호와께서 네게 구하시는 것이 오직 공의를 행하며 인자를 사랑하며 겸손히 네 하나님과 함께 행하는 것이 아니냐"
(미가 6:6-8)

이 본문에서 바르고 진정한 예배는 오직 예배나 동물 희생의 제물에 있는 것이 아님을 가르친다. 하나님을 기쁘시게 하는 바르고 진정한 예배는 내적으로 정결한 믿음으로 되는 것이다. 미가 선지자는 진정한 예배는 하나님의 말씀을 지키는 것, 믿음과 사랑과 자비를 실천하는 일이라 했다.

어거스틴은 "전혀 알지 못하는 것을 사랑할 수는 없다. 그러나 조금이라도 알고 있는 것을 사랑할 때는 그 사랑 자체에 의해 한층 더 잘, 한층 더 완전하게 알게 된다"고 했다.

"하나님이 구하시는 제사는 상한 심령이라 하나님이여 상하고 통회하는 마음을 주께서 멸시치 않으시리다"(시편 51:17)

하나님 기뻐하시는 진정한 예배는 설교, 노래, 제물, 헌금에 있는 것이 아니요 믿음, 사랑, 겸손한 마음 중심으로부터 나오는 것이어야 한다. 그리고 하나님께서는 우리가 이웃에 대한 사랑과 기쁨의 봉사를 베푼 것이 아닌 다른 것으로는 섬김을 받지 않으신다.

사랑은 모든 덕이 총집결된 빛나는 덕이며 율법의 완성이라 했다. 향주덕은 믿음, 소망, 사랑인데 그중에 제일은 사랑이라 했다(고전13:13).

> "내가 너희를 사랑한 것같이 너희도 서로 사랑하면 이로 인해 모든 사람들이 너희가 나의 제자임을 알리라"
>
> (요한복음 15:8-9)

그리스도의 사랑이 없는 자는 그리스도께 속한 자가 아니다. 그런 자는 믿음도 없는 자이다. 사랑이 빠진 믿음은 거짓 믿음이다. 사람이 맛으로 사과를 알고, 향기로 꽃을 알듯이, 사랑으로 그가 참 그리스도인임을 안다.

> "사랑이 없이 겉으로 하는 일은 아주 소용이 없다. 그러나 사랑으로 하는 모든 일은 아무리 작고 천한 일이라도 모두가 유익하다. 하나님께서는 사람이 얼마나 일을 많이 하였는가를 살피시는 것이 아니라 얼마 만한 열정과 사랑으로 하였는지를 헤아리시는 까닭이다. 사랑이 많은 자가 일을 많이 한다. 참다운 사랑이 있고 완전한 사랑이 있는 자는 무슨 일에든지 자기를 찾지 않고 모든 일에 다만 하나님의 영광이 드러나기만 원한다. 오! 참된 사랑의 불 한 덩어리만 있다면 세상의 모든 것이 허황됨을 확실히 깨달을 것이다." (토마스 아 켐피스)

> "내가 예언하는 능이 있어 모든 비밀과 모든 지식을 알고 또 산을 옮길만한 모든 믿음이 있을찌라도 사랑이 없으면 내가 아무

것도 아니요…" (고린도전서 13:2)

방언, 예언, 입신, 기적, 권능 등을 다 행할지라도 사랑을 통해 역사하는 믿음이 아닐 때는 그리스도인이 될 수 없다.

"그리스도 예수 안에서는 할례나 무할례가 효력이 없되 사랑으로써 역사하는 믿음뿐이니라" (갈라디아서 5:6)

기독교인으로 귀하고 가치있는 것은 뛰어난 은사도 아니요, 외모가 아니요, 신학, 교리, 성서의 학식이 아니요, 다만 사랑을 통해 역사하는 믿음 뿐이다. 믿음과 사랑으로 하지 않는 기도는 하나님 앞에 상달하지 못한다.

어거스틴은 "사랑이신 하나님을 품으라. 그리고 사랑 안에서 하나님을 품으라. 사랑만이 우리를 천사들과 신의 종들과 거룩한 띠로 결합케 한다. 사랑하지 않는 자는 하나님을 알지 못한다. 하나님은 사랑이기 때문이다. 모든 사랑은 그 자체의 능력을 가지고 있다. 사랑하는 자의 마음은 쉬지 않는다. 부정한 사랑은 땅의 멸망할 것을 추구케 하여 멸망으로 유인하고, 거룩한 사랑은 높은 곳으로 끌어 올려 영원한 것을 향해 불타오르게 한다. 그대의 사랑을 정화시키라. 개천으로 흐르는 물을 정원으로 끌라"고 했다.

"사랑은 신속하고 참다우며, 또 경건하고 쾌활하며, 온화하고 용감하며, 인내성이 있고 성실하고 지혜로우며, 너그럽고 사내다우며, 자기를 찾지 아니한다. 누구든지 자기를 찾게 되면 그는 벌써 사랑에서 멀리 떨어지는 자다. 사랑은 모든 것을 두루 살피고 겸손하고 정직하며…" (토마스 아 켐피스)

요한 타울러는 말하기를 "사도 바울은 빌립보서 1:9에 '내가 기도하노라 너희 사랑을 지식과 모든 총명으로 점점 더 풍성하게 하사'라고 말하며 우리의 불완전한 사랑이 완전한 사랑으로 자라기를 기도했다"고 했다.

하나님께서 우리에게 요구하시는 것은 위대한 학식이나 고매한 사상이 아니다. 또는 많은 표면적 금욕고행 정진도 아니다. 사랑만 있으면 그러한 일들을 할 수 있게 된다. 하나님께서는 다만 사랑만을 요구한다. 사랑만이 선인과 악인을 구별해 준다. 하나님은 사랑이시며 사랑 안에 거하는 자는 하나님 안에 거하시기 때문이다. 사랑은 조금도 낭비되지 않는 것이고 감소되지도 않는다. 사랑은 사랑을 불러 일으키기 때문에 우리가 크게 사랑하면 할수록 더 사랑할 수 있게 된다.

사랑은 두 가지로 나타난다. 내면적 사랑과 표면적 사랑이 있다. 표면적 사랑은 우리의 이웃을 향한 사랑이고 내면적 사랑은 하나님을 향한 사랑이다.

"지식에 넘치는 그리스도의 사랑을 알라"(에베소서 3:18)

"너희도 피차간과 모든 사람에 대한 사랑이 더욱 많아 넘치게 하사"(데살로니가전서 3:12)

지식은 성령의 세번째 은사로서(벧후 1:5) 사랑에 선행한다. 귀부인 모시고 가는 하녀가 그 부인의 앞에서 가듯이, 우리 안에 참되고 거룩한 사랑이 있는지 없는지는 우리가 이웃에게 행하는 사랑을 보아 알 수 있다.

"…보는 바 그 형제를 사랑치 아니하는 자가 보지 못하는 바 하나님을 사랑할 수 없느니라"(요한1서 4:20)

하나님의 모든 계명과 권고는 하나의 근원에서 파생된 것이니, 즉 "하나님과 이웃을 네 몸같이 사랑하라"는 것이다. 자기의 결점 때문에 고통 당하는 이, 악한 습관을 가진 이들도 사랑으로 포용할 수 있어야 한다. 표면 환경이 좋지 못한 범죄인이 급선회하면 자기 잘못과 죄를 인정한다.

사랑을 항상 올바르게 실천하도록 하자. 원수가 밭에 몰래와서 가라지 씨를 뿌리듯, 우리는 세상에서나 종교적 생활에서 어떤 종류의 사람은 반드시 피해야 하고 그들과 달리 행동해야 할 경우가 있다. 하나님의 친구들은 세상의 친구들과는 달리 행동해야 한다.

우리가 하나님 사랑의 깊은 경지에 들어 가게 될 때는 제1단계 사랑에서 소유했던 모든 감각적인 형상들에 대해서 죽어야 한다. 그래야만 하나님 자신의 사랑의 대상이 되는 영역에 들어 갈 수 있다. 우리가 자신을 발가벗김으로 하나님의 신성으로 옷 입고 하나님의 형상으로 개조된다.

성 디오니시우스는 이 경지를 "감추인 어두움"이라 불렀다. 이 경지에서는 가련한 우리의 본성은 아무런 도움도 위로도 받지 못한 채 내면적으로나 표면적으로 유혹을 받으며, 또 다른 길로 걸어간다. 그는 자신을 초월하는 길로 들어서는데, 그곳에서 영혼은 하나님의 영 안에서 신적 본질의 은밀한 침묵 속에서 휴식한다. 이곳에서는 빛이 어두움을 밝혀준다.

그리스도의 날

바울은 "그리스도의 날"을 말했는데 그것은 우리가 그리스도의 고난과 죽음의 열매를 진실로 받게 되는 날을 말한다. 찬란한 구속의 날이다. 우리가 그리스도 안에서 전에 경험했던 것과는 전혀 다른 고귀하고 신비한 방법으로 감각적 형상들이 없이 주님의 고난과 죽음의 열매를 받는 날이다.

예수님께서 죽으시기 전에 막달라 마리아가 주님 발에 향유를 붓고 머리털로 씻는 것을 허락하셨지만, 그러나 부활하신 후에는 마리아 보고 "나를 만지지 말라 내가 아버지께로 아직 올라가지 못하였느니라" 하셨다. 제1단계, 하급 단계에 있을 때는 육체적 방법으로 접촉하는 것을 허락하셨으나, 보다 높은 단계에 이르렀을 때는 오직 영적 방법으로만 허락하셨다. 주님은 이미 하나님 안에 존재하시기 때문이다.

이때는 성자가 성부로부터 받았던 사랑을 다시 돌려드리며 두 분이 함께 성령을 호흡해 내시는 영광스러운 장면이 발생한다. 이것은 예수 그리스도를 통해 참된 사랑이 진실로 고귀하게 탄생하는 진실한 날이다. 이러한 사랑의 단계에 이르면 매일 매시간 매분마다 사랑은 무한히 증가해간다. 이것이 참된 하나님의 친구들이 진정으로 갈망해야 하는 사랑이다.

어거스틴은 "하나님께 밀착하는 일이 내게 있어서 선(善)이다. 절대 귀속의 감정, 하나님에게서 물러서지 않기 위해 하나님을 닮으려는 자는 하나님과 결합함으로서 하나님께 밀착하여 하나님의 형상을 보존한다"고 했다.

> "나의 하나님, 나에게 당신을 주소서. 나에게 당신을 돌려 주소서. 나의 생명이 당신의 포옹 속에 달려들어가 다시 떠나지 않고 당신 앞 은밀한 곳에 숨게 하소서"

> "내 마음의 모든 것을 당신의 참회의 제단에 바쳐 찬미의 번제를 당신께 드리나이다…당신의 사랑의 불길로 나의 전심을 태워 주소서 내게 돌아볼 아무것도 남지 않고 전체적으로 당신을 향하여

작열하여 전체적으로 당신을 향해 타오르고 당신에 의해 점화되
듯 전체적으로 당신을 사랑케 되기 원하나이다"(어거스틴)

십자가의 삶

예수 그리스도의 초림은 하나님이신 성자가 화신하여 인류를 구원하기 위한 교훈과 대인속죄의 희생제물이 되시려는 것이 목적이었다. 예수 그리스도께서 처음부터 자기의 이 목적을 분명히 인식하시고 "인자가 온 것은 섬김을 받으려 함이 아니라 도리어 섬기려 하고 자기 목숨을 많은 사람의 대속물로 주려 함이니라"(마 20:28)고 분명히 선언하고, 그 목적만 바라보고 일보일보 옮기셨다.

최후 예루살렘에 입성할 때는 가이사랴 빌립보 지방에서 자기가 예루살렘에 올라가면 고난을 받고 죽임을 당하고 부활할 것을 제자들에게 엄숙히 예고했다. 그때 수제자 베드로가 예수를 붙들고 "주여 그리 마옵소서 그 일이 결코 주에게 미치지 아니하리다" 했을 때, 예수님은 사단이 자기 화신의 대목적을 꺾으려는 줄 아시고, 베드로 보고 "사단아 내 뒤로 물러가라 너는 나를 넘어지게 하는 자로다 네가 하나님의 일을 생각지 아니하고 사람의 일을 생각하는도다"라고 꾸짖으셨다.

자원적이고 자진해서 인류를 구원하기 위해 희생제물이 되시고자, 빌라도 총독에게 붙잡혀 가시관을 쓰시고 전신이 유혈이 낭자하게 매 맞으시고 조롱의 홍포를 입으셨다. 밖에서 유대인 군중이 "십자가"에 못 박으라고 외치는 고함 소리가 요란한 발코니 계단을 밟으며 끌려나갔다.

나는 그 빌라도 관저의 계단을 무릎으로 올라가 보았다. 지금

도 그 계단에 예수님 흘리신 핏자국이 있다. 빌라도가 가시관 쓰시고 피에 젖은 예수를 유대 군중 앞에 세우고 "엑세 호모"(이 사람을 보라)고 하였다. 이 말은 인류들 앞에 희생제물 내세우고 하나님 하시는 음성의 대언이었다.

사형선고를 받은 예수님이 십자가를 지시고 예루살렘의 좁은 골목으로 끌려가시며 넘어지신 길이 슬픔의 길, "비아 돌로로사"이다. 두번째 넘어지신 자리에는 "우리도 예수님을 따라 이 길 가자"고 벽에 쓰여 있다. 골고다 언덕 밑에서 세번째 쓰러지시고, 골고다에 올라가 십자가에 눕혀놓고 로마군인 손에 손목과 발목에 살과 뼈를 꿰뚫어 큰 못에 박히시고 십자가에 달려 철철 흘리신 그 피, 그 옆구리 피, 나는 그 피를 본다. 지금 이 순간에 "그리스도의 사랑이 나를 강권"하시는도다.

> "이제 예수를 사랑하는 자들 중에 천국은 탐하여 사랑하는 자는 많으나 그의 십자가를 지고자 하는 자들은 적다. 위안을 구하는 자는 많으나 고난을 받고자 하는 자는 적다…누구나 다 예수와 더불어 즐기려 하지만 그를 위하여 고통을 참겠다는 이는 적다. …떡을 뗄 때까지만 주를 따르다가 수난의 잔을 마시는 데까지 가는 자는 적었다. 그의 영적을 숭배하는 자는 많지만, 그 십자가의 모욕을 따르고자 하는 자는 적다…많은 사람들이 예수를 사랑하되 곤란을 당하지 아니하는 때만 사랑한다."
> (토마스 아 켐피스)

"많은 사람들은 '자기를 부인하고 자기 십자가를 지고 나를 따르라'(마 16:24)는 주님의 이 말씀을 모진 말씀으로 생각한다. 그러나 '저주를 받은 자들아 나를 떠나 영원한 불에 들어가라' 마 25:41) 하시는 이 최후의 말씀을 듣기는 한층 더 모진 것이 될 것이다. 주님께서 심판하러 오실 때는 이 십자가의 표가 하늘에 나타날 것이다. 그때에 십자가를 따라 십자가에 못 박혀 죽으신 그리스도와 생활을 일치하게 하는 모든 이는 심판의 주

이신 그리스도 앞에 안심하고 나아가리라. 그러면 그대를 천국으로 인도하는 그 십자가 지기를 왜 두려워하는가? 십자가에는 구원이 있고, 십자가에는 생명이 있고, 십자가에는 원수의 공격을 막는 병기가 있다…보라 모든 것이 십자가에 있고 모든 것이 죽음에 있다. 거룩한 십자가의 길 밖에, 또 날마다 극기하는 길 밖에는 생명으로 인도하고 참다운 마음의 평화를 얻는 데로 인도하는 다른 길이 또 어디 있는가?" (토마스 아 켐피스)

구원받을 오직 한 길

예수 믿고 오늘처럼 내가 큰 죄인인 것 깨달은 적은 과거에 없었다. 나는 별 재주를 해봐도 구원 얻을 길이 없다. 모진 죄인이고 엄청난 죄인이다. 나는 불교도 연구해 보고, 심령 과학도 연구해 보았다. 그러나 나는 내 노력으로 깨달음을 얻어 구원 얻어낼 자신은 도저히 없다. 나로서는 예수 그리스도의 십자가 외에는 구원 얻을 길이 없다. 십자가에서 흘리신 보혈이 아니고는 다른 방법으로는 나는 구원 못 얻는다. 그렇다.

아빌라의 데레사는 피 흐르는 예수상을 붙들고 떨며 통곡하며 "이 피, 이 피"라고 부르짖었다.

어느 기독교 황제가 이교도가 가지고 간 거룩한 십자가를 탈환해서 예루살렘으로 가지고 올 때 그는 십자가의 영광보다 통치자로서의 자기 영광을 나타내려고 권위와 위위(威位)를 갖추고 십자가를 운반했다. 예루살렘에 이르니 성문이 닫혔고 천사가 나타나 "그대는 아주 정엄하고 훌륭하게 십자가를 운반하면서 말을 타고 오는군요. 그러나 그 십자가에 달려 죽으셨던 분은 수치와 모욕 속에 이 성에서 쫓겨나 어깨에 십자가를 메고 맨발로 걸어 가셨습니다"고 했다. 황제는 황급히 말에서 내려

웃옷을 벗고 어깨에 십자가를 메었다. 그제야 성문은 열려 들어갈 수 있었다고 한다.

많은 사람들은 많은 고난과 시련을 겪음으로 십자가를 발견하는 바 이것은 주님께서 그들을 주님 자신에게로 끌어들이는 방법이다. 그러나 이런 고난을 그저 겪는 데 그쳐서는 안된다. 그것을 들어올려 찬양해야 한다. 고통과 재난 속에서 우리는 하루에도 스므 번 이상 십자가를 발견할 것이며, 만일 그것들이 상징하는 바를 이해한다면 우리는 참으로 십자가의 고통을 겪게 될 것이다.

우리가 십자가를 지지 않으려고 하는 일은 매우 중한 범죄이다. 우리는 표면적인 것이든 내면적인 것이든, 육체적인 것이든 영적인 것이든 모든 무거운 짐을 선뜻 맡아 지고, 그것을 하나님께 똑바로 들어올리고 우리 자신의 것으로 만들어야 한다.

한국 교인들은 기복적 신앙 속에서 복신(福神)을 많이 믿지만 참 하나님은 고통의 신이시며, 십자가를 지는 신이시다.

"그리스도는 단 여섯 시간뿐만 아니라 전 생애를 십자가 위에 있었. …그리스도의 고통은 특히 사람을 구하기 위하여 받으신 신의 고통이다. 고통의 감각을 지으신 신이 자기도 고통을 느끼지 않을 수 있겠는가. 그러면 신이 그리스도를 통해서 고통하시는 일은 당연히 있을 수 있는 일이 아닌가"(썬다 싱)

"십자가는 사람에 따라, 일에 따라, 또는 영적 상태에 따라 다른 뜻을 갖는다. 외면으로는 못으로 차 있는 것처럼 보인다. 그러나 그 내적인 본성은 감미롭고 평화롭다. 십자가의 외적 고난을 겁내어 그 큰 영적 축복을 잃어서는 안된다"(썬다 싱)

오늘 교회들에서 그리스도의 십자가가 점점 희미해져 가고 있다. 십자가 보혈의 감격을 느끼는 자를 찾아 보기 드물다. 십자가 지고 비아 돌로로사의 길 가시는 예수님, 우리도 그 뒤를 따르자.

> 어두운 그날 저녁 십자가 붙든 저녁
> 모두가 버리고 돌아간 그 자리
> 주 홀로 높이 달려 배신의 고독함을
> 한 몸에 받으시고 용서를 빌으신 후
> 오 주여, 비오니
> 당신을 껴안습니다.

5. 참회의 삶

금식하며 울며 애통하고
마음을 다하여 내게로 돌아오라
너희는 옷을 찢지 말고 마음을 찢고
너희 하나님 여호와께로 돌아올지어다
―요한1서 2:12-13―

5. 결과의 숲

(1) 참회생활

허물의 사함을 얻고 그 죄의 가리움을 받은 자는 복이 있도다
마음에 간사가 없고 여호와께 정죄를 당치 않은 자는 복이 있도
다 내가 토설치 아니할 때에 종일 신음하므로 내 뼈가 쇠하였도
다 주의 손이 주야로 나를 누르시오니 내 진액이 화하여 여름
가물에 마름같이 되었나이다 내가 이르기를 내 허물을 여호와께
자복하리라 하고 주께 내 죄를 아뢰고 내 죄악을 숨기지 아니하
였더니 곧 주께서 내 죄의 악을 사하셨나이다

—시편 32:1-5—

아브라함의 자손이라 하지 말라

나는 개신교(장로회) 교인 생활 66년과 목사로서 목회생활 42년의 경험을 통해서 개신교에 대한 뼈저리게 느낀 점 두 가지가 있다.

종교인이라는 우리가 이론보다 실질적인 자기 완성과 인간 완성을 위해서는 첫째로 기독교인들이 회개가 분명하고 철저해야 한다는 점과 종교인으로 성화되어가는 성장이 현저해야 한다는 점이다.

요즘 유력한 목사를 중심으로 하고 정부의 지원도 받으면서

기독교계에서 일어나는 영성운동, 경건운동, 도덕성 회복운동 등 그 방법을 보면, 영성 센터를 만들고 대중집회를 열고 가두 시위하며 북 치고 선전하고 성서 연구와 교회 출석을 권장한다고 한다.

그동안 한국 교회는 이런 빤한 통상적 방법을 써왔다. 성서 연구, 교회 출석, 성신 운동도 좋으나 기독교회와 기독교인 자체가 하나도 새로와지지 못하고 있다. 그러므로 반복하는 예배나, 교회주의 목회나, 성신운동 등 획기적 성과를 얻었다고 볼 수는 없다. 그 증거로는 신도수가 1천 2백만 명이며, 정부 요로나 국회 여야당에도 기독교인이 꽉 차 있다. 네 명에 한 명이 기독교인인 셈이다.

명실공히 기독교적 국가인 우리 사회가 이렇게 부패 타락하고 교회와 기독교인들마저 모조리 세속화하고 타락하고 있는 현실은 무슨 까닭인가?

성서연구와 아울러 오늘날의 기독교인들은 종교인으로서의 철저한 인생관과 가치관을 세워야 하고, 종교인들의 신앙생활은 바리새인같이 형식이 되지 말고 실제적이며 구체적인 참회생활이 되어야 한다고 본다.

"금식하며 울며 애통하고 마음을 다하여 내게로 돌아오라 너희는 옷을 찢지 말고 마음을 찢고 너희 하나님 여호와께로 돌아올지어다" (요한1서 2:12-13)

"지금이 곧 여호와를 찾을 때니 너희 묵은 땅을 기경하라 마침내 여호와께서 임하사 의를 비처럼 너희에게 내리시리라"
(호세아 10:12)

모든 종교적 이론이나 경전은 표면을 스치고 지나가는 바람이다. 인간의 마음밭을 집요히 파고들어 뒤집는 기경은 말로는 안 된다. 구체적 행동적 회개를 해야 한다.

> "그러므로 회개에 합당한 열매를 맺고 속으로 아브라함이 우리 조상이라 말하지 말라 내가 너희에게 이르노니 하나님이 능히 이 돌들로도 아브라함의 자손이 되게 하시리라"(누가복음 3:8)

속으로 아브라함의 자손이라 하지 말라. 형식으로 기독교인이면 어떻게 되는 줄 알고 자부하고 안심하고 다니지 말라. 껍데기 기독교인, 교파, 어떤 특수 교회가 구원에 아무 도움도 못된다. 하나님은 육을 보지 않고 영을 보신다. 종교적 형식은 자기기만이다. 우리가 깨달아야 하는 것은 예수님의 천국 운동은 회개 운동이었다.

> "제자들이 나가서 회개하라 전파하고…"(마가복음 6:12)
>
> "내가 의인을 부르러 온 것이 아니요 죄인을 불러 회개시키러 왔노라"(누가복음 5:32)
>
> "…너희도 만일 회개치 아니하면 다 이와 같이 망하리라"
> (누가복음 13:3)
>
> "…이와 같이 죄인 하나가 회개하면 하늘에서는 회개할 것 없는 의인 아흔 아홉을 인하여 기뻐하는 것보다 더하리라"
> (누가복음 15:7)

선지자 요엘은 "제사장들은 낭실과 제단 사이에서 울며"(요엘 2:17) 회개하라고 했다.

오늘 한국에서 제일 먼저 회개해야 할 인간은 대통령이 아니요, 여당이 아니요, 야당이 아니요, 공산당이 아니다. 종교인들 중에서 목사들이 제일 먼저 회개해야 하고, 기독교인들이 회개해야 한다고 절실히 느끼고 있다.
　제일 큰 죄인은 목사 성직자들이다. 교회 안에는 이리 떼들이 우글우글거리고, 교회 밖에서는 양들이 울고 있고, 목사들과 기독교인들은 목사면 회개할 필요가 없는 줄 짐작하고 있다. 교회를 분열하게 하는 것도 목사들이요, 팽창주의 물량적 비대하는 것도 목사들이요, 샤머니즘 무당 굿판을 만드는 것도 목사들이다. 나는 분명히 지옥에는 목사들이 많을 줄 안다. 나 자신도 회개가 분명치 않으면 지옥갈 자이다.

통회의 눈물을 주소서

　아토스의 성자 실루안은 고백하기를 "주여 당신께선 영광을 보여 주셨습니다만 감사하는 힘과 눈물의 은총도 내려 주십시오. 하늘과 땅에선 당신을 찬미하오나 저에게는 통회의 눈물을 주소서. 주님은 우리가 일생을 통해 죄 때문에 슬퍼하지 않으면 안됨을 당신 자비로 깨우쳐 주셨다"고 했다.
　개신교도들의 최대 문제는 회개하지 못하고 있는 일과 성화를 모르고 있는 일이다. 이것은 큰 문제이다. 큰일이 날 문제이다.
　강단이 굳어져 버리고, 교인들의 도덕생활이 문란해지고, 분열만 일삼는 교회를 인위적인 방법, 테크닉, 노래, 춤, 기복 선전으로 메우려는 오늘날 교회의 예배와 기도와 찬송과 설교는 완전히 헛된 것이다. 회개의 눈물에 젖어 있는 자들에게나 복음이 되는 것이지, 자기의 죄를 모르고 뉘우치지지도 않는 뻔뻔스러운 자들에게는 복음이란 있을 수 없는 것이다.
　분도 라브르가 환상의 세계를 보았는데, 흰 옷을 입고 천국을 향해 가는 이들의 행렬은 매우 짧고, 붉은 옷을 입은 자들의 행렬은 그보다 길고, 검은 옷을 입고 지옥으로 가는 이들의 행렬은 너무 길었다고 했다.

"크게 외치라 아끼지 말라 네 목소리를 나팔같이 날려 내 백성에게 그 허물을 야곱의 집에 그 죄를 고하라"(이사야 58:1)

이것이 교회의 제일 큰 사명이다. 교인을 오냐 오냐 기르면 안된다. 오늘 교역자들은 죄에 대한 회개를 외쳐야 한다. 교인들이 제일 싫어하는 것이 회개 문제이다.

"너희는 예루살렘 거리로 빨리 왕래하며 그 넓은 거리에서 찾아 보고 알라 너희가 만일 공의를 행하며 진리를 구하는 자를 한 사람이라도 찾으면 내가 이 성을 사하리라"(예레미야 5:1)

나는 목회를 42년하고 은퇴한 후에는 길 가다가도 예배당 건물 쳐다볼 때마다 "지금 저 건물 속에는 또 얼마나 거짓과 음모와 모략과 아첨이 도사리고 있겠는가…"라고 생각한다. 음침한 교회 건물을 느낀다. 교회가 인간성의 사악이 득시글거리는 곳이라면 두려운 곳일 뿐이다.

유치환의 시

교회 뾰죽한 종탑 위에 세운 십자가는
하늘을 손짓하며 발돋음하고 서 있고
깨진 뚝배기 두드리듯 종탑
그 밑 교회 마루에 엎드려
아바 아바지 찾는 무리들이사
고의나 치마로 꼬리 감춘 각종 여우들…

기독교란 종교가 나빠서가 아니다. 아무리 좋은 씨라도 거친 땅에 뿌려진 것은 무성하게 성장하지 못한다. 농부는 곡식 종자도 개량하지만 땅을 해마다 새 흙을 깔고 거름을 주고 개량에 주력한다. 한국이란 땅, 박토에 떨어진 기독교가 문제이다.

우리나라에는 장로교가 114개파나 있는 나라이다. 예배만 반복하는 데 문제가 있다. 회개는 안 시키고 무당 굿판같은 예배나 일삼고, 이신득의의 간단한 교리만 홍얼거리고 다니는 데 문제가 있다. 기독교인이 너무 빨리 속성으로 되는 데, 인스턴트 교인이 되고 안심하는 데 문제가 있다. 요즘 한국 교인들은 기독교인이 되는 데 서론도 본론도 거치지 않고 결론적으로 "예수 믿고 천당만" 찾고 있다.

종교인으로서의 인생관, 가치관, 영성, 경건 훈련, 반성과 회개가 없는 데 문제가 있다. 반성과 누우침이 없는 종교생활은 배나 위험하다.

오늘 날의 종교계와 기독교계는 온통 거짓에 찬 인간들의 세계이다. 성신을 부르고 은사를 받았노라고 떠들고 다니나 헛 성신과 헛 은혜를 받고 다니는 데 문제가 있다. 누구나 참 회개하고야 구원얻는다.

> "그날에 많은 사람이 나더러 이르되 주여 주여 우리가 주의 이름으로 선지자 노릇하며 주의 이름으로 귀신을 쫓아내며 주의 이름으로 많은 권능을 행치 아니하였나이까 하리니 그때에 내가 저희에게 밝히 말하되 내가 너희를 도무지 알지 못하니 불법을 행하는 자들아 내게서 떠나가라"(마태복음 7:22)

형식적 교인은 겉보기에는 매우 신앙적인 듯하고, 양의 가죽을 썼으나 참기독교인은 아니다. 능력 있는 일을 행해도 "주여 주여" 해도, 입으로만 "정통 정통"해도 불법을 행하는 자는 회개가 없는 자이다. 그러므로 형식적으로 교회 다닌다고 어떻게 되는 것이 아니고, 기독교인이 되었다고 천당 가는 것이 아니다. 믿기만 하면 된다는 소리는 악마의 속삭임이다.

> "너희 묵은 밭을 기경하라 마침내 여호와께서 임하사 의를 비처럼 내리시랴" (호세아 10:12)

내가 일생 겪어본 한국 기독교도들은 외식주의자들이나 바리새인들이었다. 예의와 염치를 모르는 몰염치한들이었다. 양심과 이성이 있고야 예수를 믿어내지, 짐승보다 못한 인간은 예수를 못믿는다. 김현봉 목사는 양심 쓰는 연습하라고 강조하며 양심은 예수 믿는 밑천이라고 했다.

> "믿음과 착한 양심을 가지라 어떤 이들이 이 양심을 버렸고 그 믿음에 관하여는 파선하였느니라" (디모데전서 1:18-20)

파선하는 신앙

디모데전서 3:9에서 사도 바울은 깨끗한 양심에 믿음의 비밀을 가져야 한다고 가르치면서, 양심을 버린 자의 신앙은 파선하는 신앙이라 했다. 비양심인이 되고 인간의 양심이 깨지고 이성을 잃으면 끝장이다. 예수를 못 믿는다. 양심은 예수 믿는 밑천이다. 양심지킬 줄 모르고, 자기의 잘못을 모르고, 따라서 회개란 것을 모르는 이는 예수를 바로 믿어 내지 못한다. 자기의 부족함을 알고 겸손하고 회개해야 하는데, 양심도 회개도 모르면서 예수 믿노라면 그의 신앙도 인간성도 도리어 잘못 되어간다.

더운 여름에 마을 아이들이 개울 물에 뛰어 들어가 헤엄은 치지만 때는 벗기지 않으니 물때가 올라 더 더럽게 된다. 물은 씻어 내는 것이지만 때를 벗기지 않으니 도리어 물때가 되는 것이다.

죄는 대죄와 소죄로 구별이 있지만 큰 죄만 회개해야 하는 것 아니라, 작은 죄도 늘 애통하며 회개해야 한다. 소죄에도 애통할 줄 알아야 한다. 소죄를 상습적으로 반복하면서 반성과 회개를 하지 않는 것이 더 큰 일이다. 양심이 마비되는 것이다.

미워하는 죄, 거짓말 하는 죄, 시기, 질투, 아첨, 게으름, 태만 죄가 습관적이 되면 큰 일이다. 불효죄, 이단죄, 교회 분열의 등의 큰 죄는 여간 통회하지 않고는 희망이 없다.

소죄를 짓고도 회개하지 않는 여인들이 있어서 어떤 사람이 명령하기를 "가서 돌 한 개씩 주워 오라"고 했다. 돌을 주워온 여인들을 보고 "다시 돌을 제자리에 갖다 놓으라"고 했다. 큰 돌을 주워온 이는 주워온 자리를 정확히 알고 있으나, 작은 돌을 주워온 여인은 그 곳을 정확히 기억하지 못했다.

간디는 "내 한 마디의 거짓말로 인도가 독립한다고 해도 나는 거짓말을 할 수 없다"고 했다.

소죄가 반복하여 쌓이면 대죄가 된다. 요즈음 교인들이 교회에는 다니면서 회개하지 않으니 교회때가 낀다. 더 나빠지는 것이다. 회개하지 않고 예배 보면 예배때가 낀다.

예수님께서 바리새인과 서기관에게 대해 그들이 모세의 자리에 앉았으니 그러므로 무엇이든지 저희의 말하는 바는 행하고 지키되 저희의 하는 행위는 본받지 말라면서 유대교 대표자인 그들에게 "화 있을진저"를 일곱 번이나 했다.

5. 참회의 삶

"화 있을진저 외식하는 서기관들과 바리새인들이여 천국문을 사람들 앞에서 닫고 너희도 들어가지 않고 들어가려 하는 자도 들어가지 못하게 하는도다"(마태복음 23:2-3)

죄 짓는 일은 간단해도 그 죄를 회개하기는 지극히 어렵다. 누구와 다투고 화해하기가 어렵고, 더구나 음행죄는 부끄러워 죽을 때까지 입을 꽉 봉하고 회개하지 못하기 때문에 벙어리 귀신이 붙었다고 한다. 오늘의 기독교인들에게 속지 말라. 툭하면 "하나님" 소리 잘하고, "주여 주여" 잘 찾고, "아멘 할렐루야" 소리 잘한다고 기독교인인 것이 아니다. 방언과 예언 잘하고, 기도 잘한다고 기독교인이 아니다. 그런 것은 다 바리새인들의 위장술이다.

깨끗한 양심에 이성을 잃지 않고 믿는 이라야 참 그리스도인이다. 교회에 다닌다고 구원 얻는 것이 아니다. 예배를 부지런히 본다고 구원 얻는 것은 아니다. 방언 잘 한다고 구원 얻는 것 아니다. 회개해야 구원 얻는다.

주기철 목사는 "요순(堯舜)의 무리도 못되는 것들이 어떻게 예수의 제자가 될 수 있겠는가"라고 했다. 동양 사람의 이상인 군자도 못되는 기독교인이어서는 안된다. 철저히 자기 죄를 바로 깨닫고 통절히 회개하여 신생하지 못한 교인들은 천국에 가지 못한다.

예수님께서는 유대인들에게 "너희가 회개하지 않으면 다 이와 같이 망한다"고 하셨다.

바리새인의 기도와 세리의 기도

바리새인의 기도에는 자기 자랑만 나열했지 회개가 없었다.

"나는 다른 사람들 곧 호색, 불의, 간음을 하는 자들과 같지 아니하고 이 세리와도 같지 아니함을 감사하니이다 나는 이레에 두번씩 금식하고 소득의 십일조를 드리나이다"

세리의 기도는 가슴을 치면서 통회하는 기도였다.

"세리는 멀리 서서 감히 눈을 들어 하늘을 우러러 보지도 못하고 다만 가슴을 치며 가로되 하나님이여 불쌍히 여기옵소서 나는 죄인이로소이다"

예수님께서는 회개를 모르는 서기관과 바리새인 보고 세리와 창녀들이 너희보다 먼저 하나님 나라에 들어간다고 하셨다.

회개와 겸손한 태도가 없는 예배는 신이 듣지 아니하신다. 매주일 헛된 예배, 헛된 찬송, 헛된 기도, 헛된 수고를 반복하는 노릇일 뿐이다.

지상의 교회는 성인, 성녀들만이 모이는 곳이 아니요, 천사들이 모여서 예배를 보는 데가 아니다. 죄의 회개가 없을 수 없다.

지상에 있는 교회에는 곡식과 가라지가 함께 자라고 있다. 가라지가 더 머리를 든다. 세속의 타락한 교회는 엄청난 죄 덩어리 집단이요, 더러운 욕정 덩어리들이 모인 곳이다. 그러므로 교회는 교인들을 회개시켜야 한다. 죄가 꽉 차 있는 교인들 보고 "평안하다 평안하다" 해줘야 진정한 평안이 없다.

잘못된 교회는 거룩한 성도들을 만드는 것이 아니라 추악한 악마 인간, 철면피 교인 제조공장이다. 모여서 찬송이나 부르고 성경이나 배우며 예배 잘 보면 교회의 사명 다하는 것이 아니다. 그러기에 앞서 인간이 참된 인간이 되려고, 물이 포도주로 변하듯, 참 그리스도인이 되려고 교회에 나오는 것이 아니겠는가.
　예수님의 열 두 사도 중 가장 영리한 제자가 지옥 제일 밑바닥에 떨어졌으니, 오늘날의 교회 교인들이나 성직자들 중에 지옥에 떨어질 자야 얼마나 많겠는가. 지옥에는 기독교인들이 꽉 찼을 것이다.
　분도 라브르는 지옥을 구경하고 나서 지옥에 떨어지는 죄인이 마치 겨울날 함박눈이 쏟아져 오는 것같이 많더라고 했다. 나는 여러 번 꿈에 내가 잘 아는 장로가 어둡고 음침한 지옥길에 말없이 쓸쓸히 서 있는 것을 보았다.
　심령학자는 지옥에도 교회가 있다고 주장했다. 천국에 가지 못한 목사들이 지옥에 떨어져 거기서 해먹을 노릇은 없고, 세상에서 배운 재주가 목사 노릇이었으니 목사 노릇하던 고정 관념 때문에 지옥에 가서도 교회를 세운다고 했다.
　어느날 웨슬레의 꿈에 천당 문앞에 가서 천사에게 묻기를,
　"천당에 천주교인이 얼마나 있습니까?"
　"한 사람도 없다."
　"성공회 교인은 없습니까?"
　"한 사람도 없다."
　"장로교인은 없습니까?"
　"한 사람도 없다."
　"그러면 천당에는 대체 누구들이 있습니까?"
　"그리스도인들이 있다."
　웨슬레는 다시 지옥문 앞에 가서 사자에게 묻기를,
　"이 속에 천주교인이 있습니까?"
　"많이 있다."

"성공회 교인도 있습니까?"
"많이 있다."
"장로교인은 있습니까?"
"많이 있다."
"웨스레 교인은 있습니까?"
"많이 있다."

사람 중에는 착한 사람들이 있고, 그 반대로 악의 씨가 따로 있다. 선택된 인종이 따로 있고 악마계 인종의 구별이 있다. 그것을 무엇을 보고 알 수 있는가? 기독교인은 모조리 선택된 인종들인가? 천만에. 선택된 인종은 회개가 철저하고 성화가 현저한 사람들 뿐이다. 교회에 다닌다고 다 택한 백성은 아니다.

> 부름을 입은 자는 많으나 택함을 입은 자는 적다
> (마태복음 22:14)

때때로 나는 반성한다. 내가 이런 꼴로 믿노라 하다가 이후에 하늘나라 천천만 성도들의 반열에 참예하지 못하면 어떻게 하나 고 염려한다.

회개가 철저하고, 선행이 따르고, 성화가 현저해야 한다. 회개의 기독교가 되어야 한다. 우리는 누구나 예배교인으로 안심하지 말고 계속적이고 적극적으로 회개해야 산다.

교회는 눈물 흘리는 곳

교회는 회개 장소가 되어야 한다. 교회는 유흥으로 기타를 치고 노래하는 곳이 아니라, 눈물을 흘리는 통회자들이 모이는 곳이 되도록 하자. 모든 기독교인들은 참회자가 되자. 우리의 예배, 기도, 찬송은 모두 눈물 속에 올리는 참회자의 노래가 되자. 예배는 재미있게 흥겹게 보기보다 깊이 마음으로 회개 고백하는 시간이 되어야 하고, 성경은 참회자의 독경이 되어야 한다. 참회하지 못하는 인간들이 갖고 다니는 성경은 그들의 영혼을 덮는 관 뚜껑이다.

계속 회개할 필요가 없다고 밤낮 "죄, 죄"할 필요가 없다고 주장하는 목사가 있다. 근본적인 회심이 한 번 있으면 그만이라고 말한다. 그렇다면 목욕을 했으니 매일 세수는 하지 않아도 된다는 말인가? 일생 참회자로 살아야 하고 일생 울어도 부족하다. 참 신앙은 참 회개에서 나온다. "나를 믿기만 하면 된다"고 유인하는 것은 사교의 교주들이다. 예수께서는 우리에게 철저히 회개할 것과 성화를 가르치셨다.

아토스의 성자 실루안은 "죄를 용서받았다 해도 우리는 일생 동안 통회와 회한을 가지고 그 죄를 상기하지 않으면 안된다. 나는 그렇게 하지 않았기 때문에 통회와 뉘우치는 마음을 잃었고, 악마로부터 많은 고통을 받았으며, 나에게 일어났던 모든 일들이 이해할 수가 없었다"고 했다.

회개는 매일 계속해야 한다. 회개해도 좋고 안해도 무방하다고 생각하지 말라.

윌리암 로우는 저녁마다 하루를 반성하고 회개했다. 진지하게 회개해야 한다. 매일 아침 저녁 충분히 반성하는 시간을 가지자. 그리스도의 보혈이 우리 죄를 씻으려면 그 이전에 나의 통회의 눈물에 죄많은 나의 심령이 흠뻑 젖어야 한다. 기독교인의 앞가슴은 언제나 눈물에 젖어 있어야 한다. 우리가 엎드린 마루

엔 언제나 눈물이 고여 있어야 한다.

나는 은성 수도원 입구, 바위들이 첩첩이 굴러져 있는 틈에 참회굴을 지어 놓았다. 산에 오는 사람들은 그 참회굴에서 밤을 지샌다. 참회굴 벽에는 참회시를 썼다.

> 자정 깊은 밤
> 참회굴에서 엎드려 촛불 돋우고 흐느낍니다.
> 역겨운 한 마리 벌레…
> 참아주시는 자비시여
> 오 당신만은
> 정녕 나를 용서하시리다
> 모두가 내탓임을
> 가정도 교회도 국가도 나 하나 때문에
> 시름하고 있음을 미처 몰랐나이다.
> 이제야 뉘우치는 참회의 아픈 이 가슴
> 창 밖에는 낙엽을 몰고
> 계곡을 흔드는 바람소리…
> 여기 비창한 심사로 밤새 님을 부르는
> 끝없는 눈물이 있습니다.

번연의 『천로역정』에는 천성에 가는 길로 들어서자면 좁은문을 통과해 들어가야 한다고 했다. 좁은 문은 회개의 좁은 문이다. 담으로 뛰어넘어 들어와 천성 길에 선 자는 회개 없이 예수 믿는 사람인데 그런 자는 제멋대로 믿는 자이다. 담으로 뛰어넘는 자는 도적이요 강도다. 제멋대로 들어 왔으니 제멋대로 나갈 때가 반드시 있다고 했다.

"내가 토설치 아니할 때에 종일 신음하므로 내 뼈가 쇠하였도다 주의 손이 주야로 나를 누르시오니 내 진액이 화하여 여름 가물에 마름같이 되었나이다 내가 이르기를 내 허물을 여호와께 자

5. 참회의 삶

> 복하리라 하고 주께 내 죄를 아뢰고 내 죄악을 숨기지 아니하였더니 곧 주께서 내 죄의 악을 사하셨나이다 이로인하여 무릇 경건한 자는 주를 만날 기회를 타서 주께 기도할지라"
> (시편 32:3-6)

"토설치 않는다"는 것은 회개하지 않는다는 말이다. 많은 개신교도들은 제멋대로 담을 뛰어 넘어온 당돌한 침입자들이다. 토설치 않는 자들이다. 심령이 탈진한 자들이다.

맹자는 성선설(性善說)을 주장하면서 사단지심(四端之心)이 없으면 인간이 아니라고 했다.

　　惻隱之心(仁의 端) 羞惡之心(義의 端)
　　辭讓之心(禮의 端) 是非之心(仁의 端)

기독교인들이 사단지심이 없는 사무병자(四無病者), 파렴치한 비인간이라면 어찌하랴?

혼인 잔치에 예복을 입지 않고 들어온 자들(마 22:1-14)을 본 임금은 그들의 손발을 묶어 바깥 어두움에 내어 던지라고 명했다. 청함을 받은 자는 많되 택함을 입은 자는 적다고 했다.

혹 어떤 이들은 예수를 믿으면 되었지, 전과자처럼 교회에 나가면 밤낮 시끄럽게 "죄, 죄"하고 "회개, 회개"한다고 죄인 취급하는 것이 불쾌하다고 한다.

무엇을 무슨 죄를 회개하라는 말이냐고 불평하고 대항한다. 죄는 회개해야 사함을 받는다. 지난날의 죄를 잊어버렸다고 자연히 소멸되는 것이 아니다. 아무리 열심으로 예수를 잘 믿는다 해도 뻔뻔스럽게 믿는 자는 그리스도의 보혈을 받을 수 없다. 겸손히 자기의 부족을 느끼며 뉘우치는 자에게 보혈이 임한다.

찰스 피니는 진정한 회개에 대하여 "죄에 대한 견해와 감정의 변화가 있어야(통회) 죄를 되풀이 범하는 경향이 사라진다. 행동이 변화를 낳는다. 고백과 동시에 배상을 해야 성격과 행동이 영원히 변화한다"고 했다.

나의 주위의 모든 불행은 모조리 남의 탓이 아니요 내탓이로다. 내탓으로 보아야 한다. 현재 내가 겪고 있는 모든 불행으로 인해 누구를 원망하지 말아야 한다. 남의 작은 죄만 찾고, 남의 눈의 티만 찾아보면서 자기 눈의 들보는 모르는 죄를 회개하여야 한다.

해방 직후 전국 교역자 수양회가 영락교회에서 모였을 때 강사로 초청 받은 미국 목사는 하나님께 능력을 달라고 기도 계속 했다. 하나님의 음답이 오기를 "네 친구와 불화한 데 가서 사과하라"고 했다. 이에 내가 잘못한 것이 없어서 못 가겠다고 하니 "가기 싫으면 그만 둬, 그러나 다시는 능력 달라는 기도하지 말라"고 했다고 한다.

회개는 말 고백으로 끝나는 것 아니요 일생 계속 참회적 생활해야 한다. 건성으로 회개하지 말고 철저히 회개해야 한다. 행동적 회개를 하고, 피해 입은 사람에게 보상하고 용서를 구하여야 한다.

성 줄리안은 실수해서 부모를 죽인 죄를 참회하기 위해 일생 동안 큰 강변에 앉아 강을 건너는 자를 업어 건네주며 눈물 흘렸다. 자기 죄를 진실로 뉘우치는 사람이 좋은 옷 입을 수 있을까. 잘 먹고, 잘 자고, 안일하게 살 수 있는가.

한국인임을 회개하자

나의 인간성이 성화되기 위해서는 죄악되고 잘못된 원천을 모조리 소급해 회개하자. 나 하나 구원 얻고 바로 신생하기 위해서는 원죄뿐 아니라 조상의 죄, 혈통의 죄, 민족의 죄, 교파의 죄도 뉘우치고 자복해야 한다. 그것들이 내 심신에 배어있기 때문이다.

한국인인 것조차 회개하자. 세계 어디서나 악평만 받고 멸시받는 악명 높은 민족이다. 미국에서 흑인들과 인종 분규가 일고, 필리핀과 태국에서는 정력제로 산 코부라나 곰 발바닥 요리를 먹는다고 민족적 망신당하고, 음란의 나라, 데모의 나라이다. 내가 이런 한국인 중 하나인 것을 회개해야 한다. 지옥에는 한국인이 충만할 것이다.

한국인 중에도 태어난 지방에 따라 또 못된 성질들이 있다. 팔도인의 기질(氣質)을 정도전(鄭道傳)이 말한 것이 신통히 맞는다.

회개는 때를 벗기는 일, 껍데기를 벗고 탈바꿈하는 일이다. 한국의 때, 지방적 기질의 때, 교파 고질의 때, 조상 혈통의 때, 풍속 유행의 때 등을 모조리 회개하고 성화되어 때를 벗겨야 한다.

교파주의, 교계 분열한 것도 회개하고, 무수한 파로 분열한 장로교인이 된 것을 회개해야겠다. 은사 잘못 받은 것도 회개하고, 이단 사교를 따라 갔던 것 회개하자. 지옥에는 예수 바로 안 믿은 죄인이 충만할 것이다. 지옥에는 한국의 감람나무, 재림주, 거짓 선지자가 충만할 것이다.

양심에 솔직하고 정직한 참회심이 일어날 때가 인간이 자기의 진실성에 눈뜰 때다. 그러기 이전까지는 모두가 가면 인간이요 위선자이다. 탈을 쓰고 산다. 깊은 참회자는 성화인의 과정에서 있다. 성령이 도우신다. 작은 죄도 뉘우치는 이는 양심이 그만치 예민한 증거다. 영인일수록 작은 죄에 운다.

어거스틴은 어린애 때 어머니의 젖꼭지를 깨물며 보채던 죄부터 회개하였다.

분도 라브르는 몸에서 빛이 나는 성자였지만 신부 앞에 고백하러 나갈 때는 몸을 벌벌 떨며 눈물 흘리며 회개했다. 신부가 들어보면 죄같지도 않은 것 까지 자복했다.

이집트의 통회녀 마리아는 음탕한 과거를 회개하기 위해 요단 강가 유대 광야에 들어가 일생을 참회생활했다.

기독교에서 말하는 "신앙"은 앞뒤가 뚝 떨어진 "민짜 신앙"이 아니다. 앞에는 회개가 붙고 뒤에는 성화가 따르는 신앙이다. 기독교인이 된 자는 한 사람 빠짐없이 모두가 회개자가 되어야 하고, 일생 참회자의 생활을 보내야 한다. 회개가 없으므로 기독교인은 점점 더 나빠진다.

이 세상에 사는 동안 계속 참회자로 눈물 흘리자. 지금 우리 사회에는 악이 넘친다. 음란이 꽉 찼다. 불의와 악독이 관영하다. 신이 버리고 떠난 세대이다. 신을 상실한 세대이다. 종교마다 교회마다 분규하고, 세속 죄악이 충만하다. 성직자도 목사들도 자기 죄를 뉘우쳐야, 자기 죄가 보여야, 참혹한 자기상이 보여야 그 너머로 예수 그리스도의 십자가가 보이는 법이다.

교회는 참회자들의 도장이 되어야 한다. 겸손한 회개의 옷을 입고 모이자. 단지 예배만 위한 교회라면 의미가 없다.

(ㄹ) 성화생활

…너희가 다시 하나님의 말씀의 초보가 무엇인지 누구에게 가르침을 받아야 할 것이니 젖이나 먹고 단단한 식물을 못 먹을 자가 되었도다 대저 젖을 먹는 자마다 어린 아이니 의의 말씀을 경험하지 못한 자요…
—히브리서 5:12-14—

기본 구원

이현필 선생은 "여기 내가 참으로 믿는다고 해낼 이 누가 있습니까? 믿으면 좋다기에 믿어볼까 하는 것 뿐이지요"라고 말했다.

예수를 덮어 놓고, 맹목적으로 무모하게 제나름대로 아무렇게나 믿으면 잘못된다. 로마교가 부패하고 우상화하고 미신화했을 때 마틴 루터와 종교개혁자들이 들고 일어나 부르짖은 구호는 "믿음으로만" "은혜로만"이었다. 그러나 그 구호는 기독교 구원의 원리요 초보이지 구원의 완성과 전부는 아니다.

믿음으로 의롭다함을 얻는다는 것은 의화(義化)이다. 그것은 구원의 기초요 출발이지 구원의 완성도 구원의 전부도 아니다.

하나님은 의롭다함을 얻게 하는 것으로 인간 구원을 마무리 짓고 손 털고 물러나 앉으시는 것은 아니다. 하나님의 인간 구원의 계획은 치밀하고 완전하시다. 믿음으로 의롭다함을 얻게한 인간을 두번째 단계로는 성령을 통하여 거룩하게 성화시키신다. 성화를 성성을 이루도록 하시는데 이것은 어렵고 오랜 기간이 걸리는 일이다.

루터가 회개의 필요성이나 성화 구원을 몰랐다든지 혹은 무시했다면 루터는 이단이다. 하나님께서 우리를 성화로 성성을 이루게한 다음에, 최종으로 구원의 완성은 우리를 영화롭게 하는 구원이다. 그것을 영화(榮化)라 부른다. 성결, 성화는 요한 웨슬레가 주장한 교리 중에서도 가장 중요한 것이었다. 그는 "우리의 중요한 교리는 회개와 신앙과 성결인데, 회개는 종교의 현관이요, 신앙은 문이요, 성결은 종교 자체이다"고 했다.

우리 구원은 이신득의로 끝나고 다 되는 것이 아니다. 중생, 회개, 신앙, 성화, 영화를 다 거쳐야 한다. 중생 회개를 전제로 하고 성화를 결과로 하는 뒤따르는 신앙이다. 그래야 구원의 완성이다. 기독교에서 말하는 신앙의 앞잡이는 회개요, 목적은 성화다.

성서에는 우리의 거룩케 되는 일, 즉 성화에 대해서 많은 교훈이 있다.

"전에 너희가 너희 지체를 부정과 불법에 드려 불법에 이른 것 같이 이제는 너희 지체를 의에게 종으로 드려 거룩함에 이르라"
(로마서 6:19)

"그러나 이제는 너희가 죄에게서 해방되고 하나님께 종이 되어 거룩함에 이르는 열매를 얻었으니 이 마지막은 영생이라"
(로마서 6:22)

어떻게든지 우리로 회개시키고 성결케 성화시켜 성성을 이루게 하려 하시는 것이다.

"너희 중에 이와 같은 자들이 있더니 주 예수 그리스도의 이름과 우리 하나님의 성령 안에서 씻음과 거룩함과 의롭다하심을 얻었느니라" (고린도전서 6:11)

"모든 신령한 복으로 우리에게 복 주시되 곧 창세 전에 그리스도 안에서 우리를 택하사 우리로 사랑 안에서 그 앞에 거룩하고 흠이 없게 하시려고 그 기쁘신 뜻대로 우리를 예정하사" (에베소서 1:4)

"전에 악한 행실로 멀리 떠나 마음으로 원수가 되었던 너희를 이제는 그의 육체의 죽음으로 말미암아 화목케 하사 너희를 거룩하고 흠없고 책망할 것이 없는 자로 그 앞에 세우고자 하셨으니" (골로새서 1:22)

"너희 마음을 굳게 하시고 우리 주 예수께서 그의 모든 성도와 함께 강림하실 때에 하나님 우리 아버지 앞에서 거룩함에 흠이 없게 하시기를 원하노라" (데살로니가전서 3:13)

"그러나 여자들이 만일 정절로써 믿음과 사랑과 거룩함에 거하면 그 해산 함으로 구원을 얻으리라" (디모데전서 2:15)

신민으로의 성화

성화(聖化)의 교리는 하나님의 부르심을 입은 예정된 신도가 얼마나 구체적으로 하나님 말씀이 요구하는 대로 사는가 하는 것을 말하는 개념이다. 실제 성도(聖徒)로 변해가는 일이다. 신민(神民)으로 익어가는 일이다. 믿음으로 의롭다함을 얻는 칭의는 단 일회적 영원적 죄인의 무죄 석방이다. 그렇게 믿음으로 의롭게 된 죄인인 우리는 아직 이승의 여유를 얻어 이 세상 시간 속에 사는 날까지 하나님 말씀 안에 사로잡혀 그리스도의 교훈의 점점 더 절박하고 무거운 요구에 사로잡힌 자가 되어 살아야 한다. 이것이 성화다. 참그리스도인의 인격과 영성의 성장이 성화이다.

성화생활이 없는 칭의란 있을 수 없다. 아무리 위대한 성인이라도 모태에서 날 때부터 후광이 돋은 성인으로 태어나는 것이 아니다. 날 때는 누구나 꼭같은 자연인이지만 늘 회개하고 절제하고 그리스도를 본받는 중에 성화된다.

"하나님이 미리 아신 자들로 또한 그 아들의 형상을 본받게 하기 위하여 미리 정하셨으니…미리 정하신 그들을 또한 부르시고 부르신 그들을 또한 의롭다 하시고 의롭다 하신 그들을 또한 영화롭게 하셨느니라"(로마서 8:29-30)

여기에 인간 구원에 있어서 하나님의 구원(久遠) 하시고 영원한 계획, 그리고 끝까지 구원 완성시키려고 구원의 계획과 섭리는 예지, 예정, 칭의, 성화, 영광화로 나간다.

"그런즉 사랑하는 자들아 이 약속을 가진 우리가 하나님을 두려워하는 가운데서 거룩함을 온전히 이루어 육과 영의 온갖 더러운 것에서 자신을 깨끗케 하자"(고린도후서 7:1)

약방문으로 병을 낫게 하지 못한다

성경은 약방문(藥方文)이다. 약방문은 약이 아니다. 약방문을 아무리 들고 다닌다고 해도 병이 낫지 않는다. 약을 먹어야 낫는 법이다.

 기독교인들이 아무리 성경 공부를 하여도, 그 지식으로 성화가 되는 것은 아니다. 성경 말씀대로 따라 살아야 성화가 되는 것이다. 그대로 살아야 한다.

 물이 포도주가 되듯이 예수 믿고 그리스도 안에서 인격의 변화가 일어나야 한다. 기독교의 이적 중에서 제일 큰 이적은 인격 변화이다. 이것이 바로 성화이다. 맛 없는 물이 포도주와 같이 맛 있는 인간으로 변화된다. 인격의 변화가 되어야 복음이라는 것이다.

> "그런 즉 사랑하는 자들아 이 약속을 가진 우리가 하나님을 두려워하는 가운데서 거룩함을 온전히 이루어 육과 영의 온갖 더러운 것에서 자신을 깨끗게 하자"(고린도후서 7:1)

 거룩이라는 말은 구별된다는 뜻이다. 그리스도인의 신분은 하나님의 영적 자녀요, 우리 몸은 살아 계신 하나님의 성전이다. 그러므로 세속의 더러움과 격리되고 구별되어 살아야 한다. 세속과 육체의 본능대로 사는 욕정은 더럽다. 거룩한 생활에 반대된다.

 그리스도인은 이와 같은 더러움에서 자기를 씻어 거룩케 구별되게 살고, 하나님을 두려워하는 마음으로 세속의 더러움에서 완전히 성별되어야 한다. 세속과 육의 이같은 더러움에서 서서히 정화되어가는 것이 성화이다. 성화는 짧은 시일안에 완성되지 못한다. 일생동안 계속해서 서서히 성화되어 자기가 성령의 역사에 호응하는 만큼 성화되어가는 것이다.

 "자신을 깨끗게 하자"라는 말은 헬라어로 가지를 친다는 뜻으로 성화라는 개념이 되는 것이다. 더러운 늪 속에 살던 장구벌

레의 애벌레가 하는 탈바꿈과 같은 것이다. 옛 껍데기를 벗어 버려야 한다. 모든 종류의 더러운 것, 곧 육체적 더러움(불결), 도덕적인 더러움(음행), 정서적인 더러움, 의식적인 더러움, 영육간의 모든 것을 벗어 버려야 한다.

그리스도인은 성화생활을 위해 의식주, 세상 풍속, 유행 등 모든 더러움 것에서 격리되고 구별되게 살아야 한다. 단순한 소극적인 선만 아니라 적극적이고 진취적인 거룩함이다. 또한 갑작스럽게 거룩함을 취하는 것이 아니고 거룩함을 취해가는 계속적인 과정을 말한다. 거룩에서 거룩으로, 그리고 더 나아가 큰 거룩으로 나아가는 과정이다.

악한 것은 모양도 버리고 더러운 말은 입 밖에도 내지 말라고 했다. 인간은 대성자라 하더라도 이 세상에 있을 동안에는 어느 한 면이라도 불완전한 인간이다. 아무리 바르게 살려고 애를 써도 불완전할 따름이다. 그러한 우리 인간은 약해서 부지중에 지은 죄가 있을 수 있다. 이러한 죄는 회개하면 용서함을 받을 수 있지만, 일부러 범죄한 죄는 용서받을 수 없다.

거룩이라는 형용사 "αγιοοσ"는 성서에 229회가 나오며, "αγαζω"는 29회, 명사로서 "αγασμοσ"는 10회나 나온다. 본문의 "αγισυγμ"은 거룩한 상태를 말하는 것이 아니라 거룩한 소질을 나타내는 말이다. 종교적인 지식이나 성경에 대한 상식보다는 품성의 변화가 중요하다. 기독교인은 내적 외적인 생활에 성령이 충만함으로 인간 전인이 거룩해 져야 한다.

페루의 성녀 로스는 자기집 마당 구석에 기도실을 지어 놓고 혼자 수도생활 했는데, 얼굴이 예쁜 것이 뭇남자들에게 유혹을 줌으로 후추가루로 얼굴을 문질러 홈집을 만들고 삭발하고 지냈다.

젬마 갈가니는 친척집에서 식모살이 하면서 순결 생활하여 성녀가 되었다. 그녀는 임종하면서 자기 육신도 주님께 바친 몸이니 죽은 뒤 시신에 세속인이 손대지 못하게 해달라고 유언했다. 성화, 성성을 이루는 것은 성령의 사역이면서도 우리의 처절한 내면적 싸움이다.

옛 아담은 쉽게 죽지 않는다.

믿음으로 의롭다함을 얻은 이신득의는 하나님의 은혜로 주시는 것으로 그리스도의 의를 우리에게 전가시켜 주시는 것이요, 은혜로 얻은 것이요 단 일회적인 것이요 인간적으로는 쉬운 것이다. 믿기만 하면 된다. 그러나 성화에 있어서의 성장은 성령이 주동이 되어 도우시는 일이기는 하나 어려운 길이요, 일생동안 정진해야 한다. 예배 반복이나 부흥회 따위로는 어림도 없다. 우리 속의 옛아담의 병과 묵은 뿌리가 깊기 때문이다. 옛 아담은 그리 쉽게 빨리 죽지 않기 때문이다.

칼빈은 하나님 형상대로 지음 받은 인간 본래의 형상은 아담의 원죄로 지금 약간의 흔적만 남고 완전히 부패해 버렸다고 하여 인간의 전적 타락을 주장했지만, 인간성의 부패하고 타락한 근원은 그렇게 간단히 치료되고 고쳐지지는 않는다. 믿음으로 칭의는 되었지만 실지는 품성이 의롭게 되고 성화된 것은 아니다. 기독교인들이 예배나 본다고 부흥회나 한다고, 혹은 회개 몇번했다고 인간성이 쉽게 고쳐지지는 않는다.

평양 창동교회의 대설교가 김화식 목사는 "사람이 오래 살아 너무 늙으면 가오리가 된다고 하나 실제로 가오리가 된 것을 본

일은 없다. 그러나 예수를 오래 믿다가 마지막에 마귀가 된 것은 보았다"고 말했다.

"항상 복종하여 두렵고 떨림으로 너희 구원을 이루라"
(빌립보서 2:12)

교회 다닌다고 안심하면 안된다. 예배 보면 어떻게 되는 줄 짐작해서는 속고야 만다. 예수님께서도 "내가 너희 열 둘은 택하지 않았느냐 그러나 그 중의 하나는 마귀니라" 하셨다. 12사도로 선택되었던 자도 마귀가 되었는데, 오늘 목사들이나 교인들은 어림도 없다. 교회 안에 마귀가 많다. 누구나 자기 속에 마귀가 들어온 줄 모른다. 자기가 마귀의 사자가 된 줄 모른다. 예수님은 베드로 속에 마귀가 들어갔고 유다가 마귀라는 것을 아셨다.

새 생명의 원리

신생(新生)은 성령으로 말미암아 우리 마음 속에 새 생명의 원리가 심겨지는 것이며 중생하는 것이다. 그러나 예수 믿고 신생했다고 당장 우리 영혼이 모든 죄에서 완전히 구원 받는 것을 의미하지는 않는다. 교회 문을 드나든다고 성화되지 않는다. 예수 믿어도 아직 영혼이 모든 죄에서 완전히 건짐을 받은 것이 아니다. 아직도 실제적으로 우리는 불완전 상태다.

일찍이 죄에 죽었던 우리 영혼이 성령의 은혜로 죽음에서 소생된 자가 되었다고 해도 그동안 죽었던 영혼의 건강을 완전 회복하기까지는 앞으로도 많은 시일이 걸려야 한다. 일생이 걸리는 일이다. 특히 죄된 마음과 품성, 아직도 우리에게는 새로운 영적 생명에 일치하지 않는 육의 옛 성질을 많이 가지고 있다. 인간의 돌변적 변화는 있을 수 없다.
 일생 동안 끊임없이 깨어 회개를 계속하며 죄를 물리치고 자기의 성화를 위해 성신의 역사를 갈망하고 노력해야 한다. 성화는 하나님의 초자연적 역사 속에서 이룬다.

 "…오직 자라나게 하시는 하나님 뿐이니라"(고린도전서 3:7)

 성화는 하나님께서 우리 내면에서 성령을 통하여 완전을 이룩하도록 계속적 활동하는 역사이며, 그러면서도 우리 속에 아직 남아 있는 낡은 것과 새로운 것과의 싸움이 오래 계속 될 것인데 그 싸움은 처절하고 비참한 것이다. 셋째 하늘을 구경하고 온 대사도 바울도 "내가 선을 행할 때 악이 함께 있다 오호라 나는 괴로운 사람이로다"고 했다.
 성화는 하나님의 자유의 은총으로서, 이것으로써 우리는 하나님과 같은 형상으로 새로 지음을 받으며 죄에 대해서는 죽고 의에 대해서는 살게 된다. 중생, 회개, 칭의, 성화, 영광화 등 인간 구원의 계단 중에서도 성화는 참된 믿음의 증거요 열매이다.
 하나님의 보편적 사랑은 만민에게 예수 그리스도를 믿는다는 조건 속에서 신생과 성화케 한다는 특권을 약속하셨다. 탈바꿈한 애벌레는 연못에서 나와 날개를 달고 공중을 난다.
 구원 얻는다는 것은 우리의 심령과 생활의 성화를 이루는(품성이 성성을 이루는) 데 있고, 그밖의 중생, 회개, 칭의 등 모든 구원 과정의 부수적 사항은 우리의 심신, 영육의 바탕의 성화라는 목표를 위한 것이다. 믿음으로 의롭다 함을 얻는 것으로 구원이 완성되는 것이 아니다.

신자의 목표는 믿음으로 의를 얻는 데 있지 않다. 믿음은 방법이나 방편이지 목표가 아니다. 신자의 목표는 천당도 아니다. 성화를 이루어 인격 완성, 완덕에 이르는 데 있다. 성화 생활 즉, 성화된 인격 완성이야말로 우리 목표의 최고봉이요 구원의 절정이다.

> "하나님이 우리를 부르심은 부정케 하심이 아니요 거룩케 하심이니"(데살로니가전서 4:7)

> "너희 육신이 연약하므로 내가 사람의 예대를 말하노니 전에 너희가 너희 지체를 부정과 불법에 드려 불법에 이른 것같이 이제는 너희 지체를 의에게 종으로 드려 거룩함에 이르라"
> (로마서 6:19)

성화란 예수 믿는 성도들의 바탕이 의와 거룩함에 있어서 하나님의 모습을 따라 갱생되는 일이다. 사람은 하나님의 거룩한 모습을 본받아 창조된 것이므로 본래 하나님의 성품인 사랑, 의, 거룩을 받아 가장 행복스럽고 평화스런 상태에 있었다. 그러던 인간이 죄로 인해 하나님 형상을 잃었다.

성화는 우리가 하나님의 영광에 참예하기 위해서 없어서는 안되는 인격 갱신이다.

> "…너희로 정욕을 인하여 세상에서 썩어질 것을 피하여 신의 성품에 참예하는 자 되게 하려 하셨으니"(베드로후서 1:4)

> "거룩함을 좇으라 이것이 없이는 아무도 주를 보지 못하리라"
> (히브리서 12:14)

이것은 성화다. 믿고 성령을 받은 신자는 신생으로 우리 속에 심겨진 생명 원리가 성장해감에 따라 거기에 방해되는 마음의 악습, 옛 아담의 성질, 죄와 악에 도전하며, 더욱 고상한 생활과 인격 완성을 위하여 끊임없이 노력하며, 성령 안에서 그리스도의 모습을 닮고저 갈망한다.

고인 물은 썩는 법

고인 물은 썩는다. 끊임없이 흘러야 하며, 정진을 계속해야 한다.

사도 바울이라도 자기는 완성되었다고 말하지 않았다.

> "형제들아 나는 아직 내가 잡은 줄로 여기지 아니하고 오직 한 일 즉 뒤에 있는 것은 잊어버리고 앞에 있는 것을 잡으려고 푯대를 향하여 그리스도 예수 안에서 하나님이 위에서 부르신 부름의 상을 위하여 좇아가노라"(빌립보서 3:13-14)

사단이 점령하고 있던 맨 소울(man soul) 성(城)을 임마누엘 군대가 공격하여 탈환해서 주권은 회복되었으나 아직 패잔병들이 남아 구석 구석에 잠복해 출몰한다. 이것이 예수 믿고 구원 얻었으나 아직 완전 성화 못된 우리 모습이다.

중생하는 것은 한 순간이지만, 그때부터 우리는 하나님의 자녀로서 성화 생활을 하게 되며, 거룩 완성에로 자라가는 것이다. 믿고 세월이 지나가는 동안 성령 안에서 끊임없는 회개와 정진 속에 나의 생래인(生來人)의 옛 바탕은 서서히 순화, 일신되어간다.

믿고 의롭다함을 얻어도 죄는 아직 우리 속에 뿌리 박고 있다. 이것은 우리가 완전히 성화되어 성성을 이루기까지 남는다. 차츰 죄에 대하여 죽고 은혜 가운데서 성장해간다. 회개에서 회개로, 더 깊고 철저한 회개로, 믿음에서 믿음으로, 절대 신뢰의 생활에로, 거룩에서 거룩으로 더욱 성화 완성을 이루어가는 계속적인 전진이다.

성화된 성도라고 해서 절대로 잘못이 없다고는 못한다. 그리스도인의 완전이 결코 인간이 육체를 쓰고 시간과 공간 안에 사는 동안 우리 성질의 모든 약점, 무지, 과실(過失)을 제거하지 못한다. 우리가 육체를 쓰고 사는 한 과실이 없을 수 없다. 여기에 중생하고 성화를 믿는 그리스도인의 고민이 있다. 가장 완전하다고 칭하는 사람이라도 성인 성녀도 그리스도의 구속을 계속 필요로 한다.

어느 성자도 아직은 천사가 아니다. 완전 무결한 인격을 기대하지 말아야 한다.

바울도 "내 몸을 쳐 복종하게 함은 내가 남에게 전파한 후에 자기가 도리어 버림이 될까 두려워 함이로다"(고전 9:27)고 했으며 "내가 이미 얻었다함도 아니요 온전히 이루었다함도 아니라 오직 내가 그리스도 예수께 잡힌 바 된 그것을 잡으려고 좇아가노라"고 한 것이다(빌 3:12).

불완전한 것에는 두 가지가 있다. 불구자와 어린이들이 갖는 불완전함이 있다. 이 중에 어린이는 점점 완전해간다. 이 세상에서 그리스도인의 인격 완성이란 것은 완전 무결을 의미하는 것이 아니요 계속 성화되어가고 있는 생활이다. 완성되어가는 생활이다. 지상에서 성화 완성은 어려운 것이요 자라나는 과정에 있다.

성화는 그리스도인의 성장해가는 생활이다. 성화 속에서 영성은 자란다. 매일 매일 성화되어가고 매일 매일 새롭게 되어가고 항상 반성적이고 전진적이고 희망에 차 있다.

동물적 본능을 억제하라

인간의 본능은 다른 동물의 본능이나 마찬가지다. 식욕과 성적 욕정과 자기 보존욕이다. 본능이 충동하는 욕정대로 사는 것은 짐승의 생활이다. 인간과 짐승의 차이는 본능을 절제하고 억제하는 데 있다. 본능은 전혀 필요 없는 것은 아니지만 본능을 절제하고 억제해야 한다. 본능을 억제, 절제하지 못하면 짐승이다. 이 세상에는 짐승 보기에도 부끄러운 인간이 많다. 그것을 절제하고 억제하는 길이 수도생활이요 금욕 고행이다. 예배 반복만 가지고는 성화되지 않는다. 끊임없이 회개하고 예수님을 본받고 성인들에게서 배워야 한다. 금욕고행이 아니고는 더 효과적 방법은 없다. 고통은 성화의 양약이다. 인간적 노력과 방법으로는 절제와 억제가 성화의 길이다.

십자가의 요한 성인은 우리가 정화되는 길은 고문 당하는 것보다 더 어려운 길, 말로 형용할 수 없는 길이라 했다. 한국 교인들의 밤낮 흥겹고 재미나는 예배로는 인간 정화는 어렵다.

> "정욕을 인하여 세상에서 썩어질 것을 피하여 신의 성품에 참예하는 자가 되게 하려 하셨으니…더욱 힘써 너희 믿음에 미덕을 덕에 지식을 지식에 절제를 절제에 인내를 인내에 경건을 경건에 형제 우애를 형제 우애에 사랑을 공급하라 이런 것이 없는 자는 그의 옛 죄 깨끗하게 하심을 잊었느니라" (베드로후서 1:4-9)

이것이 신자의 성장 완성이요 성화다. 예배나 믿음만 가지고 다 되는 것이 아니다. 미덕, 절제, 경건 등은 성화 성장해 가는

데 의례히 따르는 것이다. 그리스도인의 소망과 기쁨은 천당이 아니요 인격 성화다. 성화되어 우리는 새 성품 새 인격 새 얼굴로 변화하여 성화 완성되어 영광화(영화)에 이른다.

성화는 성령의 내면적 역사로 되어가는 것이고, 성화의 표준은 예수 그리스도를 본받아 자라나는 것이고, 성화의 상태라는 것은 우리를 부르신 거룩하신 주를 본받아 모든 면에 있어서 성결케 되는 일이다. 믿는 사람은 믿음의 주를 열망하고 사랑하는 것이고, 믿음의 주를 본받아 사는 일이 중요하다. 그리스도 예수를 본받는 데서 성화를 이룬다. 그것이 천국민으로 품성이 익어가는 일이다. 예수 그리스도를 구주로 믿기만 하면 다 되는 것이 아니요 예수를 사모하고 사랑하며 본받아야 한다. 나의 마음, 의지, 영, 힘을 다 바쳐서 하나님을 사랑해야 하고, 하나님과 이웃을 향한 사랑이 모든 경우에 있어서 인간 행위를 지배하는 동기가 되어야 한다.

악한 품성, 기질, 나쁜 행위, 좋지 못한 언어 등은 모조리 순수한 사랑에 의해 지배되어야 한다. 절대적 사랑 안에는 두려움이 없다.

바울과 같이 "이제는 내가 산 것이 아니요 오직 내 안에 그리스도께서 사신 것이라…이제 내가 육체 가운데 사는 것은 나를 사랑하사 나를 위하여 자기 몸을 버리신 하나님의 아들을 믿는 마음 안에서 사는 것이라" 할 수 있다(갈 2:20).

성화의 결과

성화되면, 그리스도와 항상 사귀는 생활을 하고 성령의 역사를 힘입고 삶으로 성령이 열매를 맺는다. 첫째로는 내부적으로 생래적 인간의 사상, 소원, 감정, 야심 등 악에서 선으로 변화해가고, 그의 소원이 그리스도의 소원과 같아지며, 둘째로는 외부적으로는 언어 행실 모든 생활이 내부의 변화와 일치하게 행동한다.

> "모든 사람으로 더불어 화평함과 거룩함을 좇으라 이것이 없이는 아무도 주를 보지 못하리라"(히브리서 12:14)

그리스도인의 특징은 평화와 성결(거룩)이다. 불화와 쟁투를 일삼는 이와 부정 불결한 자는 하나님 자녀의 자격이 없고, 그리스도를 보고 그와 사귈 수 없고, 오는 세상에 가서도 주님을 볼 수 없다. 성화되지 못하고는 천국에 들어가지 못한다.

> "무엇이든지 속된 것이나 가증한 일 또는 거짓말 하는 자는 결코 그리로 들어오지 못하되 오직 어린양의 생명책에 기록된 자들 뿐이라"(요한계시록 21:27)

> "개들과 술객들과 행음자들과 살인자들과 우상 숭배자들과 및 거짓말을 좋아하며 지어내는 자마다 성밖에 있으리라"
> (요한계시록 22:15)

성화는 행실의 선행보다 그 이전의 기질, 품성이 거룩하게 되는 일이다. 성성을 이루어가는 일이다. 성성을 이루는 일이다. 그리스도인은 의식을 고양하고, 품성을 순화하고, 영과 혼과 몸이 깨끗해야 한다. 성별되어야 한다.

천국엔 경상도 전라도가 없다.

우리나라 팔도의 인물을 놓고 자주 비유해서 평한다. 평안도 사람은 호두와 같고, 함경도 사람은 비자와 같고, 경기도 사람은 은행과 같고, 충청도 사람은 홍시와 같고, 전라도 사람은 대추같고, 경상도 사람은 밤송이와 같다고 한다. 그러나 천국에는 평안도 사람 못 들어간다. 경기도 사람도 못들어간다. 또순이도 감자바위도 개똥새도 알갱이, 덤비북청, 할락꾼도 못 들어간다.

성화되어야 들어간다. 이 세상에서부터 이것이 성화되고 없어져야 한다. 경상도인으로 천국 가면 천국에도 영남권이 생긴다. 전라도인으로 천국 가면 천국에도 호남권이 생기기 때문이다.

교파별로도 천국에 못들어간다. 천주교인으로, 장로교인으로 못들어간다. 교파지상주의를 버려야 한다. 모두 진정한 마음으로 회개하고 성화되어야 한다. 스트린드 벅은 천국 입구에 탈의실이 있어서 인간들이 입고 있는 이것들을 모조리 벗어야 한다고 했다. 통합파, 합동파로 천국에 들어가지 못한다. 고려파, 기장파로도 못들어간다. 주류파도 비주류파도 못 들어간다. 신신학만 아니라 정통보수주의로도 복음주의로도 못 들어간다. 그리스도의 피로 성화되어야 들어간다.

인간의 피가 A형이니 O형이니 해서 천국에 못 들어간다. 성화는 모두 예수의 혈액형이 되는 일이다. 성화되어야 천국민이 되는 것이다. 평안도, 전라도, 함경도, 경상도 기질이 싹 없어져야 한다. 한국인 바탕이 말끔히 없어져 성화되어야 한다.

"오직 너희를 부르신 거룩한 자처럼 너희도 모든 행실에 거룩한 자가 되라 기록하였으되 내가 거룩하니 너희도 거룩할찌어다 하셨느니라" (베드로전서 1:15-16)

성성을 기르자

의인은 없나니 한 사람도 없다. 지구 위의 모든 사람이 악하다. 20세기는 완전히 타락한 말세다. 오늘의 기독교는 완전히 세속화하고 타락했다. 지상의 교회란 자칫하면 더러운 단체가 된다. 시궁창과 같다. 세속화하고 자유주의 개신교, 더구나 한국 교회는 크게 회개해야 한다.

성화 성장 못하면서 목사, 장로, 권사가 되는 것은 배나 지옥 자식이 되는 일이다.

"청함을 받은 자는 많으나 택함을 입은 자는 적으니라"
(마태복음 22:14)

"생명으로 인도하는 문은 좁고 길이 협착하여 찾는 이가 적음이니라" (마태복음 7:14)

모든 성인 성녀는 수도원에서 성화생활에 정진한 사람들이다. 베네딕트, 프란치스코, 어거스틴, 실루안, 데레사 등은 절대적 은둔, 고독과 침묵 속에서 자기의 성성을 길렀다. 회개를 철저히 하고 성화되어 가자. 예수를 닮아가자. 이후 천국에 가면 지금 보는 이런 얼굴은 찾아 보아도 없을 것이다.

그러나 성화생활은 세상 속에서 가정 속에서도 가능하다. 몹시 어렵긴 하나 그것이 더 가치가 있다. 병과 많은 고통 고난은 우리를 더 빨리, 그리고 몇 배가 더 철저히 성화시켜준다.

나사렛 예수를 생각해 보라. 오늘의 기독교 오늘 한국 교회들이 떠들어대는 예수 한국 목사들이 메고 다니는 그런 예수가 아니다. 프란치스코는 마태복음 10장을 낭독하는 것을 들으면서 "이것이다!"라고 마음의 함성을 질렀다. 잊혀진 길, 예수님께서 걸어가신 한 가닥 오솔길, 아무도 가지 않아 찔레밭이 되고 억새풀에 덮인 그 길을 찾자. 이것이다. 이 길이다!

현대 교회는 교파지상주의, 교리교, 제도교, 예배교, 교회주의로만 달음질치지 말고 회개 운동과 성화운동에 집중 노력할 필요가 있다. 한 교회에서 성인 성녀가 한 사람씩 나와도 큰 수확이다. 교회가 세속을 받아들이면 모조리 죽정이만 만들고 있을런지 모른다.

"그러므로 하늘에 계신 너희 아버지의 온전하심과 같이 너희도 온전하라" (마태복음 5:48)

이 숭고한 이상을 따라 모든 사상, 언어, 행위를 통솔해가야 한다. 모든 기독교인들은 예배보다 더 깊이 믿는 길을 찾자. 자기도 하나의 수도자로 육체의 본능적 욕정, 오감의 모든 감각을 끊고, 속된 육체적 쾌락 맛에 매달리지 말고, 심령적, 정신적 법열 경지에 이르자. 내 마음에 불순 불결이 없어지고 맑은 마음, 성결한 마음이 이루어져야 하나님을 보고 천국에 살 수 있다.

6. 고난에 참예하는 삶

그는 육체에 계실 때에
자기를 죽음에서 능히 구원하실 이에게
심한 통곡과 눈물로 간구와 소원을 올렸고
그의 경외하심을 인하여 들으심을 얻었느니라
그가 아들이시라도 받으신 고난으로
순종함을 배워서 온전하게 되었은즉
자기를 순종하는 모든 자에게
영원한 구원의 근원이 되시고…
—히브리서 5:7-9—

(1) 그리스도의 고난

> 그리스도도 너희를 위하여 고난을 받으사 너희에게 본을 끼쳐
> 그 자취를 따라 오게 하려 하셨느니라
> —베드로전서 2:21-25—

딴 길은 절대 없다.

예수 그리스도께서는 우리가 본받도록 자취를 남기셨다. 그것은 "비아 돌로로사(슬픔의 길)" 길, 십자가를 지고 피흘리며 가신 고난의 자취이다. 그리스도는 고난 받으실 아무런 원인도 절대로 없으시나, 죄인을 위해 대신 십자가에 달리신 사실을 생각하고 모든 일에 그리스도를 따르는 우리도 그 고난의 발자취를 따르라고 하신 것이다.

예수를 따르는 다른 길은 없다. 예수를 믿고 주의 뒤를 따르는 모든 기독교인은 그리스도의 십자가 고난의 길을 충실히 따라 한다. 다른 쉬운 길은 없다. 하나님께서는 성자의 일생을 철저히 고난으로 섭리하시듯이, 예수 믿는 교회와 신도들도 이 바벨론 세상 속에 거하는 동안은 고난으로 섭리하신다. 참된 교회와 참 그리스도인이 걸어가야 하는 길은 비아 돌로로사, 슬픔의

길, 그리스도의 고난의 길에 연결되어야 한다. 하나님께서는 단 한 사람도 목적 없이 부르시지 않으신다. 또는 한 가지 고통도 무의미하게 주시지 않으신다.

지상에서의 교회의 사명은 그리스도의 남은 고난을 짊어지고 주님의 뒤를 따르는 일이다. 우리는 지상생활을 하는 동안 고난 속에 인내로 연단하고 성화를 이룩해 가려고 부르심을 받았으니, 그리스도의 고난을 생각하고 그 고난과 사귀기를 원하고, 자기의 길을 따로 만들지 말고 십자가의 길을 걸어야 한다. 다른 길은 없다.

번연은 고난산을 넘어가야 천성으로 가는 길이지 산을 우회하는 평탄한 길로 가던 자는 다 실종되었다고 말했다. 내 일생동안 경험한 것은 목사나 교회가 편안하게만 예수 믿으려고 안일주의가 되고 타협주의로 나가던 이들은 모조리 망하였다.

하나님의 신비스러운 고난의 섭리와 그리스도의 고난을 생각한다면 우리가 겪고 있는 고통에 주춤거리지 않고 즐겁게 받아들일 것이다. 기독교는 저희들끼리 모여 노래하고 먹고 즐기는 집단이 아니다. 양은 목자의 뒤를 따라야 하고, 기독교인은 예수 그리스도를 본받아야 한다.

> "저 안에 거한다 하는 자는 그의 행하시는대로 자기도 행할찌니라" (요한1서 2:6)

그리스도는 우리에게 고난의 자취를 남기셨다.

> "그는 육체에 계실 때에 자기를 죽음에서 능히 구원하실 이에게 심한 통곡과 눈물로 간구와 소원을 올렸고 그의 경외하심을 인하여 들으심을 얻었느니라 그가 아들이시라도 받으신 고난으로

순종함을 배워서 온전하게 되었은즉 자기를 순종하는 모든 자에게 영원한 구원의 근원이 되시고…" (히브리서 5:7-9)

예수님을 바라보자

그리스도 신자는 예수님을 바라보자. 하늘의 보좌를 버리고 이 세상에 하강하사 성육신하신 그리스도는 비상한 고난 섭리 속에서 일평생 고난에 시달렸다. 그는 평안의 주가 아니요 고난의 메시아였다. 그리스도는 그 고난으로 말미암아 인간에 대한 하나님의 진노를 극복시켰다. 겟세마네 동산에서의 피땀 흘리며 드린 눈물의 기도, 골고다 십자가의 비절장절한 죽음, 처절한 고난의 이사셀 양(羊)….

그러므로 그리스도를 믿고 따르는 자도 지상에서는 고난의 교회 되어야 하고 고난의 성도들이 되어야 한다.

"자기 십자가를 지고 나를 좇지 않는 자도 내게 합당치 아니하니라 자기 목숨을 얻는 자는 잃을 것이요 나를 위하여 자기 목숨을 잃는 자는 얻으리라" (마태복음 10:39)

"자기 목숨을 잃는 자"란 자기 목숨을 버리는 자, 자기 목숨을 내어주는 자를 의미한다. 모든 사람의 자기 보존욕은 자기 쾌락, 명예, 가정의 행복 등을 최상의 것으로 요구하고 있다. 그러나 그리스도께서는 이런 것을 얻는 자는 참 생명을 잃을 것이요, 반대로 이런 것을 모두 버리고 자기 십자가를 지는 자야말로 그 생명을 찾는 자라고 가르치셨다. 그러므로 참그리스도인은 이 세상 사람들의 인생관, 가치관과는 정반대로 세상인들이 찾는 행복은 버리고, 그런 행복보다 그리스도를 사랑하고 그 자취를 따라야 한다.

그리스도 교훈의 역설적 진리(파라독스)와 세상이 말하는 복의 관념의 차를 알아야 한다. 참 그리스도인과 참교회는 겟세마네 동산의 고뇌와 골고다 십자가 고난, 죽음의 고통이 그들의 삶 속에 재생되고 재연되도록 살아야 한다. 그럴려면 모든 그리스도인과 교회는 예수 그리스도의 고난에 참예하려고 갈망해야 한다. 고난 참예의 갈망이 바울의 신앙이고 베드로의 신앙이다.

"내가 그리스도와 그 부활의 권능과 그 고난에 참예함을 알려 하여…"(빌립보서 3:10)

예수의 고난에 참예하는 것은 바울이 얻은 하나의 영예다. 이 귀절에서 우리는 기독교인들의 신앙의 가장 깊은 내면의 비밀을 알 수 있다. 옛날 순교자들, 카타콤의 교인들은 이 비밀을 알았다. 그렇기 때문에 그들은 기뻐 고난을 자원(自願)했다.

"불시험을 겪을 때 오직 너희가 그리스도의 고난에 참예하는 것으로 즐거워하라…"(베드로전서 4:13)

고난에의 코이노니아

그리스도의 고난에 참예하면 할수록 영성이 건강해지고 기쁘다. 비록 그리스도의 고난으로 우리에게 아픔이 넘치더라도 그리스도로 말미암은 하나님 위로도 또한 넘친다. 고난 충만은 영적 기쁨 충만이다. 고난 충만이 기쁨 충만이다.

6. 고난에 참예하는 삶

"그리스도의 고난이 우리에게 넘친 것같이 우리의 위로도 그리스도로 말미암아 넘치는도다"(고린도후서 1:5)

그리스도의 고난 속에 그리스도의 위로가 넘친다.

"내가 이제 너희를 위하여 받는 괴로움을 기뻐하고 그리스도의 남은 고난을 그의 몸된 교회를 위하여 내 육체에 채우노라"
(골로새서 1:24)

그리스도 없이는 본래 비생산적이던 고난이 그리스도 안에서 생산적이 된다. 그리스도의 고난은 우리의 고난을 치유하는 것이므로, 그 고난과 결합한 우리 고난은 치유된다.

"저가 채찍에 맞음으로 너희는 나음을 얻었나니"
(베드로전서 2:24)

그리스도의 고난에 참예하는 일은 우리의 영예요 기쁨이다. 오늘 교회나 기독교인들이 교회를 세우고 저희들끼리 재미있게, 유쾌하게 예수 믿으려고 할 때 참그리스도의 위로를 얻지 못한다. 헛 성신, 헛 은혜를 받는다. 그리스도와 일체의 관계에 들어가려면 그의 고난과 그의 죽음에 참예해야 한다.

우리 인간이 겪는 고난을 바로 이해하고 높이고 뜻있게 하는 열쇠는 내가 겪는 고난을 통해 그리스도의 고난에 사귀는 일이다.

파스칼은 "우리는 나의 아픔을 그리스도의 아픔에 얹어 놓고 나를 그리스도와 결합시키지 않으면 안된다"고 했다.

우리가 예수를 믿는 일 때문에 겪는 고난이라면, 그것을 비관한다든지 회피할 것이 아니라 자원해서 짊어져야 하고, 안일과 편안을 기대하지 말고 그리스도의 고난에 참예한다는 신앙으로 자원하여 그것을 통해 그리스도의 부활의 생명과 영광에까지 참예케 될 줄 믿어야 한다.

주기철 목사는 "예수는 가시관 쓰셨는데 오늘 예수의 종이라는 자들이 면류관만 쓰려 해서 되느냐?"고 했다. 부인과의 마지막 면회 때에 "나의 달려갈 길 다 갔습니다. 당신과의 만남도 마지막"이라고 하였다.

> "우리가 그와 함께 영광을 받기 위하여 고난도 함께 받아야 될 것이니라"(로마서 8:17)

> "내가 그리스도와 그 부활의 권능과 그 고난에 참예함을 알려하여 그의 죽으심을 본받아 어찌하든지 죽은 자 가운데서 부활에 이르려 하노니…"(빌립보서 3:10-11)

그리스도 죽음의 고난에 참예함 속에는 고난의 폭군인 죽음에서 부활할 능력이 숨겨져 있다. 그리스도의 고난에 있어서의 하나님의 사랑은 인간을 고난에서 건져내는 사랑으로 진전한다.

> "그가 이같이 큰 사망에서 우리를 건지셨고 또 건지시리라 또한 이후에라도 건지시기를 그를 의지하여 바라노라"
> (고린도후서 1:10)

성 프란치스코가 베르나산에서 40일간 두 가지의 제목으로 기도했다.

"주여 내가 죽기 전에 나에게 두 가지 은혜를 주시옵소서. 첫째는 주님 겪으신 그 극심한 고통을 나도 내 영혼과 육체에 체험하게 해 주옵소서. 그리고 또 하나는 주님 가슴에 그렇게 불타시던 사랑을 저도 주님 향해 가질 수 있게 해 주옵소서."

(ㄹ)고난

생즉고(生卽苦)

　모든 종교의 중심 문제는 인간 생활의 고난의 문제이다. 세상은 고해(苦海)요, 산다는 것이 곧 고통(生卽苦)이다. 고난 문제를 외면하는 것은 종교가 아니다.
　불교에 붓다가 자기가 깨달은 진리를 중생들에게 설교한 것이 사성체(四聖諦)였다. 체(諦)라는 말은 진리라는 것인데, 이것이 불교의 기본 교리이다. 고성체(苦聖諦)는 인생의 생존 전체를 고(苦)로 보는 것으로서 낙천관(樂天觀)으로는 종교가 성립되지 못한다. 집성체(集聖諦)는 번뇌의 근원은 갈애(渴愛) 즉, 욕정에 있다는 것이다. 멸성체(滅聖諦)는 고(苦)에 속박되지 않으려면 애(愛)로 말미암아 번뇌에서 지배당하지 말아야 한다는 것이며, 도성체(道聖諦)는 수도 해탈의 길, 팔정도(八正道)를 말하고 있다.

기독교에서 고난

　기독교에서의 고난은 우선 하나님의 진노의 실현이다. 하나님이 인간을 구원하시기 위해 인간 역사 속에 침입하는 방법은 그리스도의 화신(化身)의 방법 밖에 없다. 그리스도의 고난에 있어서 자기를 계시하고 계신 분은 하나님 자신이다. 즉, 그리스도에 있어서 하나님이 고난의 주체이시다. 하나님이 고난에 직접 간섭하지 않는 무매개(無媒介)로 계시될 수는 없다. 고난 속에 고난을 통해 인생을 가르치시고 진리를 보여주시는 하나님. 하나님의 고난이 인간에게 알려지기 위해서는 그 증인으로서 인간의 고난이 그 고난 봉사역을 하지 않으면 안된다. 고난은 하나님의 섭리이다.

　　"예수께서 대답하시되 이 사람이나 그 부모가 죄를 범한 것이
　　아니라 그에게서 하나님의 하시는 일을 나타내고자 하심이니라"
　　　　　　　　　　　　　　　　　　　　　　(요한복음 9:1-3)

　인간으로서는 미해결의 골치덩어리이지만, 모든 고난의 해결자이신 그리스도에의 증인으로 봉사할 때 자기도 또한 해결 속에 들어가게 된다. 하나님의 손 밖에 놓였던 고난이 하나님의 손 안에 놓여진 것이 된다.
　그러므로 고난의 주님께 봉사하려는 자는 교회도, 지도자도, 어느 누구도 몸소 고난을 짊어지지 않으면 안된다.

　　"자기 십자가를 지고 나를 좇지 않는 자도 내게 합당치 아니하
　　니라"(마태복음 10:38)

　파스칼은 말하기를 "나의 상처를 주님의 상처에 얹어 놓고 나

를 주님께 결합하지 않으면 안된다"고 했다. 인간이 고난을 통해 그리스도의 고난과 결합할 때 고난은 우리를 빛으로 인도한다(고후 1:5-7; 골 1:24; 벧전 2:21; 4:1, 13).

> "인자가 많은 고난을 받고 장로들과 대제사장들과 서기관들에게 버린 바되어 죽임을 당하고 사흘만에 살아나야 할 것을 비로소 저희에게 가르치시되…베드로가 예수를 붙들고 간하매 주여 그리 마옵소서 이 일이 결코 주에게 미치지 아니하리이다!"
> (마태복음 16:22)

> "예수께서 돌이키사 제자들을 보시며 베드로를 꾸짖어 가라사대 사단아 내 뒤로 물러가라 네가 하나님의 일을 생각지 아니하고 도리어 사람의 일을 생각하는도다 하시고 무리와 제자들을 불러 이르시되 아무든지 나를 따라 오려거든 자기를 부인하고 자기 십자가를 지고 나를 좇을 것이니라…" (마가복음 8:31-38)

이 일은 베드로가 "주는 그리스도시니이다"는 신앙을 고백했고, 예수님께서 "너는 베드로(반석)니라 내가 이 반석 위에 내 교회를 세우리니 음부의 권세가 이기지 못하리라 내가 천국 열쇠를 네게 주리니 네가 땅에서 무엇이든지 매면 하늘에서도 매일 것이요 네가 땅에서 무엇이든지 풀면 하늘에서도 풀리리라…" (마 16:17-19)고 한 직후에 일어난 일이다.

베드로는 반석이요 천국 열쇠를 준다는 이런 굉장한 격찬을 듣고 그 직후에 큰 과오를 범하고 "사단아 물러 가라"는 엄한 책망을 받았다.

이 사실은 교회는 당초부터 고난을 받아야 하는 그리스도를 원치 않고 거리낌이었다는 사실을 깨닫게 한다. 오늘날도 마찬가지이다. 오늘 교회도 고난의 주를 원치 않는다. 고난 당하라는 주의 명령을 못마땅하게 생각하고, 고난의 주를 따르려 하지 않고, 모든 그리스도 교회는 평안과 안일과 호강을 탐하지 고난 따위는 애써 바라지 않는다는 사실이다.

사단은 교회를 주님의 십자가에서 풀어내리려 한다. 고난과 십자가를 지지 않는 교회, 평안하고 안일하고 흥겨운 편리주의 교회를 만들려고 한다. 오늘 한국 교회 목회자들의 노력은 교인들을 교회에 끌기 위해 재미있는 예배, 밤낮 먹고 노는 행사를 꾸미기에 여념이 없다.

최고의 갈망, 그것은 고난에의 참예

기독교인의 최고의 갈망은 그리스도의 고난을 존중하고 참예하려는 데 있다. 그리스도의 고난보다 자기 육신적 행복이나 고통을 더 큰 문제로 삼고 예수 믿노라는 이들이 기복 신앙을 낳는다. 기독교인이라는 자들이 예수 그리스도의 고난을 최대의 문제로 삼지는 않고 교회에 다니면서 이기적 육체 문제, 자기의 고난을 큰 문제로 삼고 있는 자는 그는 아직 자기를 위해 예수를 믿노라 하고 있는 자들이다. 그는 경건한듯 사실은 자기 이기심의 영역을 못 벗어났다고 볼 수 있다. 기복 신앙, 이익종교와 참 신앙과의 분기점은 여기 있다.

> "육의 생각은 자기 것만 구하고 하나님 영광을 더럽히는 일은 두려워하기보다 자기 비참을 더 두려워한다" (루터)
>
> "신앙자는 형벌이상으로 하나님의 불쾌를 두려워한다" (칼빈)

예수께서 제자들을 부르실 때 "나를 따르라"고 부르심은 수난의 선포와 밀접하게 얽혀 있다. 예수 그리스도 자신의 운명은 수난과 버림받는 일이다. 그러므로 "나를 따르라" 하실 때는 다른 자들도 수난과 버림 받을 각오를 해야 한다.

예수가 그리스도이기 위해서 고난과 버림을 받아야 했듯이, 따르는 제자들도, 오늘 교회들도, 성직자, 지도자들도 그들이 그리스도의 제자이기 위해서는 예수님과 같이 공동 운명으로 고난 받고 버림 받고 십자가에 달릴 운명을 각오해야 한다. 예수를 따르는 데 있어서 예수께서 가신 길 외에 다른 길은 있을 수 없다. 기독교에는 기복 신앙, 이익 종교, 공리주의 신앙이 있을 수 없다. 예수 그리스도의 인격에 자신을 매고 따라 다니는 자는 그리스도의 율법인 십자가 아래서 생활해야 한다.

"아무든지 나를 따르려거든 자기 십자가를 지고 나를 좇을 것이니라"(마가복음 8:34)

십자가는 그리스도를 따르는 자들 모두에게 필수적인 요건이다. 십자가를 지지 않을 그리스도인이란 있을 수 없다. 제자들의 고난의 길은 수동적이요 필연적이다. 하나님께서는 이미 각 사람에게 맞는 적당한 십자가를 정했다. 이미 주어지고 정해진 십자가 고난과 버림 받을 각오를 철저히 해야 한다. 마틴 루터는 고난은 정당한 그리스도 교회의 바른 표식이라고 말했다. "교회는 복음으로 인하여 쫓기는 순교자의 집단이다" 했다.

십자가는 그리스도와 함께 당하는 고난이요, 그리스도 자신의 고난이다. 우리가 그리스도를 따라 나선다는 것은 그리스도와의 결합을 의미한다. 그리스도와의 결합은 곧 십자가를 지는 생활이다. 참그리스도의 교회는 세상에서 십자가를 지고 버림 받아야 한다. 참그리스도의 종은 십자가를 지고 버림 받아야 한다.

십자가를 마다하는 자들

아무리 교회를 세우고, 목사가 된다 해도 십자가를 지지 않고 자기 생명을 내놓지 않는 자는 그리스도와의 공동성을 잃을 것이다. 그들은 이미 그리스도의 제자도 아니요 교회도 아니다. 십자가의 고난을 마다하는 교회는 그리스도의 교회가 아니다.. 호강, 안일, 사치한 목사나 교인은 그리스도인이 아니다.

고난과 죽음을 정면으로 바라보며 가신 그리스도, 그 길을 막으려는 베드로에게 "사단아 내 뒤로 물러서라"고 꾸짖으신 그리스도께서 "나를 따르라" 하시는 것은 고난과 죽음을 각오하고 그 길을 따르라는 명령이다. 누구나 그리스도의 종이 되어 주를 따르려는 자는 세상에서의 형락이나 출세 성공 따위의 얄미운 철없는 생각을 버리고 세상과의 관계를 끊고 고난과 죽음을 각오하고 나서지 않으면 안된다.

> "아무든지 나를 따라 오려거든 자기를 부인하고 자기 십자가를 지고 나를 좇을 것이니라"(마태복음 16:24)

> "자기 십자가를 지고 나를 좇지 않는 자도 내게 합당치 아니하니라"(마태복음 10:38)

십자가는 부자유하거나 어두운 숙명이 아니라, 예수 그리스도에게 매임으로 생기는 고난이다. 우연히 닥쳐오는 고난이 아니다. 그리스도를 따르는 사람에게는 피할 수 없는 필연적 고난이요, 그리스도에게 매인 고난이다.

마태복음 26:39-46을 보면, 예수께서 처음에는 십자가 죽음을 지나가게 해 달라고 기도했지만, 곧이어 "내 원대로 말고 하나님 아버지의 원대로 하옵소서"라고 하시고는 고난의 잔을 마시고 십자가를 지셨다. 그 고난과 죽음의 잔을 받아 마심으로 비로소 그 잔은 처음 기도하신 대로, 지나가게 해 달라고 기도하신 대로 지나갔다. 고난을 당하는 것으로 겪으므로 고난은 극복되고 지나갔다. 십자가를 지는 일이 곧 십자가의 극복이 되었다. 그리하여 십자가를 지고 죽었다가 부활하셨다.

고난과 십자가는 회피하므로 면하는 것이 아니라, 십자가를 지는 일이 곧 유일한 고난 극복의 길이다. 그것이 옛 순교자들이 알고 실천한 길이다. 순교는 어떤 특수한 사람의 것이 아니라 그리스도를 쫓는 사람은 누구에게나 해당된다. 따라서 십자가를 지고 자기 생명을 잃는 자는 예수 그리스도 안에서 예수 닮아 십자가를 지고 죽어 생명을 다시 얻는다.

토마스 아 켐피스는 "이제 예수를 사랑하는 자들 중에 천국을 탐하여 사랑하는 자는 많으나 그의 십자가를 지고자 하는 자들은 적다. 위안을 구하는 자는 많으나 고난을 받고자 하는 자는 적다. 잔치의 벗은 많으나 재(금식) 지키는 벗은 적다…많은 사람들이 예수를 따르되 떡을 뗄 때까지만 따르고 수난의 잔을 마시는 데까지 가는 자는 적다…"고 했다.

승리의 비결

승리의 비결은 곧 십자가의 대도를 걷는 일이다(마 10:38; 눅 9:23; 요 16:33; 고후 4:8-10, 11:23; 롬 8:35-37 참조).

평탄대로를 정리하고, 좁은 문 협착한 길로 고난의 길을 펴자. 고독, 고난, 가난, 죽음, 순교의 길만이 그리스도와 합체가 되어 함께 하는 길이다. 고난의 길만이 천국에 통하는 길이다.

인류 구원의 완성이 조물주 하나님의 유일한 일이요, 십자가지는 것이 그리스도의 목적일진대 인류 구원은 아직도 막막만 한데 세상은 더욱 죄악의 밤이 깊어간다. 이런 때 하나님은 할 일 다 한듯 아랑곳 없다는듯 천상 황금보좌에 한가히 앉은 대로 편히 휴식하고 계시는가?

나는 지금도 가시관을 못벗고 십자가에 달려 신음하고 있는 예수님을 생각한다. 2천년전 유대 골고다 십자가에 한 번 달려 그 때 할일 다 하시고 지금은 천당에서 편안히 한가한 휴식을 취하고 지내는 예수를 생각할 수 없다. 세상은 지금 더 어지럽고 복잡하고, 중생들은 고난에 허덕이고 있다. 지상의 그리스도 교회들은 세속화하고 타락하고 사치하고 연락하고 있다.

인류의 메시아가 이런 세상 이런 기독교를 외면하고, 하늘의 그리스도는 지금 한가히 쉬고 계실까? 지금도 가시관을 못벗고 피흘리고 계실 우리 주님이다.

지상교회의 잘못

오늘 지상의 그리스도 교회들은 호강 사치하고 고난의 길을 마다하는 큰 잘못을 저지르고 있다. 머리에는 가시관을 쓰고 고통하는 머리에 몸에는 비단 옷 입고 사치 연락하고 있는 지체를 생각해 보았는가. 그리스도는 머리요 교회는 지체인데, 지상 교회는 지금 큰 잘못을 저지르고 있다.

기독교는 지상에 인간의 고난 문제를 위해 있다. 지구의 마지막 남은 한 사람이 고통하는 날까지 그리스도 교회는 고통을 외면할 수 없다. 교회는 아방궁같은 화려한 건물을 짓고 그 안에서 저희들끼리 노래하고 기타 치고 흥청거리고 먹고 즐기는 집단이어서는 안된다. 오늘 한국 기독교회가 왜 이렇게 안일 태평

6. 고난에 참예하는 삶

하고 호강사치 하는가. 어떤 종교든지 안일, 사치, 호강, 연락하면 타락한 증거이다.

옛날 인도의 수도자들은 썩어가는 해골 곁에 앉아 몇달이고 지켜보며 인생관을 길렀다. 이것을 백골관이라 한다. 수도승들이 하루에 한끼 식사만 하며, 쓰레기 통이나 무덤가에서 주운 송장옷 주워 입고 수도했는데, 그런 옷을 분소의(糞掃衣)라 한다. 분소의가 점점 변하여 가장 사치한 금란가사(金蘭迦沙)를 입게 되면서 불교의 성직자는 타락하게 되었다. 지금 사치하고 호강하며 편안한 기독교는 헐어버려야 한다.

이세종 선생은 "예수 믿는 길은 좁은 문이다. 좁은 문도 십자가를 지고 들어가야 하는 좁은 문이다"라고 하였다. 식사라는 쑥을 뜯어 밀가루를 섞어 먹고 살았다. 그는 친히 산중에 좁은 문 토담집을 짓고 살았다. 옷도 검소하게 무명 바지 저고리 입고 살았다.

고난을 나는 존대한다. 고난은 인간의 적나라한 참 모습이기 때문이다. 이 세상은 고해다. 삶이 곧 고해다. 고난은 하나님의 섭리의 가장 심각한 것이요, 하나님은 그 사랑하는 자를 징계하시기 때문이다(히 12:6). 고난은 내 주 그리스도께서 가신 길이기 때문에, 바울이나 베드로처럼 나도 그리스도께 참예하고저 하기 때문이다. 고난은 가장 효과 있는 생산적 덕이고 성화의 효과있는 길이기 때문이다. 고난은 인간을 순화시켜 하나님께 대한 신앙을 깊게하는 시련을 의미하기 때문이다.

정화와 초월의 길은 고통의 시련과 극기를 통해서만 갈 수 있다. 정화되고 순결해진 영혼은 점점 더 하나님과 하나가 되어간다.

오늘 교회는 잘못 가고 있다. 평안한 넓은 문, 평탄한 길을 따라 가서는 누구나 한 사람도 예수를 따를 수 없다. 그리스도께서 가신 길이 무엇인가?

"그리스도도 너희를 위하여 고난을 받으사 너희에게 본을 끼쳐 그 자취를 따라 오게하려 하셨느니라"(베드로전서 2:21)

그리스도께서 남긴 자취는 고난의 자취 하나뿐이다. 다른 자취는 없다. 오늘 교회는 고난의 길을 선택해야 한다. 기독교인들도 고난의 길을 택해야 한다.

(3) 고난에 참예

　그리스도의 남긴 자취를 따르는 것은 오늘 교회와 기독교인들이 고난의 길을 밟고 가는 일이다. 교회와 교인들은 편안하게 믿으면 안되고, 십자가를 벗으면 안된다. 고난에 참예한다는 것은 오늘 교회도 교인들도 실제 고난의 길을 가는 일이다. 그리스도의 자취는 고난의 자취 하나뿐이다. 그리스도의 남은 고난을 우리 육체에 채운다는 말도 오늘 교회와 교인들이 실제 고난의 길을 밟고 가는 일이다.
　가시관을 만들어 쓰고 후추 가루로 얼굴을 문질러 흠집 만든 로즈 성녀, 큰 십자가를 메고 다닌 분도 라브르, 맨발로 다닌 이현필선생을 보라. 편안한 예수는 예수가 아니다. 편안한 예배는 예배가 아니다.
　그리스도께서는 세상을 대신해서 고난을 당하셨다. 그것은 대속의 고난이다. 그러나 그리스도의 고난은 남아있다. 세상에 죄와 고통하는 사람들 있는 날까지 오늘도 계속해서 세상의 고난을 지고 갈 교회가 필요하고 고난의 지도자가 필요하다. 지상의 그리스도 교회는 십자가를 지고서야 한다. 고난의 상징이어야 한다. 고난을 짊어지고 서 있어야 한다.

한국교회의 바람직한 모습

한국 교회는 고난의 교회가 되어야 한다. 교회는 안일, 편안 사치, 연락을 회개하고, 그리스도를 따르며, 세상의 고난을 지고 그리스도의 도움을 받으면서, 십자가와 고난의 그리스도를 주목해야 한다. 지상의 교회는 십자가를 벗지 말고, 세상을 대신하여 고난의 교회로 하나님 앞에 서야 한다. 교회는 연락을 즐기는 무리들의 단체라는 인상을 주지 말고, 고난의 교회상을 심어 주어야 한다.

그리스도의 교회가 언제나 반성해야할 점은 우리가 "그리스도의 고난의 자취를 따르고 있느냐"는 데 있다. 교회가 잘 되지 않을 때 반성하기보다는 교회가 대부흥하고 성공할 때에 반성해야 한다. 성공하면서 그리스도의 정신 떠날 때에 피해가 더 크다. 그리스도의 종, 제자는 가시관을 쓰고 십자가를 지고 골고다 언덕으로 올라가는 고난자의 모습을 보여주어야 한다.

한국 교회 모든 교역자, 모든 신도들은 가시관을 쓰라. 십자가를 찾아 짊어지라. 비아 돌로로사의 길을 가자. 기독교의 운동과 교회 발전에 언제나 인간적 방법과 테크닉을 쓰지 말아야 한다. 오늘 교회에서 모든 향락재와 사치품을 제거하자. 육신과 기분을 즐겁게 하려는 마련한 것을 제거하자.

"사람을 즐겁게 하랴 하나님을 기쁘게 하랴." 사람 기쁘게 하면 하나님 종이 아니다. 사치한 큰 교회당 건물을 헐어 버리라. "사흘이면 지어내는 교회"를 세우자. 교인들의 홍겨움과 재미를

6. 고난에 참예하는 삶

위한 예배 순서를 집어 치워라. 지나치게 팝송같은 노래와 춤과 악기를 이제 거두라. 수백억원 들여 아방궁보다 더 화려하게 지은 교회의 건물들을 헐라. 이들은 멀지 않아 파리의 노틀담이나 런던의 웨스트민스터와 같이 되어 버릴 것이다.

목회에서 대성공하고, 말 잘하고 활동 잘하는 어느 엘리트가 말하기를 "모두 나를 따르라"고 했다. "그리스도의 자취를 따르라" 해야지 "나를 따르라" 하면 도둑놈이다.

어느 한 사람의 영웅이 독재하는 팽창주의의 교회를 해체하라. 한국 기독교가 결코 정상적인 길로 가고 있다고 짐작하지 말라. 거대화주의 물량적 비대화를 배격하라.

돈으로 전도하려 말라. 기독교를 변조해 메고 다니지 말라. 다른 예수, 다른 복음, 다른 기독교 만들고 다니지 마라. 한국 교회는 예수의 길을 가고 있지 못하다. 경솔한 지도자들의 제나름 대로의 날조 기독교, 변조 기독교, 왜곡된 진리. 무속적 굿거리 같은 예배 방법을 버려라. 이런 예수교는 과거에는 없었다. 모조리 고치자. 참믿음의 길은 어두운 밤길을 더듬어가는 길이다. 지금까지 발견한 것 외에 다른 것 발견할 것 없다.

잡된 기독교를 만들고 있다. 나사렛 예수의 원래의 색깔이 완전히 지워진 퇴색한 기독교이다. 십자가를 내려놓고, 가시관을 벗고, 모여서는 먹고 마시고 노래하는 형락의 집단이다.

화가들이 그린 예수는 모두 다르다. 해적같은 예수, 광대같은 예수, 춤추는 예수, 문둥이 예수, 검둥이 예수, 갓 쓴 예수 등 각양 각색이다. 그러나 이들 모두가 참 예수의 모습이 아니다.

고난을 마다하고 편리주의로 가는 교회는 천국에 가는 길이 아니다. 오늘 인간 사회가 이 모양으로 짐승 이하로 타락하고,

지상의 교회가 이렇게 것잡을 수 없게 세속화하고 음란하고 분열하는데도 예수는 천상에서 모르는 척하고 천사들의 찬송이나 받으며 한가히 지내실 그리스도는 아니다.

　내 일생 예수 믿어 오면서 가장 그리스도다운 그리스도인은 프란치스코와 이현필 선생이었다. 프란치스코는 "또하나의 예수" "나사렛 예수의 화신"이라 불렀다.

　김준 교수가 이현필 선생 찾아 갔을 때 허리 굽히고 기어들어가는 오두막 속에 수염을 깎지 않고 두 눈이 빛이 반짝 반짝 나는 분이 "새 술은 새 부대에 넣어야지요" 했다고 한다. 이현필 선생은 자기의 감화를 받은 모든 사람들에게 예수 고난의 자취를 따르라고 권면했다. 군수 부인이 화장하고 비단옷을 입고 다니니 "그 옷 벗어버리고 고아원에 들어가 보모 노릇하라"고 강권했다. 그 부인은 무명 치마 저고리로 바꿔 입고 화장도 않다가, 이를 보다 못한 남편에게 매일 매를 맞다가 쫓겨났다. 남편이 젊은 여자와 재혼하고 군수 자리에 취임하는 날에 본부인 자격으로 식장에 초청받았다. 두려워하는 새 부인에게 찾아가서 "걱정마시오. 나는 예수께 바친 몸이다"라고 했다. 그녀의 이름으로는 "사진관 부인"으로만 기억되고 있는데, 그 후 6.25 때 순교를 했다.

　거지 순례자 분도 라브르는 13년 동안 유럽 여러 나라를 순례하며 가난을 참아 받는 것이 그의 즐거움이요, 청빈을 보배로 보존코저 "가난뱅이가 옷이 좋으면 못쓴다"고 했으며, 남에게 나쁜 대우받기가 소원이었다. 거지가 해갈하려면 개천물이면 넉넉하다고 했으며, 일생 목욕을 안해서 온몸에 물 것이 많았다. 하나님의 현존을 느끼고 밤에는 보릿짚 속에서 잠도 안자고 철야하며 하나님과 담화하였다. 성신에 끌려 탈혼도 했는데, 그럴 때면 머리에서는 광채가 났다고 한다.

벗어버린 십자가를 다시 지자

한국 기독교인들과 목사들이 벗어버린 십자가, 잃어버린 가시관을 다시 찾아 쓰자. 고난은 그리스도 교회의 상징이다. 그것을 벗은 교회는 그리스도의 교회가 아니다. 팽창주의를 배격하자. 물량적 비대주의는 결국 지옥 간다. 거대화주의는 사단의 유혹이다. 편리주의는 타락의 길이다. 교회의 기업화, 상업주의는 사단의 사자들이다.

기독교는 예수님 얼인 산상수훈 정신으로 되돌아가야 한다. 마태복음 10장에 기록된 바 예수께서 열 두 사도 파송할 때 주신 교훈 정신에 되돌아가야지 참 기독교가 된다.

곡식의 종자는 세월을 거듭하면 변화된다. 그것을 원종자를 찾아가 접종하여야 순종이 되듯, 지금의 기독교는 원종자, 순종자 아니다. 변조되고 날조되고 퇴화되고 진리가 왜곡된 것이다.

교회보다 더 깊이 믿는 길, 예배보다 더 깊이 믿는 길을 찾으라. 예배 보고 안심하지 말라. 이사야는 헛된 예배를 집어 치우게 성전문을 닫으라고 했다.

> "가면서 전파하여 말하되 천국이 가까왔다 하고…너희 전대에 금이나 은이나 동이나 가지지 말라…아무성이나 촌에 들어가든지 그 중에 합당한 자를 찾아내어 너희 떠나기까지 거기 머물라…"
> (마태복음 10:5-14)

목사, 전도자, 신학도는 프란치스코나 탁발승과 같이, 이현필

같이 새끼띠 띠고 맨발로 나서라. 예수의 "얼"화 되어야 하고, 신학교는 수도원화 되어야 한다. 저질 목사를 대량 생산한 행위를 회개하라. 산상수훈 정신의 지도자상을 정립하자.

최춘선 목사는 독립 유공자이지만 낚시 모자를 쓰고 겨울에도 신을 신지 않고 맨발로 목에 전도문 쓴 패를 걸고 서울 거리와 지하철역을 다니면서 전도하고 있다.

강영기 목사는 수백 명이 모이는 큰 교회 목회하면서 교회와 사택 건물은 비닐 하우스에서 보낸다. 고물 자전거를 수리해가며 자신의 생활비로 쓴다.

이동휘 목사는 큰 교회를 목회하는데도 교회 건물을 새로 짓지 않고, 콘센트 속에서 예배 보고 교회 연보로는 선교회를 만들어 동남아 전도에 힘쓰고 있다.

엄격한 새 수도원 창설하고 이사갈 때의 아빌라의 데레사 모습은 다 꿰어져서 기워맨 수녀복, 고행의 쇠사슬에 맨발이었다. 무릎 꿇고 금욕 고행하라.

기독교인의 최고의 갈망은 그리스도의 고난에 함께 참예코저 하는 일이다. 고행 없이는 영감이 오지 않고 성화가 안된다.

나사렛 예수의 고난에 동참하자!
예수의 눈물에 동참하자!
예수의 가난에 동참하자!
예수의 겸손에 동참하자!
예수의 순결에 동참하자!

편안한 예배는 예배가 아니다. 편안한 설교는 설교가 아니다. 편안한 기도는 기도가 아니다. 편안한 교회는 교회가 아니다. 사치, 연락, 팽창주의 비대화를 배격하자. 큰 교회 짓지 말자.

개인적 출세와 성공을 위해 노력하는 교역자를 추방하자. 장로회 근원인 청교도주의를 다시 살리자.

진젠돌프의 모라비안 교회 경건을 배우자.

종교 개혁 후 다시 타락하던 개신교를 각성시킨 경건주의 운동을 다시 일으키자.